湖北省公益学术著作
Hubei Special Funds 出版专项资金
for Academic and Public-interest
Publications

第二辑

丛书主编　李建中
丛书副主编　袁　劲

本书为国家社科基金重大项目"中国文论关键词研究的
历史流变及其理论范式构建"（22&ZD258）阶段性成果

网：数智时代的文化与批评

· ·

殷昊翔　著

WUHAN UNIVERSITY PRESS
武汉大学出版社

图书在版编目（CIP）数据

网：数智时代的文化与批评／殷昊翔著. -- 武汉：武
汉大学出版社,2025.3. -- 中华字文化大系／李建中主编.
ISBN 978-7-307-24847-2

Ⅰ. G112

中国国家版本馆 CIP 数据核字第 2025EF3306 号

责任编辑:白绍华　　　责任校对:汪欣怡　　　版式设计:马　佳

出版发行:**武汉大学出版社**　（430072　武昌　珞珈山）

　　　　　（电子邮箱：cbs22@ whu.edu.cn　网址：www.wdp.com.cn）

印刷:武汉邮科印务有限公司

开本:720×1000　1/16　印张:16.25　字数:225 千字　插页:1

版次:2025 年 3 月第 1 版　　2025 年 3 月第 1 次印刷

ISBN 978-7-307-24847-2　　定价:79.00 元

总序 字孳字乳的文化：中华文化的
"字"生性特征

李建中

人类轴心期五大文明(古巴比伦、古埃及、古希腊、古印度、中国)，惟有华夏文明传承至今，生生不息，个中缘由非常复杂，但文字的特性无疑是重要因素之一。同为轴心期文明，拉丁语的最小单位(字母)是无意义的，而汉语的最小单位(包括部首在内的字)则能显现独立甚至全息的意义，一字一世界，一字一意境。在漫长的历史演变之中，方块字既没有被梵化，也没有被拉丁化，中国文化因之分久必合，华夏文明因之亘古至今。

东汉许慎(约56—147)《说文解字·叙》曰："字者，言孳乳而浸多也"①，孳者孳生，乳者哺乳。从观念和思想的层面论，方块字是中华文化之母，不仅孕生而且哺育了中华文化，会意指事、形声并茂地建构起中华文化的意义世界。《周易》讲"鼓天下之动者存乎辞"，许慎讲"盖文字者，经艺之本，王政之始"，刘勰讲"心生而言立，言立而文明"，金圣叹讲"以文运事，因文生事"，一直到鲁迅讲"自文字至文章"和陈寅恪讲"凡解释一字，即是做一部文化史"，均可视为从不同层面揭示中华文化的"字"生性特征。

---

① (汉)许慎撰，(清)段玉裁注：《说文解字注》，上海古籍出版社1981年版，第754页。

中华文化产生、传承并能在长久历程中与多种外来文化交流而生生不息，与汉字密切相关。汉字是一种世界上非常独特的文字，每个汉字独立且集音形义于一体。在上古，汉语以单音词为主，其中有些单音词成为中国文化的核心词，作为中华文化之元（本原与起源），在其后不断的演变中扩展、丰富。我们这套《中华字文化大系》，精选奠基华夏文明、代表中国文化特征的 100 个汉字（又可以称为"中华文化关键词"或"中华文化核心词"），一个字一本书，对每个字既作"原生—沿生—再生"之源流清理，又作"字根—坐标—转义"之义理阐释，从而在文化思想、社会政治、智性审美、民族心理乃至民风民俗、日常生活等多元面向，标举中华文化的"字"生性特征，建构中华文化的话语体系，彰显中华文化的巨大影响力和恒久生命力，为海内外广大读者奉献中华字文化高远的美学意境和深广的意义世界。

南朝刘勰（约 465—521）《文心雕龙·序志》曰："若乃论文叙笔，则囿别区分，原始以表末，释名以章义，选文以定篇，敷理以举统，上篇以上，纲领明矣。"[1]"原始以表末"四句，既是《文心雕龙》的理论纲领，又是刘勰文学理论批评的基本原则。刘勰的"文学"是广义的文学，与我们今天所说的狭义的"文化"（即小文化或称观念形态的文化）大体上是相通甚至是重合的。因此，刘勰《文心雕龙》"论文叙笔"的四项基本原则，完全适用于我们这套《中国字文化大系》对汉字的诠解与阐释。字文化大系各分册对所选汉字（以下简称"本字"）的解读，大体上在"释名章义""原始表末""选文定篇""敷理举统"等层面深入展开。

第一，释名章义。名不正则言不顺，言不顺则事不成。"字"的定义（内涵与外延）尚未厘清，文化阐释从何谈起？本大系所精选的汉字，大多是上古时代以单个方块字为词的核心观念或术语，既有形、声、义三大基本要素，又有从殷商卜辞到六国文字到篆、隶、草、行的历史演

---

[1]　本书所引《文心雕龙》，均据刘勰著，范文澜注：《文心雕龙注》，人民文学出版社 1958 年版。下不另注。

变，其语义还有词根义、引申义、转借义、修辞义以及词性活用的不同。凡此种种，各分册在诠解本字时，都是需要讲清楚的。

第二，原始表末。不述先哲之诰，无益后生之虑。本字的语义嬗变，既标识不同时代的文化观念，又贯通不同时代的文化命脉，故须从历史的层面对本字的语义嬗变作出阶段性清理和分时段呈现，尤其要注意在外来文化（如古代的佛学和近现代的西学）影响下，本字与异域文化的冲突与融合。

第三，选文定篇。单个的字，活在文本之中。这里所说的"文本"，既包括传世文书如文史哲经典等，也包括出土文物如简帛、铭器等，还包括民间的和日常生活的口传文化。各分册对本字的解读，须借助多类文本以及由文本所构成的复杂语境，依凭丰富多元、翔实鲜活的语言材料，叙述并阐释本字所涵泳的智性审美、民族心理乃至民风民俗等多重旨趣。

第四，敷理举统。本大系所精选的汉字，大多具有全息特征，一字一意境，一字一世界，会意指事、形声并茂地呈现出中华文化高远的美学意境和深广的意义世界。故各分册对本字的诠释和解读，还需要从思想文化的深度，剖析本字所包蕴的哲学、伦理、宗教、政治、文学、艺术等多重语义内涵，概括并揭示本字对于中国文化乃至世界文明的独特价值和意义。

在囊括上述四项基本内容的前提之下，本大系的各个分册的入思路径、整体框架、章节设计乃至撰著风格等，既因"字"（本字）而异，又因"人"（著者）而异，但在总体上具有鲁迅《汉文学史纲要》所称颂的汉字三美："意美以感心，一也；音美以感耳，二也；形美以感目，三也。"

一、文字乃经艺之本，王政之始

许慎的《说文解字》，其《叙》称"文字者，经艺之本，王政之始"。陈梦家（1911—1966）《中国文字学》指出，汉代以前，"文字"的名称经历了三个时期：首称文字为"文"（如《左传》有"夫文止戈为武"、"故文反正为乏"和"于文皿虫为蛊"），次称文字为"名"（如《论语》"必也正名乎"皇疏引郑注"古者曰名，今世曰字"），末称"文""名"为"文字"（如秦始皇《琅琊台刻石》"同书文字"）并沿用至今。①章太炎（1868—1936）《国故论衡》曰："文学者，以有文字著于竹帛，故谓之文。论其法式，谓之文学。"②这里所说的"文学"是广义上的，与狭义的"文化"（即观念形态的文化或曰小文化）大体重合。从字面上看，章太炎似将文化与文字等同；究其奥义，则是从源头（竹帛）处找到汉语文化与汉语文字的内在关联。章太炎又称"凡文理、文字、文辞，皆称文"，可见"文字"还包括了"名""言""辞"等。在中华文化的产生、生成乃至生生不息之中，汉语的文字扮演着"名"正言顺、一"言"九鼎和"辞"动天下之重要角色。

章太炎《国故论衡》称"榷论文学，以文字为准"③。"以文字为准"是中国文化及文学研究的一大传统，这里的"准"既有标准、法式之义，亦有本根、源起之义。刘勰的"文章"颇类似于章太炎的"文学"，也是广义上的，与"文化"重合。刘勰著《文心雕龙》，专门辟有《练字》一篇，叙述"字"的历史，表彰"字"的伟绩，揭橥"字"的诸种功能。《练字》篇论"字"从仓颉造字说起："仓颉造之，鬼哭粟飞；黄帝用之，官治民察。"仓颉造字是华夏文明史上伟大的文化事件，动天地泣鬼神，孳文明乳文化。汉字的历史也就是中华文化的历史，汉字的功绩也就是中华文化的功绩，故《文心雕龙·序志》讲"文"之功德时称"君臣所以炳焕，军国所以昭明"，亦即《练字》所言"官治民察"。刘勰之前，东汉许慎曰："盖文字者，经艺之本，王政之始，前人所以垂后，后人所以识古。故曰'本立而道生'，'知天下之至啧（赜）而不可乱也'。"④许慎

---

① 陈梦家：《中国文字学》，中华书局 2006 年版，第 255 页。
② 章太炎：《国故论衡》，上海古籍出版社 2003 年版，第 49 页。
③ 章太炎：《国故论衡》，上海古籍出版社 2003 年版，第 49-50 页。
④ （汉）许慎撰，（清）段玉裁注：《说文解字注》，上海古籍出版社 1981 年版，第 763 页。

"故曰"所引两段文字，前者出自《论语·学而》，后者出自《周易·系辞上传》。由此可见，从《论语》到《易传》，从《说文解字》到《文心雕龙》，中华元典对"字"之文化本根义的体认是一以贯之的。

《文心雕龙·练字》称"字"乃"言语之体貌""文章之宅宇"，汉语的方块字是言语的生命体，是文章的宅基和家园。《尔雅》有"言者，我也"，"我"以何"言"？字。故《练字》篇说"心既托声于言，言亦寄形于字"。无言，心何以托？无字，言何以寄？《文心雕龙·章句》赞"字"，称其"振本而末从，知一而万毕"，亦即许慎所言"经艺之本，王政之始"。字乃统末之本，驭万之一。《章句》篇胪列"立言"的四大要素（字、句、章、篇），"字"居其首，"字"立其本："夫人之立言，因字而生句，积句而成章，积章而成篇。"无论是单篇的文章还是观念形态的文化，其创制孳乳，其品赏识鉴，都是从一个一个的方块"字"开始。①在源起与流变、创制与识鉴、传播与接受等多重意义上，"字"皆为文化之"始"或"本"，故在此意义上可以说"字生文化"。

许慎《说文解字》对"字"这个汉字的解释是"乳也。从子在宀下，子亦声"。段玉裁（1735—1815）注曰："人及鸟生子曰乳，兽曰产。引申之为抚字，亦引申之为文字。《叙》云：'字者，言孳乳而浸多也。'"②字者，孳乳也。"孳"是生孩子，"乳"是哺孩子。由"字"我们想到"孕"，两个汉字都是会意："孕"还只是十月怀胎，"字"则不仅是一朝分娩，更是含辛茹苦地将孩子抚养成人；"孕"还只是怀一个孩子（胎），"字"则是生产并哺育一个又一个的孩子，引而申之，则表明一个字可衍生出许多个词和短语。段玉裁为《说文解字·叙》"字者，言孳乳而浸多"作注时，还将"字"拿来与"名"和"文"相比较，先讲"名者自其有音言之，文者自其有形言之，字者自其滋生言之"，后说"独体曰文，合

---

① 民间将文人著书立说称之为"码字"，将接受者的文化解读称之为"识文断字"，亦可见对文化活动中"字"元素的高度重视。

② （汉）许慎撰，（清）段玉裁注：《说文解字注》，上海古籍出版社1981年版，第743页。

体曰字"，强调的都是"字"的"孳乳"、"浸多"、"滋生"、"合体（再造）"之功能。

当然，许慎和段玉裁说"字"，还只是在小学（文字学）的场域内讨论"字"的孳乳性或繁衍力。如果我们将"字，孳乳也"放在广阔的文化领域，来追问并验明"文字"与"文化"的血缘关系，则不难发现中华文化的字生性特征。《文心雕龙》开篇"原道"，追溯"文"即文化之本原与起源，《原道》篇在为"文"释名章义即解决了"文"的本原问题之后，继之回答"文"的起源问题："自鸟迹代绳，文字始炳，炎皞遗事，纪在三坟"，从"唐、虞文章"到"益、稷陈谟"，从夏后氏"九序惟歌"到周文王"繇辞炳曜"，从周公旦"制诗辑颂"到孔夫子"熔钧六经"，刘勰为我们描述的这一部上古文化史，分明滥觞于"文字始炳"，分明嬗变为文字的"符采复隐，精义坚深"，又分明完成于先秦圣哲的"组织辞令"、"斧藻群言"。

《原道》篇的上古文化史在论及商周文化时，称"逮及商周，文胜其质，雅颂所被，英华日新"，这是伟大的《诗经》时代，这是辉煌的风雅颂时代。商周始祖的"英华"记录在《雅》《颂》文字之中。商的始祖是契，契建国于商；周的始祖是后稷，后稷的母亲是姜嫄。再往上追问：契乃谁生？姜嫄如何生后稷？幸好，我们有《诗经》的文字：《商颂·玄鸟》说"天命玄鸟，降而生商"，《大雅·生民》说"（姜嫄）履帝武敏歆，攸介攸止。载震载夙，载生载育，时维后稷"。玄鸟生商（契），姜嫄履帝之足迹而生后稷，这是《诗经》的文字所记录的商周历史。就历史的真实而言，玄鸟不可能生商（契），姜嫄亦不可能履帝迹而生后稷；就文化（神话与传说）的真实而论，"玄鸟生商""姜嫄履帝迹生后稷"则不仅是"真"的，更是"美"和"善"的。而关于商周始祖的真善美的历史，与其说是《诗经》的文字所记录，还不如说是《诗经》的文字所创造。关于"字生文化"的例证，除了"玄鸟生商"和"履帝武敏歆"，还可以举出后羿射日、女娲补天、皇英嫔虞、伏羲画卦、仓颉造字……中华文化史上这些动天地泣鬼神的壮美故事，这些孳文明乳文化的伟大事件，无一不是我们的方块字所创造出来的，字生文化是也。

"文化"和"文字"的"文"，被许慎解释为"错画也，象交文，凡文之属皆从文"①。东汉的许慎虽读过《庄子》却未见过殷商卜辞，故不知道这个"文"就是《庄子·逍遥游》的"越人断发文身"之"文"。甲骨文中的"文"，从武丁时期到帝辛时期，均有"文身"之义："象正立之人形，胸部有刻画之纹饰，故以文身之纹为文。"②纹身所具有的符号性、象征性、修饰性、结构性和文本化，使得"文"这个独体象形的汉字成为人类最早的文化产品之一，亦成为汉语言"字生文化"的最早例证之一。如果说，人在自己身体上的交文错画是人类最早的文化行为，那么"以文身之纹为文"则是人类最早的文化识鉴和文化交往，是人对"字生文化"的感性鉴赏和理性批评。交文错画着形形色色之"文"的龟甲兽骨，虽然被掩埋在殷商帝辛的废墟之中，但"字生文化"作为华夏文明的重要特征却生生不息，历经数千载而不朽。我们今天从文明、文化、文字、文辞、文献、文学、文章、文艺、文采、文雅等众多中国文化的诸多关键词之中，从诗、词、歌、赋、曲、文、说、剧、碑、诔、铭、檄、章、奏、书、记等各体文学及文化产品之中，不难窥见掩埋在殷墟小屯的"字生文化"之元素及景观。

二、心生而言立，言立而文明

"文字"与"文化"都有一个"文"，"文"既是独体象形的上古汉字的典型代表，也是字生文化的典型例证。《文心雕龙》以"文"肇端（《原道》篇首句"文之为德也大矣"），以"文"终章（《序志》篇末句"文果载心，余心有寄"），可谓始于"文"而终于"文"。《原道》篇追原"文"之"元"（原本与源起），在很诗意也很哲理地阐释了"天之文"和"地之文"之后，水到渠成地引出"人之文"的定义："心生而言立，言立而文明，

---

① （汉）许慎撰，（清）段玉裁注：《说文解字注》，上海古籍出版社 1981 年版，第 425 页。

② 徐中舒主编：《甲骨文字典》，四川辞书出版社 2006 年版，第 996 页。

自然之道也。""人"（天地之心）诞生了，"字"（语言文字）才会被发明被创立；语言文字创立之后，"文"才会彰显、章明、刚健、灿烂。作为天地之心的"人"，以自己所独创的"字"（"名""言""辞"等），去彰明"自然之道"，这一彰显的过程、结果及其规律就是"文"（文章、文学和文化）。如果说，《原道》篇"鸟迹代绳，文字始炳"，《章句》篇"人之立言，因字生句""振本末从，知一万毕"讲的都是文字对于文化之产生即历史起源的决定性价值，那么这里的"心生言立，言立文明"讲的则是文字对文化之生成即逻辑本原的规定性意义。

鲁迅《汉文学史纲要》亦借刘勰"心生言立，言立文明"论汉语"文章"即狭义文化的本原、起源及流传，其首篇《自文字至文章》讲文字乃文章之始："专凭言语，大惧遗忘，故古者尝结绳而治，而后之人易之以书契"，"文字既作，固无愆误之虞矣"①，连属文字而成文章，即刘熙《释名》所云"会集众字以成辞义"，字生文化是也。汉娜·阿伦特《人的境况》讲人生在世须做三件事：活着，工作着，说（书写）着。② 人的工作，制作出各种文化产品，创造出灿烂的文明。而只有当人类用文字"立言"之时，才真正创造出"人之文"。或者说，人类只有凭借"立言"这种文化行为，才能创造出"言立"的文化。《左传》讲三不朽——立德、立功、立言。就"德"和"功"的历史传承而言，前人如何垂后？后人如何识古？立言。何以立言？言寄形于字，因字而生句。故刘勰的"心生言立，言立文明"是对中华文化"字"生性特征的高度概括。

汉语"文学"一词有文献可征者，始见于《论语·先进篇》："文学：子游，子夏。"孔子（前551—前479）的这两位高足，既不创制诗歌更不杜撰小说，何来"文学"之名？杨伯峻（1909—1992）《论语译注》将此处的"文学"释为"古代文献，即孔子所传的《诗》《书》《易》等"③。这里的

---

① 《鲁迅全集》第九卷，人民文学出版社1982年版，第343-345页。
② ［美］汉娜·阿伦特著，王寅丽译：《人的境况》，上海人民出版社2009年版，第14-17页。
③ 杨伯峻译注：《论语译注》，中华书局1980年版，第110页。

"文学"实际上是我们今天所说的"文献学"，是观念形态之"文化"的重要组成部分。中国古代，小学（文字学）是经学的根基（故十三经有《尔雅》），经学家首先是小学家（字乃经艺之本）。《世说新语》据《论语》孔门四科而列"文学"门，叙述的是马融（79—166）、郑玄（127—200）、何晏（？—249）、王弼（226—249）、向秀（约 227—272）、郭象（252—312）这些学者注经的故事。精通小学和经学的文化大师们，统统被划归于孔儒的"文学"之门。

夜梦仲尼、以孔子为精神导师的刘勰本来是要去传注儒家经典的，但他觉得自己在经学领域很难超过马融、郑玄，就转而去撰写《文心雕龙》，其《序志》篇坦陈："敷赞圣旨，莫若注经；而马郑诸儒，弘之已精，就有深解，未足立家。唯文章之用，实经典枝条，五礼资之以成，六典因之致用，君臣所以炳焕，军国所以昭明，详其本源，莫非经典。"可见以"敷赞圣旨"即弘扬孔儒文化为人生理想的青年刘勰，实际上是从经学（包括小学）切入"文"的研究，或者说是从经学（包括小学）与文章之关系入手建构其"文"本体。以五经为标准来考察他那个时代的"文"，刘勰很容易发现"（时文）去圣久远，文体解散，辞人爱奇，言贵浮诡，饰羽尚画，文绣鞶帨，离本弥甚，将遂讹滥"。坚守儒家文化的经学立场和小学本位，青年刘勰敏锐地看出他那个时代的"文"（时文）在"言"与"辞"（即语言文字）方面出了大问题，而问题之要害则是严重背离了儒家五经"辞尚体要"的传统："盖周书论辞，贵乎体要；尼父陈训，恶乎异端：辞训之异，宜体于要。于是搦笔和墨，乃始论文。"批判时文的"言贵浮诡"，回归元典的"辞尚体要"，竟然成了刘勰撰写《文心雕龙》的文化心理动因。

如果说《序志》篇是在"文心（为文用心）"的深潜层次讲"辞尚体要"，那么《征圣》篇和《宗经》篇则是在"雕龙（创作技法）"的精微领域讨论如何以圣人和经典为师来"辞尚体要"。二者虽有巨细之别，但其经学立场和小学本位（即"字本位"）则是一致的。《征圣》篇连续三次讲到"辞尚体要"，要求文学家学习春秋经的"一字以褒贬"和礼经的"举轻以包重"，其文字方可"简言以达旨"；学习易经的"精义以曲隐"和左传的"微辞以婉晦"，其文字方可"隐义以藏用"；学习诗经的"联章以积句"和礼经的"缛说以繁辞"，其文字方可"博文以该情"。《宗经》篇则针对"励德树声，莫不师圣，而建言修辞，鲜克宗经"之时弊，大讲特讲儒家五经在"言""辞"即文字上的优长：易经的"旨远辞文，言中事隐"，诗经的"藻辞谲喻，温柔在诵"，书经的"通乎尔雅，文意晓然"，礼经的"采掇片言，莫非宝也"，春秋经的"一字见义，五石六鹢，以详略成文"。"五经之含文也"，宗经征圣落到实处，是要学习五经的文字功夫即雕龙技法，这也是刘勰撰著《文心雕龙》的用心之所在，苦心之所在。

　　青年刘勰"征圣立言"的经学立场不仅铸就其文学本体观的"字本位"，同时也酿成其文学史观的"字本位"，即从"字"的特定层面来考察文学的历史嬗变。《章句》篇讲诗歌的演变，称"笔句无常，而字有条（常）数"，诗歌句子的变化似无常规，而（每一句）字数的多少则是有规律可循的："四字密而不促，六字格而非缓，或变之以三五，盖应机之权节也。"在刘勰的眼中，中国古代诗歌的发展演变史，落到实处，就是"字"数之多少的应变史："二言肇于黄世，竹弹之谣是也；三言兴于虞时，元首之诗是也；四言广于夏年，洛汭之歌是也；五言见于周代，行露之章是也。六言七言，杂出诗骚；两体之篇，成于西汉。情数运周，随时代用矣。"《明诗》篇对诗歌史的描述，也是以"字有常数"为演变规律的："四言正体，则雅润为本；五言流调，则清丽居宗。……至于三六杂言，则出自篇什；离合之发，则明于图谶；回文所兴，则道原为始；联句共韵，则柏梁余制。巨细或殊，情理同致，总归诗囿，故不繁云。"总之，一时代有一时代之诗歌，彼一时代与此一时代的诗歌之异，或短或长，或密或疏，或促或缓，或多或寡，完全取决于字数的或增或减。王国维《人间词话》说"著一字而境界全出"，对于诗歌创作而言，增（或减）一字则格调迥别、境界迥异，"字"之多寡，岂能以轻心掉之？

三、鼓天下之动者存乎辞

《周易·系辞上》讲到《周易》的四大功用，首条便是"以言者尚其辞"①。《周易》的文化符号包括了两大系统：卦爻象系统与卦爻辞系统，借用王弼《周易略例》的话说，前者是"象者，出意者也"，"尽意莫若象"；后者是"言者，明象者也"，"尽象莫若言"②。但是，"象"之出意尽意，完全有赖于"言"之明象尽象，若无卦爻辞的文字阐释，《周易》那么多的卦爻象究为何意是谁也弄不清楚的。因此，《系辞下》要说"是故《易》者，象也；象也者，像也"，《周易》就是象征，象征就是通过模拟外物以喻晓内意，而拟物喻意离开了"辞"是根本无法进行也无法完成的。作为修辞手法，象征有两个端点：一头是物一头是意，物何以达意指意或明意？必须有"辞"，故《周易》的经与传要用"辞"来拟物（人物、事物、景物等）出意（意义、价值、情志等）。《周易》作为中国的文化经典，其生生不息的奥秘在于斯，其动天地泣鬼神的感染力亦在于斯，故刘勰要借用《周易》的话来浩叹："鼓天下之动者存乎辞！"

在因"五经皆文"而征圣宗经的刘勰心目中，《周易》无疑是最好的"文"（即文化经典）之一，故《文心雕龙·原道》讲述上古文明史以《周易》的原创与阐释为主线，所谓"庖牺画其始，仲尼翼其终"。《周易》的创卦者，观物而画卦，"系辞焉以尽其言，变而通之以尽利，鼓之舞之以尽神"；《周易》的观卦者，尚辞而解卦，"观其象而玩其辞"，观察卦爻的象征意味而探究玩味其文辞，或者反过来说，通过品味卦爻辞而领悟其象征及修辞。"辞"对于《周易》的意义是无论怎么强调也不为过分的：无"辞"何以识训诂？无"辞"何以明象征？无"辞"何以成易道？无"辞"何以定乾坤？

---

① 本书所引《周易·系辞传》，均据（清）阮元：《十三经注疏》，中华书局1980年版，第75-92页，下不另注。

② （魏）王弼注，楼宇烈校释：《王弼集校释》下册，中华书局1980年版，第609页。

《周易》是象思维和象言说，而《周易》的象思维和象言说，是靠"辞"（小学之训诂加上文学之修辞）来完成的。受《周易》的影响，中国古代文化历来有"尚辞"之传统，笼统而言是讲究语言文字的艺术，具体而论是注重象征、隐喻、比兴、夸饰等修辞手法。《文心雕龙》创作论二十多篇，有超过一半的篇幅是专门谈"字"说"辞"的：属于谈"字"（即讨论语言文字）的篇目有《声律》《章句》《俪辞》《练字》等，属于说"辞"（即讨论文章修辞）的有《比兴》《夸饰》《事类》《隐秀》等，属于通论二者的有《通变》《定势》《指瑕》《附会》《镕裁》《总术》。广而论之，中国古代文论的批评文本，数量最巨的是历朝历代的诗话、诗式、诗格、诗法等。明清以降，继海量的"规范诗学"或"修辞诗学"，又出现热衷于作法和读法的小说戏曲评点。金圣叹《第五才子书》讲《水浒传》的创作是"因文生事"，"只是顺着笔性去，削高补低都由我"①，故"因文生事"是在叙事层面对"字生文化"的经典表述。

汉语的方块字孳生了文化，也哺乳了文化，字是文化之母。就"文字"创制与"文化"创造之关系而言，汉字的六书作为"字"的构造规律，深情地也深度地哺乳了中华文化，并成为观念形态之文化的创造规律。刘歆、班固将"象形"置于六书之首，并将六书前四项表述为"象形""象事""象意""象声"②，无意中触到字乳文化之要害。鲁迅《汉文学史纲要》亦论及"六书"尤其是"象形"与文化的关系："文字初作，首必象形，触目会心，不待授受，渐而演进，则会意指事之类兴焉。"③

我们以文字与文学的关系而论。汉字六书对汉语文学的孳乳，若概而言之，则是鲁迅所言"意美以感心，一也；音美以感耳，二也；形美

---

① 陈曦钟、侯忠义、鲁玉川辑校：《水浒传会评本》上册，北京大学出版社1981年版，第16页。

② （汉）班固撰，（唐）颜师古注：《汉书》第6册，中华书局1982年版，第1720页。

③ 《鲁迅全集》第九卷，人民文学出版社1982年版，第344页。

以感目，三也"①。若分而言之，其"象形"之"画成其物，随物诘诎"既是汉字区别于拉丁文的标志性特征，也是文学的标志性特征，方块字的象形孳乳了文学的形象性和意境化，此其一。如果说"指事"的"祝而可识，察而见意"，养育了文学之"赋"的直书其事，体物写志；那么，"比类合谊，以见指㧑"之"会意"，与"本无其字，依声托事"之"假借"，则分别孳乳了文学的"比显"与"兴隐"，此其二。此外，"转注"的"同意相受"启迪了文学的互文性，而"形声"的"取譬相成"成就了文学的谐音之趣与声韵之美，此其三。至于具体的创作过程之中，文学家如何推敲，如何练字，如何捶字坚而难移，如何语不惊人死不休，亦可见出"字"对于文学的特殊意义。

被称为现代语言学之父和结构主义之鼻祖的费尔迪南·德·索绪尔（1857—1913），视"文字"为"语言"的表现或工具；与此同时，索绪尔又不得不承认："书写的词跟它所表现的口说的词紧密地混在一起，篡夺了主要的作用；人们终于把声音符号的代表看得和这符号本身一样重要或比它更加重要。"②把书写的词即文字看得比口说的词即言语更加重要，这在表音体系（如拉丁语）中或许不太正常，但在表意体系（如汉语）中却是非常正常也是非常真实的。

或许是看到了表意体系的这种独特性，宣称"我们的研究将只限于表音体系"③的索绪尔，却在《普通语言学教程》中用了整整一节的篇幅，专门讨论表意体系中"文字的威望"及其形成原因："首先，词的书写形象使人突出地感到它是永恒的和稳固的，比语音更适宜于经久地构成语言的统一性"；其次，"在大多数人的脑子里，视觉印象比音响印象更为明晰和持久"；再次，"文学语言更增强了文字不应该有的重要

---

① 《鲁迅全集》第九卷，人民文学出版社1982年版，第344页。

② ［瑞士］费尔迪南·德·索绪尔著，高名凯译：《普通语言学教程》，商务印书馆1980年版，第48页。

③ ［瑞士］费尔迪南·德·索绪尔著，高名凯译：《普通语言学教程》，商务印书馆1980年版，第51页。

性。它有自己的辞典，自己的语法"，并最终形成自己的"正字法"，
"因此，文字成了头等重要的"；"最后，当语言和正字法发生龃龉的时
候，除语言学家以外，任何人都很难解决争端。但是因为语言学家对这
一点没有发言权，结果差不多总是书写形式占了上风，因为由它提出的
任何办法都比较容易解决"。① 我们看索绪尔从逻格斯中心主义立场出
发的对"文字威望"的批评，在某种意义上恰好是对汉字这种典型的表
意体系的表扬。书写形象的永恒和稳固，视觉形象的明晰和持久，文字
威望对语言统一性的塑造和维护，尤其是文学语言如何以"头等重要"
的身份来解决文字与语言的矛盾等，表意体系的这些特征及优长，构成
了"字生文化"的文字学根基。

解构主义大师、后现代理论家雅克·德里达(1930—2004)，其《论
文字学》解构索绪尔语言学的二分结构，认为"文字并非言语的'图画'
或'记号'，它既外在于言语又内在于言语，而这种言语本质上已经成
了文字"②，故"文字学涵盖广阔的领域"，甚至可以用文字学替代语言
学，从而"给文字理论提供机会以对付逻格斯中心主义的压抑和对语言
学的依附关系"③。逻格斯中心主义又称语音中心主义，声音使意义出
场，不同于汉字的书写使意义出场。德里达《论文字学》在批评索绪尔
对文字与言语作内外之分时指出："外在/内在，印象/现实，再现/在
场，这都是人们在勾画一门科学的范围时依靠的陈旧框架。"④我们今天
研究中华字文化，应该打破陈旧的框架，以一种跨学科的宏阔视野来说
"文"解"字"。

---

① [瑞士]费尔迪南·德·索绪尔著，高名凯译：《普通语言学教程》，商务
印书馆1980年版，第50页。
② [法]雅克·德里达著，汪堂家译：《论文字学》，上海译文出版社1999年
版，第63页。
③ [法]雅克·德里达著，汪堂家译：《论文字学》，上海译文出版社1999年
版，第50页。
④ [法]雅克·德里达著，汪堂家译：《论文字学》，上海译文出版社1999年
版，第45页。

　　文字乃经艺之本，就人类轴心期文明的典型代表华夏文明而言，以"经艺"为代表的汉语元典，用一个一个的方块字(中华文化关键词或中华文化核心词)，建构起轴心期华夏文明的意义世界。中华文化是字孳字乳的文化，华夏文明是字孳字乳的文明。观念意义上的中华文化，其源起是"鸟迹代绳，文字始炳"，其元典是或"一字以褒贬"或"联章以积句"的经艺，其楷模是情见文字、采溢格言、辞尚体要、辞动天下的圣贤文章，其种类是肇于经艺、著于竹帛的所有文体。字生文化，上古汉语的方块字从起源与本原处孳乳了中华文化，孳乳了华夏文明。追问并验明文字与文化的血缘关系，揭示中华文化的"字"生性特征，可为"文化"的释名章义，为文化研究的选文定篇，为文化理论的敷理举统，乃至为文化史的原始表末，提供新的路径并开辟新的场域。

目　　录

绪　　论

第一节　研究缘由

王国维在《宋元戏曲史序》中写道:"凡一代有一代之文学:楚之骚,汉之赋,六代之骈语,唐之诗,宋之词,元之曲,皆所谓一代之文学,而后世莫能继焉者也。"①通过某一时代的典型语言表达方式,如古代的汉赋、唐诗、宋词、元曲等,我们可以窥探当时社会的风土人情、经济状况和文化发展。进入 21 世纪以来,我国的社会环境和文化思潮日趋复杂多元,近些年网络技术的高速发展更是加剧了这一变化,根据中国互联网络信息中心(CNNIC)发布的 2024 年中国互联网发展报告显示,截至 2024 年年底,我国网民规模近 11 亿人,互联网普及率达 78.0%。② 哲学家雅克·德里达对于网络时代文学的未来发展趋势有过这样的预言:"在特定的电信技术王国中,整个所谓文学的时代(即使不是全部)将不复存在。"③如果将他所说的"文学的时代将不复存在"理解为网络文学相对于传统文学的颠覆,那么二十多年来中国网络文化、网络文学和网络批评的兴起、发展、壮大这一趋势,无疑正与他的预言高度契合。

---

① 王国维:《宋元戏曲史》,中华书局 2016 年版,第 1 页。

② 央视网:第 54 次《中国互联网络发展状况统计报告》发布[OL]. (2024-8-29). https://news.cctv.com/2024/08/29/ARTIV5SscNSBZtvlwUtMdJWR240829.shtml。

③ [法]雅克·德里达著,赵兴国译:《文学行动》,中国社会科学出版社 2000 年版,第 4 页。

　　存在主义哲学创始人海德格尔曾指出："技术的本质不是技术性的"①，因为技术不只是技术，还与活生生的人相关联，网络媒体的出现也是如此，它带来了传播技术的革命，"给普通人以表达需要和希望的机会"②，科技和经济的发展，给人类生活带来了翻天覆地的变化，人类的生活水平得到了空前的提高，根据马斯洛的需求层次理论，当一个人生理、安全和情感等基础的层次需求已经得到满足时，无疑他们就会对生活有更高的诉求，那就是尊重和自我实现的需求。很显然，在科技日新月异、物质日益丰富的今天，互联网科技的横空出世，各类传统文学包括其纸质载体，如期刊、报纸等，都受到了前所未有的冲击，如在二十年前，大家习惯性购买的各类畅销报纸如《环球时报》《体坛周报》《楚天都市报》，以及家家都乐此不疲订阅的《读者》《知音》《青年文摘》等杂志，如今也销量大减，形势不比当年。BBS 社区、QQ、校内网、贴吧、博客、微博、微信、B 站、快手、抖音、小红书等各种新媒体及 APP 如雨后春笋般你方唱罢，我方登场，让人应接不暇，使得网络批评不仅在创作形式、传播途径上与传统文学批评大相径庭，同时在批评主体、文体以及思想诉求上也截然不同，并在一定程度上深深地影响着当代文学以及文学批评的发展和未来。回顾从 20 世纪末到现在这 20 多年的时间里，网络批评、网络文化等实现了一个从无到有、由弱变强、从小打小闹到让人不得不重视的"萌变"。什么是新媒体时代的网络批评？它的萌发状况和趋势如何？它与传统文学批评的差异体现在哪里？它能给人们日常生活带来哪些变化？它能对中华文明以及未来的网络文化建构起到怎样的作用？在网络文学、网络文化发展的大浪潮中，网络思政该如何跟进？这些都值得让社会各界思考和探讨。

　　与此同时，在新媒体时代，网络语言也有着鲜明的网络特色。在语

---

　　①　[匈]阿格尼丝·赫勒著，李瑞华译：《现代性理论》，商务印书馆 2005 年版，第 68 页。

　　②　[美]尼葛洛·庞帝著，胡泳、范海燕译：《数字化生存》，海南出版社 1997 年版，第 116 页。

言发展的历史长河中，新词新语的不断嬗变，为我们提供了纵向的参照；在网络信息时代，媒体的多样化趋势使语言生态衍生了新的言说方式，从远古的结绳记事到今天的网络传播，语言文字及其表现形式一直在衍变，从先民们最初用甲骨文记录生活，到后来金文、篆文、隶书、楷书等的相继涌现，再到现代网络电子信息的勃发，语言就像是现实的一面镜子，真实地折射出了时代的发展变迁。哈佛大学学者史蒂芬·平克曾指出："在人类自然进化的过程中，语言堪称最为突出的一个特征。"①随着互联网深入千家万户，网络文化、网络文学与网络语言也成了人们日常生活中的一部分。各类网络流行语与网络热词如星火燎原般迎面而来，其来势之猛、使用范围之广、运用率之高都超出了专家们的预测和想象。它们也正是基于当下社会发展的现状，随社交媒介的演变而演变，记录了数智时代人们的文化心理特征。它们不仅是当下语言文化的一部分，更是社会文化的直接反映。作为一种在数字技术和相对开放的网络空间中所产生的新时代文化现象，它所带来的即时性、娱乐性和交互性，对所有参与者来说都是全新的体验。尤其是近几年，网络热词不仅获得了年轻人的认同，更是频频出现在各类官媒乃至政府公告上，如"洪荒之力""囧""宅""雷人"等。作为一种方便快捷的表达方式，网络语言和常规语言相比，具有新奇、简约、时尚和幽默的表达效果，诸如"囧、槑"等这些已经在人们日常生活用语中消失了很久的生僻字，被广大网民们慧眼识珠，赋予了新的意义；同时，像"萌、雷、洪荒之力"等常见词也被旧瓶装新酒，给予了新的内涵，它们成为当下时尚的网络热词，在网络上广为流传。正如"因为电影而出现的明星是一个颇值探讨的现象"，② 网络热词这种重要的语言文化新现象也是值得进行深入探讨和研究的。

---

① ［美］史蒂芬·平克著，欧阳明亮译：《语言本能》，浙江大学出版社 2015 年版，第 3 页。

② 李铁锤：《网络热词传播现象研究》，华中科技大学 2010 年博士学位论文。

正是在这种背景下，本书通过对网络热词"萌、雷、大 V、囧"等的考察，来阐释和分析新媒体时代文学批评的萌发缘由、发展现状、未来趋势及影响，并提出合理的建议。同时结合当下网络文化背景，以网络热词为切入点，以网络文化为媒介，采用问卷调查的形式，将文学批评与网络语言文化及调查数据相结合，通过网络热词的特点和变化，来揭示网络批评的源变、特征以及发展趋势，进而对网络文化、网络思政等数智时代的新文学、文化、生活、教育模式进行探析，以期增强世界文化多元格局下中国文化的软实力及国际影响力。

第二节　研究价值

加拿大原创媒介理论家麦克卢汉认为："一切传播媒介都在彻底地改造我们，它们对私人生活、政治、经济、美学、心理、道德、伦理和社会各方面影响是如此普遍深入，以至我们的一切都与之接触，受其影响，并且为其改变。"①当下网络文化的兴起和发展，无疑验证了麦克卢汉的先见之明。如今，网络已经渗透到我们学习工作生活的方方面面，我们平时可以离开报纸、离开杂志、离开纸质书籍，但是很难想象一个人的日常生活现在可以不用手机，不用电脑，不用互联网。

互联网为文化、文学和批评提供了新的发展空间，新的创作思路，谭德晶对此指出："网络对于文学批评比对于文学本身来说，更具有根本的革命的意义。"②在传统领域，批评是一个门槛极高的行业，其批评主体必须具备广博的学识和丰富的理论，是精英化、小众化的，其批评往往是单向的，无须考虑其他人的感受，也无须理会他们是否认同，如刘勰的《文心雕龙》，其并不需要费力向读者去做专门的解释。纸媒时代这一现象虽有改变，像各大报纸上也时有不同观点的论战，但还是有

① [加拿大]马歇尔·麦克卢汉著，何道宽译：《理解媒介——论人的延伸》，商务印书馆 2000 年版，第 9-10 页。
② 谭德晶：《网络文学批评论》，中国文联出版社 2004 年版，第 237 页。

很高的门槛，比如批评观念的犀利性、理论的深刻性，不是一个普通的读者可以企及的，媒体本身为了提升自己的知名度和影响力，显然也更喜欢去刊登文化名人和业界权威的文章。进入新媒体时代后，批评从少数人的特权走向了大众化，只要你有发声的欲望，几秒钟就可以完成这一想法，并且可能很快就能得到回应。批评不再是文化精英的专属或政客手中的道具，并且在一定程度上远离了意识形态，向世人展示了一种全新的、包容的、多元的格局。无论它是肤浅的，还是深刻的，也无论它是业余的，还是专业的，我们都可以通过广大网民积极参与的热情看到它的生机和活力。网络批评正在向世人、向学界权威展示，它的存在已经不容忽视。

网络批评从 20 世纪 90 年代的蹒跚学步到今天的繁荣昌盛，不但要面对不断推陈出新的网络文学作品以及作品在形式和内容上的变革，品评其好坏，阐述其特质，发现其规律，还要应对科技所带来的挑战，如网络载体的变化，从 BBS 到文学网站，从博客到微博，其都得作出相应的调整和变化。其内在的不断完善是一个复杂和漫长的过程，它必然存在着大量的不足和缺点，必须得到包容，比如得有容错机制，还必须有大量的人力、物力对其不断投入。这种投入，仅仅靠广大网民是不够的，还需要学术界和政府职能部门的支持。网络文学及其批评从无到有，不过短短二十多年，这和中国传统文学与批评数千年的漫长岁月相比几乎可以忽略不计，作为一种新生事物当然不乏大量缺点，但这些缺点并不能构成传统学术界对其不屑一顾的理由。如果传统学术界不能摆正心态去研究批评在数智时代的这一变化，显然是不利于文学评论的长远发展的。韦勒克·沃伦对此一针见血："学院派人士不愿评估当代作家，通常是因为他们缺乏洞察力或胆怯的缘故，他们宣称要等待时间的评判，殊不知时间的评判不过也是其他批评家和读者——包括其他教授的——评判而已。"①

---

① ［美］韦勒克·沃伦等著，刘象愚等译：《文学理论》，三联书店 2017 年版，第 38 页。

当网络与文学、文化相结合，当点击率、灌水、板砖、投票、点赞、娱乐、排行榜、市场利润等纷纷进入文学传播领域之时，网络批评该如何将文学的独立性和精神价值从众声喧哗中凸显出来？显然，这是一个无法忽视的重大难题。只有重新审视、调整、变革现有的文学观念，结合数智时代特有的语境，才能让批评走上规范、健康的发展之路。

与此同时，数智时代批评主体的广泛参与性、交互性、自由性、创新性等让网民的创作激情大大增长，以"萌、雷、囧、大V"等为代表的网络热词成为网络流行文化中的一道靓丽风景线。对于希望通过简明而欢快的方式彰显自我的网民而言，网络热词成为他们乐此不疲地在网络生活中大展身手的个性符号。李宇明指出："语言需要增添活跃因素，它有自我调节的机制，有用的吸收，没用的就自我淘汰掉了。一个新的语言符号的诞生，必然要经历一个从排斥、适应、接受到或流传、或废弃的过程。只有有生命力的东西才经得起大浪淘沙的考验。"①可以说"囧、萌、大V、雷"等网络热词的迅速风行，是语言和社会共同作用的结果，是语言发展进程中一种新的表达方式，也体现了语言自身有其优胜劣汰的规则。

从无到有，由弱到强，网络文化、文学及批评近二十年来的发展速度是极其惊人的。今天，可能任何一个对网络稍有关注的人都无法忽视其存在，无论你对它是褒是贬，是欣赏还是不屑。并且可以预见，在今后相当长的一段时间内，网络文化及批评不但不会消失，而且其生命力还会不断增强。在这种情况下，顺势推动网络批评的研究和建设，并以此带动网络文化的繁荣和健康成长，是当下学术界不可忽视的重要工作。本书意在基于对"网、雷、萌、大V、囧"等网络热词的考察，通过问卷调查以最新的调查数据与批评理论相结合，并从语言学、社会

---

① 　李宇明主编：《理论语言学教程》，华中师范大学出版社 1997 年版，第122 页。

学、心理学、传播学等多学科视域，以不同角度对网络批评做细致而深入研究，来探究网络文化、网络语言、网络热词、网络批评及网络思政之间的互动关系，并以此来揭示网络技术和网络语言的发展对批评理论的影响与意义，再对网络文化及批评的未来走向以及市场前景提出合理的建议。

第三节　研究现状综述

一、国内外网络批评的研究综述

网络批评是时代科技与社会发展的产物，它随着网络的普及以及网络文学的发展而产生，并在极短的时间内就已经成长成一个让学术界无法回避的庞然大物，这对传统批评而言，既是一种模式上的挑战，也是一种方式上的创新，是值得期待的。但从目前总体情况来看，网络批评的发展显然滞后于网络文学，没有形成完整的概念、标准、体系，学术界对其认可度也很低，相关的学术著作也不多，比较有影响的有欧阳友权的《网络文学本体论》《数字化语境中的文艺学》等，范周的《网络批评》，谭德晶的《网络文学批评论》以及唐迎欣的《网络文学及其批评研究》等。

在学术论文方面则相对较多，通过查询知网数据库，以"网络批评"为主题检索，共查找到516篇论文①。其中，欧阳友权的《网络批评的述史之辨》、周志雄的《网络批评的现状与问题》、欧阳婷的《网络批评的学术梳理》、周秋红的《网络批评：现状及走向》、于晓芳的《全媒体背景下建构网络批评机制的探讨》等文章中也对网络文学评论的

---

① 中国知网 2019/2/23 数据。

发展脉络进行了一定的梳理，王羹在《论中国网络批评的特征与发展趋向》①中指出了当下理论界对网络批评的不足，并对中国网络批评如何成为一种范式提出了自己的思考。

同时，学界对网络批评与传统批评在传播上、主体上、语体上、评价标准上等方方面面的不同与分歧也做出了不少的讨论和分析。如唐小娟的《浅析在线式网络批评》②对网络批评言说方式和传播途径等特点进行了分析，并主张传统批评应与网络批评取长补短，共同构建网络文学新生态；张雪的《大众传媒时代的文学批评研究》③从大众文化的角度，对当下批评的变化发展进行了解读，并对批评"市场化""媒体化"和"大众化"等新变化提出了个人的思考和见解；王爽的《互联网与文化生产、推广和消费研究》④从生产与消费的视角，对当下如何适应网络科技和文化的发展变化提出了思考；许燕燕在《当代文学批评新论》⑤谈到网络科技改变了文学和批评生长的土壤，从事文学批评的主体要适应这种新变化；曾繁亭在《网络批评主体的衍变》⑥中，从网络批评不同发展时期，对网络批评主体的组成、变化以及特色做了详细解说，并对这种文化现象的变化进行了肯定；姜太军的《"人民的"批评标准与网络批评》⑦指出，大众批评和专家批评应该实现对话，互为补充，互相促进，共同缔造"人民的"批评标准。周林妹在《浅议网络批评》⑧谈到，

---

① 王羹：《论中国网络批评的特征与发展趋向》，内蒙古大学 2013 年硕士学位论文。

② 唐小娟：《浅析在线式网络批评》，《中国文学研究》2017 年第 1 期。

③ 张雪：《大众传媒时代的文学批评研究》，西北师范大学 2013 年硕士学位论文。

④ 王爽：《互联网与文化生产、推广和消费研究》，山东大学 2016 年硕士学位论文。

⑤ 许燕燕：《当代文学批评新论》，《梧州学院学报》2011 年第 4 期。

⑥ 曾繁亭：《网络批评主体的衍变》，《小说评论》2016 年第 5 期。

⑦ 姜太军：《"人民的"批评标准与网络批评》，《湖南科技大学学报》2016 年第 6 期。

⑧ 周林妹：《浅议网络批评》，《辽宁教育行政学院学报》2003 年第 1 期。

"点击率高就是好作品"，这种极具商业化和大众化的评判标准，对传统的批评标准产生了极大的冲击。

此外，各级作协等文化部门、新闻媒体、网络社交平台近些年来纷纷合力，开展了各种质量颇高的网络文学专题活动，例如 2009 年中国作协与中文在线合作开展了"网络文学十年盘点"活动，国家广播电视总局 2017 年开展的"优秀网络文学原创作品推介活动"，由中国作协网络文学委员会、上海市新闻出版局、上海市作家协会、阅文集团等 2017 年联合主办的"中国网络文学 20 年发展专题探讨会"以及"中国网络文学 20 年 20 部优秀作品评选活动"，2018 年阅文集团和湖南卫视联合举办的"阅文超级 IP 风云盛典"，还有作协和各高校举办的各式各样的"网络文学论坛"等，对网络文学与网络批评的发展都起到了一定的推动作用，也让更多人关注起这一片新的文学天空。

西方亦有不少关于网络批评的研究成果，诚如马季所说："尽管欧美地区没有显现出网络文学的繁荣盛况，但网络与文学之间的关系更加纯粹……依靠网络资源才能广泛流通的超文本是欧美网络批评的突出表现形式。"[1]在众多关于超文本的理论研究当中，乔治·兰道在《超文本：当代批评理论与技术的结合》一书中将超文本与解构主义、后现代主义等现代主义思潮紧密联系在一起，这让他的研究有较大的参考价值。

二、国内外"网络热词"的研究综述

网络热词是指主要流传于网络的被赋予特定时代和语言环境意义的使用频率较高的新兴词汇。[2] 进入 21 世纪以来，随着互联网技术的推广，网民、网络语言、网络文化等纷纷随之而生。网络热词作为网络语言和文化的典型代表，其应运而生，无疑是时代发展的必然。各类热词

---

① 马季：《读屏时代的写作：网络文学 10 年史》，中国工人出版社 2008 年版，第 63 页。

② 参见李颖超：《汉语言的变迁及其改变的成因探讨》，《汉字文化》2018 年第 10 期。

或因为网民在聊天过程中自发创造，如"雷""囧""萌"等，或因为一个极小的社会事件产生，如"表叔""七十码""躲猫猫"等，或因为社会名人的一句话一个动作，如"洪荒之力""葛优躺""定个小目标"等，这些词一旦产生出来，在 BBS 论坛、QQ、博客、微博、微信上顿时传播得风生水起，其传播速度之快，民众接受性之广，都远远超过了任何一个时代的话语传播。它们不仅仅是一个时代科技发展与社会生活日新月异的体现，更反映了一个时代百姓心理上和生活上的诉求，如"房奴""蚁民"等就是极好的体现。在这个角度上，网络热词的诞生，不仅丰富了新时代汉语体系的内涵与外延，更是语言文化与社会生活有机结合的重要标志。

当然，不仅在中国，网络热词的流行也是当下全球普遍的现象。在动漫文化发达的日本，各类网络流行语与动漫和游戏紧密相连，如"萌""草""卍"等均源于动漫作品；韩国的影视文化发达，网民们使用的网络热词多与流行的影视作品或者明星有关，"在我心里收藏"这句就是由现 WANNA ONE 成员朴志训创造的；欧美很多国家，网民们也会通过创造社交新词来表达自己的个性、诉求和当下状态，如 Askhole，是由 ask（问）和 asshole（蠢蛋）合成，意为总是不停问各种愚蠢问题的蠢蛋；如 Textpetation 由 text message（短信）和 expectation（期待）合成，指发出短消息后期待回复的那种少女情怀；又如 Bedgasm 由 bed 和 orgasm（高潮）合成，意为在劳累了一天之后终于能躺在床上休息所获得的那种快感。① 不难发现，国外这些网络热词的产生原因与中国差别不大，都是网民表达个性和诉求的体现。

学术界对于网络热词的研究比网络批评略多，通过知网数据库，以"网络热词"为主题检索，共查找到 818 篇论文②。其中，关于什么是网络热词，陈泽星认为"网络热词是网络语言中的热门词汇，其通常围绕社会日常生活和社会重大热点事件话题展开，是社会人以网络主体身份

---

① 参见译国译民：《2015 最新流行的英语单词，有几个你认识》，［OL］.（2015-07-21）. http：//chuansong. me/。

② 中国知网 2019/2/23 数据。

在网络中进行信息收集、发布和交换时使用的频率较高的词汇"①。此外，关于网络热词是如何形成、发展和流变的，马平的《2006年—2011年度网络热词知晓度调查与分析》、徐炜炜的《网络热词的发展特点及其对大学生思想政治教育的启示——基于对互动百科2009—2015年年度热词的考察》、胡远珍及尹佳的《2014—2016年度网络热词传播特征分析》、莫新均的《微文化背景下网络热词话语分析》等文章，都进行了一定的梳理。

同时，学界从语言学、传播学、社会学、教育学等不同角度，对网络热词的发展和影响进行了分析。从社会语言学的视角看，牟青在《社会语言学视角下网络热词的发展》②一文中，分析了网络热词的形成原因及发展流变，强调了要正确引导网络热词的未来走向。从传播学的视域看，陈燕侠在《试论网络热词的传播特征》③一文中，指出网络热词是当下一种重要的值得关注的传播语言，其正由社会方言向社会共同语演变，促进了大众传播及话语权的多元化；孙文峥的《基于"用户—媒体—学术"视角的网络热词传播特征分析》④，从用户搜索行为、媒体报道、学术研究三个维度对网络热词进行分析，发现网络热词的传播存在自媒体向主流媒体和学术界逆向传播的现象；李铁锤在《网络热词传播现象研究》⑤一文中解析网络热词的传播模式及其影响。从社会学

---

①　陈泽星：《仰"浮云"之咏叹，观社会而长思——透过网络热词解读社会》，《文学界》2011年第3期。

②　牟青：《社会语言学视角下网络热词的发展》，《广州广播电视大学学报》，2017年第5期。

③　陈燕侠：《试论网络热词的传播特征》，《郑州轻工业大学学报》(社会科学版)，2016年第1期。

④　孙文峥：《基于"用户—媒体—学术"视角的网络热词传播特征分析》，《出版科学》2017年第5期。

⑤　李铁锤：《网络热词传播现象研究》，华中科技大学2010年博士学位论文。

的视角看，邱红霞在《近年来"网络热词"的价值观分析》①中，从价值观层面分析热词背后的大众心理和社会诉求，并指出这对把握普通民众的价值取向具有风向标意义。

可以说，进入 21 世纪以来，网络已渗透人类社会生活的方方面面，彼此已经不可分开。在这样的时代背景下，新的词汇，尤其是网络词汇的产生，无疑是一种必然。它不仅影响着我们在网络上的交际与沟通，更对我们的现实社会造成了越来越大的影响。学界对网络语言尤其是对"网、萌、雷、囧、七十码、小目标"等网络相关热词的研究，已成为语言学、传播学、社会学、教育学和心理学研究中的新热点，跨学科交叉研究的特色日趋明显，相关研究越来越呈现出多角度、跨学科的特色，如胡灿的《网络热词对大学生价值观的影响研究》②从语言学、教育学和心理学的角度，对网络热词及网络文化对大学生的价值观影响进行了探讨和分析。但是运用网络热词对批评进行分析和解构，目前这方面的研究几乎没有，学界目前对网络批评的研究已经滞后于网络文学和网络语言的发展太多，远远没有建构起有效的批评体系，缺乏针对性的概念、逻辑、方法。同时，笔者通过抽样问卷调查显示，广大网民对网络热词的形成、发展与走红的了解度也并不高，绝大部分网友只停留在用着好玩的基本层面，只有 12% 左右的人表示对此十分了解，加大对此方面的研究和普及十分有必要。

三、国内外"网络文化"的研究综述

网络文化是以网络信息技术为基础，在网络空间形成的各类文化活动、文化方式、文化产品、文化观念、文化衍生经济等的集合。广义的网络文化是指网络时代的人类文化，它是人类传统文化、传统道德的延

---

① 邱红霞：《近年来"网络热词"的价值观分析》，《牡丹江师范学院学报》（哲学社会科学版），2017 年第 5 期。
② 胡灿：《网络热词对大学生价值观的影响研究》，重庆师范大学 2018 年硕士学位论文。

伸和多样化的展现。狭义的网络文化是指建立在计算机技术和信息网络技术以及网络经济基础上，是人们在互联网这个特殊世界中，进行工作、学习、交往、沟通、休闲、娱乐等所形成的活动方式及其所反映的价值观念和社会心态等方面的总称，包含人的心理状态、思维方式、知识结构、道德修养、价值观念、审美情趣和行为方式等方面。①

自 20 世纪末伊始，随着网络技术的发展壮大，网络文化不论在中国还是世界都产生了深远的影响，学界关于网络文化的相关研究也日益增多。根据"篇名"为"网络文化"进行"精确"检索，检索到在 1996—2020 年各年度发表数量分别为：1996 年 9 篇，1997 年 10 篇，1998 年 23 篇，1999 年 35 篇，2000 年 108 篇，2001 年 183 篇，2002 年 234 篇，2003 年 294 篇，2004 年 295 篇，2005 年 296 篇，2006 年 381 篇，2007 年 640 篇，2008 年 685 篇，2009 年 750 篇，2010 年 827 篇，2011 年 769 篇，2012 年 900 篇，2013 年 850 篇，2014 年 778 篇，2015 年 785 篇，2016 年 804 篇，2017 年 784 篇，2018 年 817 篇，2019 年 753 篇，2020 年 758 篇。

从知网数据可以看到，20 世纪末，关于网络文化的研究处于起步阶段，相关研究并不太多，研究和著作主要围绕着互联网、网络传播、网络社会进行，以及对互联网的使用和对社会生活的影响做描述性研究，对网络文化做初步的理论思考，如郭良主编的《网络文化丛书》，韩旭光在《实事求是》上发表的《浅谈网络时代的文化冲突》，朱鲁子在《理论与现代化》上发表的《浅析网络文化与传统文化》等，都是对网络文化进行类似于概念雏形的探索性研究，但为后续网络文化研究的深入起到了较好的示范作用。

进入 21 世纪后，党和国家层面日益重视网络工作，如江泽民同志2000 年在全国人大三次会议中强调："我们的党建工作、思想政治工

---

① 参见百度百科：《网络文化》[OL].（2024-10-10）. https：//baike. baidu. com/item/%E7%BD%91%E7%BB%9C%E6%96%87%E5%8C%96/755111？fr＝ge_ala

作、组织工作、宣传工作、群众工作，都应该适应信息网络化的特点。"①网络文化在 21 世纪的蓬勃发展，对社会经济、百姓生活的影响急剧增大，经济学、社会学、文学、法学等不同领域的专家学者开始重视网络文化的研究工作，形成了一批对网络文化的内涵、本质、功能、特征、经济效益和社会影响等的开拓性论述，如武建军在《东北大学学报》发表的《试论网络文化的矛盾与冲突》，对网络文化的精神内核以及存在的问题进行了较为深入的分析；如杨泽宇在《云南高教研究》发表的《网络文化对高校学生思想政治工作的影响及对策》一文，较早地认识到如何认识网络文化、利用网络文化来引导、教育学生是未来高校思想政治工作的紧迫任务，这也可视为青少年网络思政工作的雏形之一；对网络文化的产业化和娱乐化研究也日益增多，如周健的《网络游戏——文化娱乐业的一匹黑马》、张锐的《中国网络文化产业风生水起》等，这对未来网络文化产业、娱乐产业、游戏产业的发展无疑起到了理论指导的作用。

2012 年党的十八大以来，网络文化的建设与规范得到党和国家的高度重视，如党的十八大报告就明确指出："要加强和改进网络内容建设，唱响网上主旋律。"②从这一时期开始，关于网络文化方方面面的研究呈现井喷之势。根据知网数据统计，每年关于网络文化的相关研究都有数百篇之多，网络文化与经济、网络文化与思想政治教育、网络文化与跨文化交际、网络文化与意识形态管控等不一而足，充分体现了在网络迅速普及发展过程中，人们对于网络文化的高度关注。

国外对网络文化的研究起步较早，尤其是美国等西方发达国家，早在 20 世纪 70 年代就有了相关研究的报道，如 1978 年马丁的《有线社会》，1987 年利维的《电脑黑客》，可视为对网络社会文化的初步探索。

---

① 中共中央文献研究室：《江泽民思想年编（一九八九—二〇〇八）》，中央文献出版社 2010 年版，第 474 页。

② 中共中央文献研究室：《十八大以来重要文献选编》，中央文献出版社 2014 年版。

20世纪末，西方国家相关研究日趋深入，如1992年兰道的《超文本》，1995年比尔·盖茨的《未来之路》等都以网络为视角，对未来社会文化进行了较为全面的研究。进入21世纪之后，相关的研究更加多样，对社会经济、青少年发展、网络文化弊端等进行了较多的思考，如尼古拉斯·卡尔的《浅薄：互联网如何毒化了我们的大脑》，认为互联网致使我们逐渐丧失了深度阅读和深度思考的能力。①

四、国内外"网络思政"的研究综述

国外因为体制关系，基本没有与网络思政的直接研究，往往只是从政治学、法学、社会学、教育学等角度对网络与青少年教育进行剖析。

在国内，按"篇名"对"网络思政"进行"精确"检索，检索到：在1998—2020年各年度发表数量分别为：1998年1篇，1999年1篇，2000年4篇，2001年9篇，2002年15篇，2003年5篇，2004年6篇，2005年15篇，2006年9篇，2007年9篇，2008年20篇，2009年17篇，2010年28篇，2011年36篇，2012年49篇，2013年56篇，2014年86篇，2015年124篇，2016年151篇，2017年183篇，2018年221篇，2019年284篇，2020年426篇。相关研究总体上呈现出逐年递增的趋势。

20世纪末国内关于网络思政的研究非常少，知网上只发现两篇，仅仅是对"网络思政"这个概念进行了初步的探索和分析，如1999年刘亦颖发表的《高校思政工作对社会网络环境的调控及优化》，该文较早地认识到，当代世界信息技术与信息网络正以难以想象的速度渗透到社会的各个方面，这种全新的网络环境将改变传统的教学和思政模式。

进入21世纪，社会各界对网络思政的研究日趋增多，并且角度更加新颖丰富，如王桂琴在《福建建筑高等专科学校学报》上撰写的《运用

---

① 参见马丽华：《高校网络文化育人研究》，武汉大学2019年博士学位论文。

网络文化，推进高校思政工作》一文，对网络文化和网络思政工作如何
有机结合做了初步的探索。梁燕云 2007 年在《科技资讯》发文写到的
《应用网络聊天工具开展思政教育的可行性探析》，张林英 2008 年在
《湖南科技学院学报》写到的《坚持"三贴近"原则做好网络环境下高校思
政工作》，付正大于 2009 年在《才智》发表的《辅导员把握"网上"主动权
利用网络开展思政工作》等，从网络交流工具、网络思政方式方法、辅
导员如何开展网络思政等不同维度，对网络思政工作进行把脉，为高校
思政工作的创新性发展提供了有益的参考。

2010 年之后，随着党和国家对网络意识形态和高校思政工作的日
益重视，关于网络思政方面的研究如雨后春笋般产生，如姜彦君的《网
络背景下中外合作办学机构思政课境外教学的拓展》，较全面地谈到了
在中外合作办学采用的"N+M 模式"导致学生境内学习区间思政课压力
过重，境外学习区间马克思主义思想教育出现空白的新问题；刘凤姣的
《"空间励志园"——基于世界大学城空间的网络学生思政教育体系建
设》结合"三全育人"，对网络思政的空间环境与思政效果的关系进行了
探讨。谢爱莲《高职思政课"微博课堂"网络教学平台建设的目标原则》
一文，以微博这个网络平台为切入点，对网络思政工作进行了摸索。朱
宏胜《"微思政"在预防大学生网络群体性事件中的作用研究》一文将群
体性事件和网络思政结合起来，也提供了一个非常好的高校学生工作研
究案例。这些研究，让高校网络思政工作思路日益丰富饱满。

第四节　创新点和难点

一、创新点

1. 思路的创新

李建中教授曾指出："中华元典关键词，以'词根'的方式沉潜，以
'坐标'的方式呈现，以'转义'的方式再生，既是轴心期华夏文明生生

不息的语义根源，亦为中外文化和而不同的话语前提。"①本书尝试借鉴李建中教授"关键词批评"的研究范式，沿着"词根性—坐标性—再生性"的路径诠释网络热词的生命历程、原创意蕴和现代价值，通过对网络热词"网、萌、雷、大 V、囧"等的考察，并结合问卷调查，来阐释和分析新媒体时代批评的萌生、趋势及影响，为现代社会的人格重铸及价值重建提供文化资源和词语根据，对网络热词未来走向及前景提出合理的建议，并期待能在中国文学批评研究领域实现研究范式、思路和方法上的突破和创新，期待能对网络文化和网络思政研究提供不一样的研究视角和指导性意见。

2. 方法的创新

刘勰《文心雕龙·神思》有曰："枢机方通，则物无隐貌；关键将塞，则神有遁心"②，其中"关键""枢机"均为喻辞。"关键词"研究法意在发现词语意义转变的历史、复杂性与不同用法，发现词语的创新、过时、限定、延伸、重复、转移、断裂、关联等过程。本书试图用最新的网络热词、文学理论、网络现象，并结合从各行各业网民、各大网站、贴吧等搜集到的第一手资料，站在广大网民的立场上来阐释、分析网络批评和网络文化；并运用雷蒙·威廉斯开创的"关键词批评"的研究范式来研究网络热词，结合问卷调查，以最新的调查数据与批评理论相结合，并从语言学、传播学、社会学、教育学、心理学等多个学科视域，从不同角度、不同层次对新媒体时代的网络批评、网络文化和网络思政作整体观照和系统阐释，用关键词研究开启中华文化的意义世界。

3. 操作性的创新

在建设策略层面上，借鉴历史语义学、文化语言学、认知语言学、阐释学等方法，融通观念史和思想史的学术视域，同时立足网络，结合

---

① 李建中：《中华元典关键词的原创意蕴和现代价值——基于词根性、坐标性和转义性的语义考察》，《江海学刊》2014 年第 2 期。

② 刘勰著，范文澜注：《文心雕龙注》，人民文学出版社 1958 年版，第 493页。

网络热词和翔实的数据分析，以点带面，点面结合，从批评主体、文体、语体、标准以及方式等多个方面进行梳理，做到"擘肌分理，唯务折衷"，① 既有整体的把握，也有细节的分析，可操作性较强。

二、难点

1. 研究视角的选择。内容的涉及面较广，可研究的视角很多，但可供参考的网络批评研究文献资料较少，同时笔者对语言学、传播学、社会学、心理学等学科知识了解不深，分析能力和把握度可能不够。如何加强学习和运用学科之间的知识，提高本书的理论深度，使本书更具有说服力和实用性，需要做进一步努力。

2. 热词的选择与网络批评、网络文化之间的契合。本书的内容只是涵盖了常见的几个热词，网络新的热词和流行语还在不断涌现，因此需要时刻掌握最新的网络动向和研究趋势，在已有资料的基础上不断进行资料的收集和扩充。同时，如何通过对"网、雷、萌、囧、大 V"等网络热词的考察，从多学科的不同层面来切实有效地探究网络文学、网络热词与网络批评、网络文化之间的互动关系，并对网络批评、网络文化、网络思政等的未来走向作出合理分析和建议，是本书研究的一大难点。

---

① 刘勰著，范文澜注：《文心雕龙注》（下册），人民文学出版社 1958 年版，第 727 页。

第一章 织"网"：数智时代的革故鼎新

第一节 "网"的基本概述及词义演变

一、"网"的振叶寻根

"网"是一个历史悠久的汉字，人们通过考古，发现早在段商时期的甲骨文中就有了它的身影，并且几千年来一直沿用至今，成为现代汉语中一个较为常用的汉字。21 世纪人类进入数智时代后，"网"如空气般无处不在，深深地融入了人们的日常生活中。

"网"在诞生之初，是一个象形字，其本意是先民用来抓鸟兽以及鱼类等的辅助工具，常写作"网"或"网"，其字形拆解为：字的左右两边是插在地上的木棍，中间是交错的网眼，用以表示网状物或网状工具。在晚期的甲骨文和后来的金文中，网被添加了两只撒网的手，成了会意字，写作"网"，具有了动词的意义，如"撒网、捕捞"等。

随着时间的推移，"网"字的结构逐渐规范统一，其在小篆中写作"网"，已和现代汉语中的网字的字形结构基本相同，但整体上仍然保留了象形的线索和痕迹。值得一提的是，甲骨文中"罔"与"网"字形相通，后来人们给"网"加声旁"亡"，"网"成为"从网、亡声"的形声字"罔"，再后来又加"糸"旁变成"網"字。故而《说文解字》有解释：

"罔，网或从亡；網，网或从糸。"①需要注意的是，在目前所见到的古代文献中，"罔"和"網"字都比较常见，"网"字的这种简略式的写法却很少见到。

新中国成立后，为了方便更多的老百姓认识和使用汉字，降低汉字的书写难度和推广门槛，在 1964 年中华文字改革委员会出版的《简化字总表》中，专家们根据篆文和隶书的写法，把"網"字简化为"网"，也就是我们如今常见的字形。因此，"网"既是"網"的初文，又是"網"的简化字。

以"网"或"罔"作偏旁的字，常常以"罒"的形式写在字形的上面，如繁体字"羅"，指捕鸟的网；"羈"，指马的龙头；"罩"，指捕鱼的竹笼。总体而言，"网"字在演变过程中从甲骨文的象形特征逐步发展到现代汉字的形态，虽然经历了结构简化和笔画规范化的过程，但仍然保留了其象形的基本线索和含义。这种流变展示了汉字作为一种文字系统的演化历程，反映了语言与文化的发展变迁。

《说文解字·网部》有曰："网，庖牺氏所结绳以渔也。从'冂'，下象网交文。凡网之属皆从网。"②传说古时候是伏羲最早结绳而织成渔网，系上带有石头的网坠，作为捕鱼的工具；或者安上可以触发的机关，作为捕捉鸟、兽的工具。故而许慎在《说文解字》中说，网是伏羲用绳子结成的打猎捕鱼的工具。

古人对"网"也有不同的解说和释义，如将捕鱼的网叫"罟"，捕鸟的网叫"罗"，捕兽的网叫"网"，故而产生了"网罟""网罗"等词语。《周易·系辞传》有曰："结绳而为罔罟，以佃以渔。"③唐代经学大家陆德明在《经典释文》中就曾指出："取兽曰罔，取鱼曰罟。"清代训诂学家桂馥在《说文义证》中也谈道："取兽曰网，取鱼曰罟。"但人们在日常生活中一般都习惯将"罟""罗"和"网"都统称为"网"，并没有去进行严格

---

① （清）段玉裁：《说文解字注》，中华书局 2013 年版，第 157 页。
② （清）段玉裁：《说文解字注》，中华书局 2013 年版，第 157 页。
③ 黄寿祺、张善文撰：《周易译注》，上海古籍出版社 2016 年版，第 344 页。

细分，故而段玉裁《说文解字·罟》注中提道："罟，是网罟皆非专施于渔也。罟实渔网，而鸟兽亦用之，故下文有鸟罟、兔罟。"[1]

二、"网"的造化发展

从先秦到近代，网的词性主要包括以下两种：

一是名词。其作为名词的本意主要指用绳、线等结成的捕鱼捉鸟的器具。在远古时代，人类就学会织网捕猎，网就是在两根木棍之间用绳索交叉编织成许多格状的捕猎工具。这种捕具不遮光且通风通水，具有较强的隐蔽性，能束缚那些误入网中的猎物，使之失去活动能力，可以用来捕鱼、鸟和野兽。如我们常说的名词"渔网"是指捕鱼用的网，古代人使用粗布加上麻作为原料，通过捆卷的方法制成渔网，虽然这种渔网易腐烂，坚韧度差，但是其捕鱼效率比用手或者鱼叉已经大大提高。在《说文解字》中，对不同形制的网的列举，有十几种之多，如"罩，捕鱼器也"，是一种网状的捕鱼用的竹笼；"罾，渔网也"，是一种用竹木做支架的方形渔网；"罟，网也"。《孟子·梁惠王上》："数罟不入洿池，鱼鳖不可胜食也。"[2]其中的"数罟"，即指"细密的渔网"。古代曾经规定，网眼在四寸以下的网叫密网，禁止放在湖泊内捕鱼，意在保留鱼苗鱼种。可见，在上古时代，中国人就有了保护环境的意识，并形成了具体的政策法规和实施方略，这种可持续发展的先进理念即使放到现在来看也是值得称道的。在随后几千年的使用过程中，网的使用范围日趋广泛，它由纯粹用来捕鱼狩猎的工具，扩大至像网一类的东西，如蜘蛛捕捉昆虫的蛛网，也可以是围绕农田、建筑物等用来防止野兽入侵的栏网，如唐朝诗人张仲素在《燕子楼》诗中写道："瑶瑟玉箫无意绪，任从蛛网任从灰。"

此外，"网"也由有形之网衍变成为无形之网，如人们用其来喻指

---

[1] （清）段玉裁：《说文解字注》，中华书局2013年版，第157页。
[2] 万丽华，蓝旭译注：《孟子》，中华书局2016年版，第5页。

法律、法令，《道德经》第七十三章中曰："天网恢恢，疏而不失。"①
《史记·酷吏列传》曰："网漏于吞舟之鱼，而吏治烝烝，不至于奸，黎
民艾安。"②指的是如果法令太宽，会使坏人漏网。

及至现代，随着信息时代的到来，"网"的字义得到了更广阔的衍
生，多用来形容像网的东西，如国家电网、铁路网、公路网；或像网一
样的纵横交错的组织或系统，如网络、网点、关系网。这种网更多指无
形之网。

二是动词，先民在使用"网"的过程中，极大丰富了"网"的内涵和
外延。其表示动词的含义主要有三层意义：其一，"网"由最初大家使
用的网状物，转为指向"用网捕抓、覆盖"这一具体动作，如用网捕鱼：
"今天出海我网到一条大鱼。"《徐霞客游记·滇游日记》中曾这样写道：
"有村氓数十家，俱网罟为业。"③其二，比喻像网一样笼罩，如王昌龄
《灞上闲居》："空林网夕阳，寒鸟赴荒园。"其三，有表进一步意义的
"搜罗，收容"，如《商君书·赏刑》有曰："则不能以非功网上利。"④
《元史·星吉传》也谈道："又起广乐园，多萃名倡巨贾以网大利，有司
莫敢忤。"⑤

由上，我们可以把"网"的几千年的演变过程归结为两个发展方向，
一条是通过"网"的形状隐喻与"网"相似的其他的事物，一条是通过
"网"的功能转喻与"网"相关的动作，而前者的词义衍变比后者更多更
丰富。当然，这些变化都源于"网"本身具有捕捉和连接的功能。总之，
"网"这个字体现了汉字的象形特点，其本义扩展到各种抽象和实际的
应用中，充分展示了中国语言的丰富和文化的深厚。在国外，由于构成
社会的若干互相联系的部分组成的像网一样的结构组织系统越来越多，

---

① 姚淦铭：《〈老子〉译解》，中华书局 2021 年版，第 217 页。
② 司马迁：《史记》，岳麓书社 2012 年版，第 1646 页。
③ 朱惠荣，李兴和译注：《徐霞客游记》，中华书局 2015 年版，第 1707 页。
④ （战国）商鞅著，石磊译：《商君书》，中华书局 2022 年版，第 127 页。
⑤ （明）宋濂等撰：《元史》，中华书局 1999 年版，第 2288 页。

于是在英语语系中，人们在网"net"后面加 work，来表示社会上形形色色的"网状组织或系统"，如：a network of railways（铁路网），a network of canal（运河网）。①

三、网的吐故纳新

提到 20 世纪最伟大的发明，相信大家能联想到的有很多，比如原子弹、人造卫星、青霉素、电视机、空调、高铁等，但 20 世纪后期如潮水般涌入千家万户的"互联网"肯定是令人无法忽视的重要发明。我们现在生活中使用的手机、电脑、导航等，都离不开"互联网"。故而习近平总书记在第二次世界互联网大会上强调："人类先后经历了农业革命、工业革命、信息革命……现在，以互联网为代表的信息技术日新月异，引领了社会生产新变革。"②

从 90 年代互联网初步进入人类社会，短短三十年间，它以前所未有的速度改造着世界，人工智能、大数据、物联网、CHATGPT 等新一代技术一日千里，如雨后春笋般涌入了人类生活，让人瞠目结舌。它以星火燎原之势席卷了大家生活的每一个角落，不论是城市还是农村，不论是高山还是平原。人类恍如在一夜之间就进入了 5G 时代。我们不再是仅仅如先民般用"网"去抓鱼，更多的是用"网"去购物、去娱乐、去休闲、去贷款、去打车、去读书、去工作，专职的网络写手、网络评论家、网络主播、网红等职业也应运而生。可以说，"网"已经彻底包裹了我们的生活。可以毫不夸张地讲，我们已经进入了一个万物互联的时代，生活已经离不开"网"了。"网"绑定着人类经济、文化、政治等社会的方方面面，这种史无前例的爆炸式冲击和变革，在人类文明几千年的发展史中是极为少见的。

---

① 参见姜冬梅：《从认知的角度看"网"的语义转移》，《中国教师》，2007 年第 2 期。

② 转引自卢成观：《习近平关于网络文化建设重要论述研究》，贵州师范大学 2022 年博士论文。

互联网技术以其惊人的速度和能量，打破了不同地域、民族、国家之间的种种藩篱，将五大洲、四大洋不同种族、肤色、文化的人群通过无形的网络连接在一起，互相影响着彼此的生产生活方式，共享着科技进步带来的便利和新潮，让大家在虚拟和现实交融的网络中交流、娱乐乃至狂欢。

但互联网在高速发展的同时，也出现了网络谣言、网络诈骗、网络色情、网络人肉、网络霸凌、网络犯罪、网络霸权等一系列新的道德、伦理、法制等社会乃至国际关系问题，需要社会各界高度关注和警惕。当前，人类正处于"百年未有之大变局"的关键时期，在这个机遇与挑战并存的时代，如何更好地运用"网"服务于中国式现代化，服务于"两个一百年"的奋斗目标，值得学界去认真思索和探究。

本书将以网络热词为着眼点，结合网络文学、文化和思政，对新时代的"网"进行全方位的解析，以期能为之做微薄的贡献。

第二节 网之经纬：网络文化与网络文学

在人类社会发展过程中，媒介对文化的传播和人类文明的发展起了举足轻重的作用，任何一种传播人类文化的新媒介出现，必将给人类文明带来翻天覆地的变化，比如文字的出现，纸张的出现，广播、电视等的出现，正如美国著名传播学者威尔伯·施拉姆所说："媒介一经出现，就参与了一切意义重大的社会变革——智力革命、政治革命、工业革命，以及兴趣爱好、愿望抱负和道德观念的革命，这些革命教会我们一条基本格言：由于传播是根本的社会过程，由于人类首先是处理信息的动物，因此，信息状况的重大变化，传播的重大牵连，总是伴随着任何一次重大的社会变革。"[1]20 世纪末，网络的出现也不能免俗，短短

① ［意］威尔伯·施拉姆、威廉·波特著，陈亮等译：《传播学概论》，新华出版社 1984 年版，第 19 页。

20 来年的时间，它以星火燎原之势席卷了人们生活的每一个角落，文学自然也被囊括其中。网络文学目前已经拥有数以亿计的用户群和日均 2 亿字数以上的更新量，存在的商业价值和发展潜力令人期待，据国信证券预测："2016 年网文行业总体市场规模已达到 114 亿元，预计 2020年将逼近 380 亿元，年复合增长率约为 39%。"①其发展速度、作者数量、作品体量、受众规模及商业价值，已构成全球范围内的文化奇观，在中国史无前例，在世界也绝无仅有（如图 1-1 所示）。

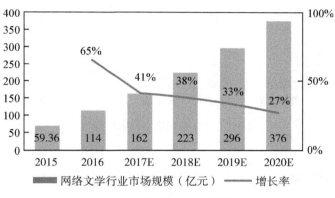

图 1-1　近五年网络文学市场规模增长示意

　　"我身材不高也不矮，长相不丑也不帅，个性不好也不坏……"1998 年由痞子蔡创作的网络小说《第一次亲密接触》在网上引起轰动，一对年轻人的生死爱恋故事感动了无数读者，也由此掀起了网络文学的创作热潮。此后今何在的《悟空传》、萧鼎的《诛仙》、忘语的《凡人修仙传》、酒徒的《家园》、老猪的《紫川》、禹岩的《极品家丁》、辰东的《遮天》等一批又一批精彩的作品相继问世，其广泛的渗透力、娱乐吸引力和文化影响力日趋成为中国文化软实力建设的重要一翼，也在一定程度上取代了传统纸媒，成为人们日常学习生活的重要组成部分。通过问卷

---

① 刘艳峰：《网络小说为何难出经典》，《甘肃高师学报》，2018 年第 8 期。

调查显示，当受访者被问及大约一年看几部网络文学作品时，在被调查的 300 人当中，仅有 9 人几乎不看，90% 以上的人都在不同程度上接触网络文学，其中每年看 1~5 部的有 105 人，看 6~10 部的有 43 人，看 10 部以上的占了差不多 50%，这个数字足以说明网络文学对当下人们学习生活的巨大影响力（如图 1-2 所示）。

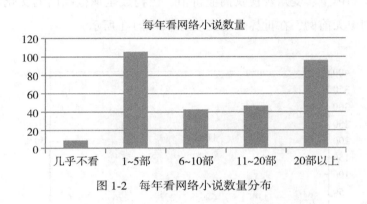

图 1-2　每年看网络小说数量分布

　　什么是网络？一般而言，我们常说的网络指的是互联网（或称之为因特网、万维网），它的雏形始于 1969 年美国的阿帕网，后来逐步形成一个庞大的网络集群，这些网络通过通用的或者特定的 IP 协议连接，辅之以数不尽的交换机、路由器、服务器、计算器终端等网络设备，使用信息可以瞬间发送到千里之外，大大提高了人类信息传输交往的效率。

　　什么是网络文化？早在数千年前，《易经》贲卦象传中对"文化"有过这样的概述："刚柔交错，天文也；文明以止，人文也。观乎天文，以察时变，观乎人文，以化成天下。"西汉刘向将"文"与"化"二字联为一词，在《说苑》中写道："圣人之治天下也，先文德而后武力。凡武之兴，为不服也。文化不改，然后加诛。"可见，文化是一种社会现象，是人类文明进化发展的产物，是一定历史时期和阶段的反映，它包含了价值观念、生活方式、文学艺术、科技工艺等多个层面。网络文化顾名思义，是人类进入网络时代的产物，在上海社科院出版的《信息安全词典》中对此定义如下：网络文化是以网络信息技术为基础的、在网络空间形成的文化活动、文化方式、文化产品、文化观念的集合。网络文化是信息、文化、人三者共同发展的产物，是现实社会文化的延伸和多样化的展现，同时也形成了其自身独特的文化行为特征、文化产品特色、价值观念和思维方式。① 百度百科的定义与其大同小异："网络文化是以网络信息技术为基础、在网络空间形成的文化活动、文化方式、文化产品、文化观念的集合。网络文化是现实社会文化的延伸和多样化的展现，同时也形成了其自身独特的文化行为特征、文化产品特色和价值观念和思维方式的特点。"网络文化随着网络的产生而产生，并在网络科技的迅猛发展下不断壮大，已经影响到人们生活的每一个角落，根据 CNNIC 发布的第 54 次《中国互联网络发展状况统计报告》：截至 2024 年 8 月，我国网民规模达 11 亿，超过了中国总人口的四分之三。

什么是网络文学？如何界定它？它跟网络有着怎样的关系？这是本书进行研究的前提。人类文明的每个时期，文化的传播都离不开其传播媒介，每一时期的文明都有不同的特色，先秦时期的甲骨承载了中华文明的传承之火，汉唐时期的竹简与丝帛记录了中华文明的发展壮大，宋元时期的活字印刷普及让戏曲、小说等通俗文学兴盛了起来，工业革命后报纸、电台、电视等各类新兴媒介的相继渗入让人类文明日趋现代化、多元化、大众化，而如今网络科技的异军突起让人们对生活有了更多的期待。

那什么是网络文学呢？要给一种文学下定义，大体上要考虑以下三个方面：一是它所使用的媒介与传播载体；二是它的存在范式以及塑造形象的方式；三是其审美特质与艺术宗旨。我们界定什么是网络文学，

———————

① 上海社会科学院信息研究所：《信息安全词典》，上海辞书出版社 2013 年版，第 44 页。

也离不开这三个逻辑起点的界定和把握。从当下网络文学的发展来看，其使用的媒介、传播载体以及其作品存在方式都与纸质文学泾渭分明，而它的文学价值和社会功能亦在其发展过程中不断地被考验、被接受、被认可。其实，很多文学层面上的概念，在其产生后相当长的时间内，都很难得到权威的定义，比如古代的唐诗、宋词，现代的诗歌和散文等。网络文学这一概念只要能够约定俗成，能够在一定的时间和空间得到人们的认可和流通使用，也就可以成立了。

网络文学是依附网络信息科技产生的，也就是我们通常使用的万维网（亦作"Web""WWW""W3"，英文全称为"World Wide Web"），它是一套建基于超文本相互链接而成的全球性系统，是互联网所能提供的服务内容之一。按照字面意思理解，网络文学就是以网络为载体而发表的文学作品。但这并不是它的全部，官方目前对其也没有明确的定义。欧阳友权在其《网络文学进行中的四大动势》一文中有这样的描述："尽管对于何谓网络文学，直到今天学界仍多有分歧，但广义的网络文学大致以三种形态呈现却是有目共睹的：第一种情况是传统文学的网络化，借助网络传播技术，许多传统的纸介质文学名著和印刷文本经过数字化处理后得以在网上广为传播；第二种情况是新型的网络原创文学，即用电脑创作，在网上首发，具有鲜明网络语言特点的原创性文学作品；第三种情况是利用电脑多媒体技术和 internet 交互作用创作的超文本，以及借助特定电脑软件自动生成的机器制作。"① 这个定义，已为人们熟悉并接受，网络文学这一概念尽管有着不同的解释，但是总体上它已经深深植根于千千万万的网民之中，不计其数的人投身于网络文学的行业之中，为其壮大与发展贡献自己的微薄之力。

当然，值得注意的是，网络文学所具有的特征并不应局限于其所借

---

① 欧阳友权：《网络文学进行中的四大动势》，《贵州社会科学》，2008 年第 10 期。

助传播的这一特定的"网络"媒介，更重要的是这样的一个文学载体在网络传播之中，形成的一种写作特征和行文方式，以及其所潜在的文化价值、商业内涵和未来前景。因此，为了便于研究，本书所讨论的网络文学，主要是以互联网为展示平台和传播媒介的，借助超文本链接和多媒体演绎等手段来表现的网络原创文学，也即欧阳友权说的第二种类别。

第三节 网之节点：网络语言与网络热词

有人类存在的地方就有语言，它是人与人之间最基本的交流手段，也是人类文明延续的基本方式。通过某一时代的典型语言表达方式，如汉赋骈文、唐诗宋词、元曲京剧等，我们可以窥探当时社会的风土人情、经济状况和文化发展。进入 21 世纪以来，我国的社会环境和文化思潮日趋复杂，近些年网络技术的高速发展更是加剧了这一变化，于是网络语言和热词也就顺势而生了。

一、网络语言

什么是网络语言？如同网络文学一样，网络语言的产生和发展与网络也是紧密相连的。自 20 世纪末开始，人类在不知不觉中被网络科技逐步带入了一个前所未有的电子信息时代。在这个时代里，大家只需要一部联网的手机或者电脑，就可以参与到各种互动和社交之中，如查找资料、看电子小说、观看影视作品、玩电子游戏、听音乐、网上购物等不一而足，可以毫不夸张地说，互联网的诞生改变了整个人类世界的生活方式。网络语言也正是在这个时候诞生的。

什么是网络语言？就概念而言，国内外学术界并无统一界定。英国语言学家戴维·克里斯特尔认为："网络语言具有电子性、全球性、交互性特征，是一种广泛存在于网络环境的媒介形式，并能体现出网络的独特面貌。"①郑远汉曾指出："网络语言与某类相关领域的名词术语相关，不仅涉及互联网或网上活动，更多的是网友聊天时所突发的'一种创新'符号或语言。"②百度百科对网络语言做了这样的界定："网络语言是从网络中产生或应用于网络交流的一种语言，包括中英文字母、标点、符号、拼音、图标(图片)和文字等多种组合。这种组合，往往在特定的网络媒介传播中表达特殊的意义。20世纪90年代初，网民们为了提高网上聊天的效率或诙谐、逗乐等特定需要而采取的方式，久而久之就形成特定语言了。进入21世纪的十多年来，随着互联网技术的革新，这种语言形式在互联网媒介的传播中有了极快的发展。目前，网络语言越来越成为人们网络生活中必不可少的一部分。"③网络语言能够极大地满足广大网民交际的需要，是语言多样化多元化的表现，也是社会发展和语言自身演变过程中的必然现象。2010年11月10日，网络语"给力"一词登上了《人民日报》头版头条，网友惊呼"太给力了"，从最初一小撮人使用的"火星文"到堂而皇之地被官方采用，网络语言已经越来越大众化、社会化。

从特点上看，网络语言至少具备以下五点：

其一，幽默生动。根据中国互联网中心数据统计，我国39岁以下网民占了网民的绝大多数。作为网络语言的主要使用者，他们创立各种千奇百怪的网络语的初衷大多离不开活跃氛围、放松心情，如"囧""槑""萌萌哒""坏蜀黍"等，人们往往看一眼就不禁莞尔一笑，将烦恼抛之脑后。

其二，简单明了。著名语言学家罗常培和吕叔湘先生说过："信息

---

① [英]戴维·克里斯特尔著，郭贵春等译：《语言与因特网》，上海科技教育出版社2006年版，第18页。

② 郑远汉：《关于"网络语言"》，《华中科技大学学报》(人文社会科版)，2002年第3期。

③ 百度百科：《网络语言》[OL].（2018-3-8）. https：//baike. baidu. com/item/网络语言/867740？fr=aladdin。

传递的第一个要求是准确无误，第二个要求是省时省力，合起来可以称为效率原则。对于语言来说，最理想的效果是在保证准确的前提下，用最经济的手段达到交际的目的。"①网络语言相对于日常规范用语和文言文而言，在言说方式上简练了很多，数字化、符号化特征明显，往往一个简单的符号就能让对方心领神会，如"YY""SB""Out"等，其意义往往可以不言自明。

其三，交互开放。《孟子·梁惠王下》说得好："独乐乐不如众乐乐。"②无论做什么事情，氛围十分重要，就好比同一道菜，大家分享要比独自一人吃的时候要香得多。依赖于互联网产生的网络语，其在自由开放、互动共享方面具有先天的优势。2010 年一句"贾君鹏，妈妈喊你回家吃饭了"火爆网络，恰是其交互性的重要体现。

其四，个性张扬。周日安曾指出："为了与众不同有意创造新词张扬自我，充分展示个性，带来了网络语言的个性化。"③作为一种在相对开放的网络空间中所产生的语言文化，它所带来的即时性、恶搞性和交互性，对所有参与者来说都是全新的体验，尤其对追求新鲜和时尚的年轻人来说，无疑是王八看绿豆——对上了眼。在应试教育下成长起来的新生代，他们迫切地需要用个性化的表达方式向世界证明"我是不同的，我走在时代最前沿"，这使得他们乐于去建立一个个性鲜明、欢快愉悦、时尚潮流的群体乌托邦。

其五，自下而上。与传统语言传播不同的是，网络语言在产生和传播的整个过程中，大多是由大众自创并传播开来，而不是像传统文化或者主流文化一样多为自上而下，当然，他们其中的一部分也会被官方认可收编，如"洪荒之力""雷"等，堂而皇之地登上了大雅之堂。

从意义上看，网络语言主要有以下三点：

---

① 罗常培，吕叔湘：《现代汉语规范问题学术会议文件汇编》，科学出版社 1956 年版，第 101 页。

② （南宋）朱熹集注：《孟子》，上海古籍出版社 2013 年版，第 15 页。

③ 周日安：《简论网络语言》，《语言科学》，2003 年第 4 期。

首先，为人们交流创造了轻松愉悦的氛围。如今人们的生活压力越来越大，网络语言作为一种在数字技术和相对开放的网络空间中所产生的新时代文化现象，为人们枯燥压抑的"三点一线"式的生活提供了良好的疏解，网络语言诙谐幽默，简单明快，自由开放，为人们提供了排压解闷的空间，网络流行语"一切都是浮云"就是极好的体现。

其次，为人们的自由创造提供了良好的空间。在网络时代以前，老百姓只能被动地接受固定的话语模式；同时，报纸、广播、电视等大众传媒处于绝对的主导地位，人们想发表意见难如登天，更别说自由创造了。网络在很大程度上改变了传播者与受众之间的单向性信息传播模式，让每个网民都自由表达。

再次，推动了中华语言文化的传播发展。网络语言可以是传统文字的组合、拓展、引申，也可以是中英文混杂、标点符号构成的新内涵；可以是传统言说方式的改造、简化，也可以是因输入法错误无意产生的"通假"，它如今已经被运用于人类生活的方方面面，为中国文化的推广以及传播起到了良好的促进作用，为语言学的发展创造了条件，甚至导致了一门新的学科——"网络语言学"的诞生。

二、网络热词

什么是网络热词？网络语言的标新立异和备受欢迎推动了网络热词的形成，但官方并没有给出权威的标准来定义它，百度百科对网络热词做了这样的定义："网络热词顾名思义即指主要流传于网络的被赋予特定时代和语言环境意义的使用频率较高的新兴词汇。"[①]傅毅飞在其《新闻标题中的网络热词》一文中谈道："网络热词，又称网络流行语，指的是由网民创造或发掘的、在网络上迅速传播并盛行的词汇或句子，它反映了网民对某一公共事件和某种社会现象的看法、态度和评价，传达

① 百度百科：《网络语言》[OL].（2018-3-8）. https：//baike. baidu. com/item/网络语言/867740? fr＝aladdin。

了民情民声，记录了社会进程，是网民公民意识勃兴的结果，也是网民积极融入社会、关注民生、发表意见、参与社会进程的体现。"①

　　存在主义哲学创始人海德格尔曾经断言："技术的本质不是技术性的"，② 因为技术不只是技术，还与活生生的人相关联，网络热词的出现就是如此。网络热词是网络新媒体时代的产物，既是语言也是文化，它们大多是社会现状和社会文化的真实反映，多与一定时期内的热点新闻事件和生活现象有关，如"房奴""蒜你狠""C 位"等。其不仅作用于网络交流，还越来越多地被运用于各种日常社交之中，很多热词已经被字典收录，甚至连《人民日报》、各大电视媒体都时常用之，如"佛系""给力""洪荒之力"等，这说明了网络热词已经成为一种具有影响力的文化现象。但是通过问卷调查，当被问及对网络热词的形成、发展和走红原因以及对网络热词的原始意义和内涵是否了解时，约有 60% 以上的调查者选择了不了解和没关注，这个跟当下的网络文化热是背道而驰的。广大网民们对于网络热词的使用以及其所包含的网络文化的热衷显然仅在表层面的爱好，而没有去深究其内在的发展以及其与传统文化和社会环境等之间的关系，这个值得社会各界去反思(如图 1-3、1-4 所示)。

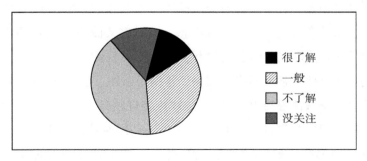

图 1-3　对网络热词的形成、发展和走红的了解程度

　　①　傅毅飞：《新闻标题中的网络热词》，《传媒观察》2010 年第 10 期。
　　②　[匈]阿格妮丝·赫勒著，李瑞华译：《现代性理论》，商务印书馆 2005 年版，第 68 页。

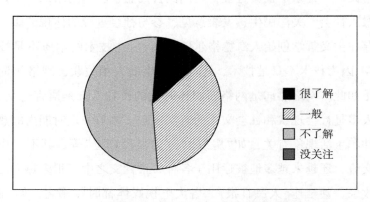

图 1-4 对网络热词的原始意义和内涵的了解程度

网络热词作为网络语言的衍生物，除了具备前文所述关于网络语言的三个特征外，还具备以下两个特点：

其一，个性突出。网络语言千千万万，但是能够成为热词，能够在数以亿计的网民中竞相流传并脱颖而出，甚至能够流行相当长的时间，必须自身在某一方面有突出优势，比如"萌"，它从最初的一个字符慢慢衍生出了一个语系，即大家说的"萌系"流行语，同时它与动漫、二次元等紧密相连，有着庞大的受众群体；再如"囧"，它的符号性极强，大家看一眼就会忍俊不禁，过目不忘，同时它又被腾讯 QQ、搜狗输入法等应用转化为时尚表情包流传开，故能经久不衰。

其二，时效性强。网络热词除了恶搞娱乐外，很多也是社会现实的实时反映。李铁锤曾指出："它们往往直接反映某一个或一些成为一时焦点的社会现象与事件，并且这种反映还是即时性的。"①如"俯卧撑""七十码""房奴""被就业""我姓曾"等。其产生具有较强的社会原因，是广大网民对某些社会事件或现象的集体情绪反应，故而它们具备了一定的时效性和热点性。

---

① 李铁锤：《网络热词传播现象研究》，华中科技大学 2010 年博士学位论文。

三、网络热词的遴选

本书以"网"作为关键词来统筹全文，同时选择"雷、萌、大 V、囧"等网络热词，将网络热词和网络批评有机结合，从不同角度对数智时代的批评、文学、文化来进行解读、诠释、剖析和对未来走向预测。全书在热词选择上主要基于以下三点进行考量：

（一）热词自身的时代影响力。所选的几个网络热词都是在一定时间内极具影响力的网络词汇，反映某一个时期的一个或多个热点话题，其本身就是值得研究的网络文化现象，具有典型的时代特征。如热词"囧"，在 2010 年前后的相当长的一段时间里，都曾是网友们在 QQ 聊天、天涯论坛、新浪博客等社交软件和各类网络游戏中使用极频繁的字之一，被广大网民赋予了"无语""尴尬""无奈""郁闷""搞笑"等新的意思，以其为原型的各类表情包都达到了数百个，被诸多评论文章认为是"21 世纪最风行的一个汉字"。

（二）"网"对全书的统领。本书的主要目的是通过阐释数智时代网络批评的萌发缘由、发展现状、未来趋势及社会影响，来理性分析和看待网络语言、网络批评、网络文化及网络思政等在这个特殊的新时期的变化和革新，进而对文学批评、思政教育和文化市场的未来发展提出建设性的意见。热词"网"既是对从 20 世纪末到现在，这人类发展史上极为不同的 30 多年的某种概括，也是全书的纲领和脉络所在。而"萌""雷""大 V""囧"等热词则从不同的层面，传神地反映了这个时代与众不同的批评特征和别出心裁的文化内涵。

（三）热词与网络批评的相关度。本书为了更好地研究和探讨网络批评兴起、演变、繁盛等阶段性发展特征，网络批评与传统批评主体间的对立与割裂，网络批评与网络文化的相互作用和影响，网络文化和批评存在的不足和发展困境，笔者通过大数据筛选，从近十年的数百个网络热词中进行了遴选和匹配，精挑细选了"萌""雷""大 V""囧"等几个极具代表性的热词。这几个热词不仅仅是某种网络语言文化现象的真实反映，更高度契合网络文化与批评某个阶段或层面的气质和特征，如网络热词"雷"，就毫发不爽地反映了与传统批评相比，网络批评所具有的鲜活、精炼、迅疾、恶搞、欢快等新时代特性。

第四节 网之沿革：网络主体与网络批评

主体作为一个哲学范畴，是指具有认识和实践能力并从事认识和实践活动的人。网络主体与传统意义的主体在本质上具有一致性即指向人本身，区别无非是受社会变化的影响，前者在主体前多了一个特殊的限定。在历史发展的长河中，人类经历了数次的时代变迁，而新技术的发明和应用创造了人类新的生活。网络技术的出现正在改变人们既有的传统思维模式、行为方式、价值观念和认知模式，可以说，计算机、网络技术的普及正深刻而广泛地影响着人们的生活。网络主体包括了网络的创建者、经营者、管理者和使用者，其中，使用者占据了这个社会群体的绝大多数。目前，随着互联网技术的不断成熟，网络主体正在不断扩大范围和数量，形成相当大的规模。十三五期间，我国的网民规模超过了 10 亿，较十二五时期增长了 43.7%，其中 20~35 岁的年轻人是其中的最活跃分子，同时网民增长的主体由青年群体向未成年群体和老年群体转化的趋势日趋明显，20 岁以下的网民占比 17.1%，60 岁以上的占比 11%。除了不断规模化以外，网络主体与传统社会主体在人格特征上也有明显的区别，网络主体是基于网络而联为一体的，通过网络进行交流和互动，他们按照网络生活的样式进行生存，并且逐步形成了与网络相适应的网络人格。

什么是网络批评呢？从外在形态上看，批评是对以文学作品为中心的文学活动和文学现象所做的分析、评价以及判断。① 批评的主要对象是文学作品，是文学作品决定了批评的社会性质。一种事物现象的出现

---

① 符静：《从批评向元批评的转向》，《剑南文学》(经典教苑)，2012 年第 5 期。

总是一定社会发展的产物，总有其合理性与必然性。那么，网络批评的概念是什么呢？

刘湘宁在《我国网络文学批评存在的问题与对策研究》一文中曾指出："网络文学批评的概念界定首先建立在承认网络文学存在的基础上。毫不夸张地说，从网络文学诞生第一天始一直到今天，对它的质疑和批判就从来没有停止过，很多学者认为并不存在所谓的网络文学，因此也不存在所谓的网络文学批评。"① 如今，从诞生到现在的二十年时间，网络文学发展之势已如星火燎原，得到了广大网民乃至社会各界的基本认可，但是网络批评的发展诚如刘湘宁所说，明显滞后于网络文学，尽管这些年它也取得了可喜的成就，但学术界和大众对其重视度仍是不够的。相较于每天更新量达百万字的网络文学作品，网络批评的批评队伍、批评标准、理论建构等都远远没有跟上，通过中国知网搜索"网络文学批评"，目前与之有关的学术文章仅有 516 篇。② 对此，黄平曾指出："当下的文学批评，患上了比较严重的失语症。面对不断变化的现实生活，文学批评的话语体系、美学趣味、思维方式，某种程度上还停留不前。"③

网络改变了文学以及批评的存在空间，网络批评与传统批评相比，最大的区别莫过于"网络"二字。目前学界关于网络批评的界定都是强调了其"网络"性，如欧阳友权认为："网络文学批评不是指在传统媒体上对网络文学进行的批评或评价，而是指在互联网上由网友就网络文学作品或网络文学现象所作的评价和议论。"④ 周林妹认为："网络文学批评是一种新的批评方式，是一种在互联网上展开的'在线批评'或'即时

① 刘湘宁：《我国网络文学批评存在的问题与对策研究》，中南大学 2013 年硕士学位论文。

② 中国知网. 2019 年 2 月 27 日数据 [OL]. (2019-2-27)，http：//iras. lib. whu. edu. cn：8080。

③ 黄平：《批评如何回应当下生活》，《人民日报》2011 年 3 月 25 日。

④ 欧阳友权：《网络文学概论》，北京大学出版社 2008 年版，第 182 页。

批评'。"①

　　与传统批评相比，网络批评有着十分广阔和松散的发布平台，这使得愈来愈多的文学爱好者能够较为容易地找到作品和思想的寄托阵地，得到心理上的满足和荣耀。于是广大网民对于网络文学的批评就有了特殊的要求，普通读者希望对文章评论可以天马行空，随心所欲无所顾忌，评得好不好不是他们优先考虑的，能不能更好地彰显自我、表达自我往往成为他们的第一目标。同时，网络媒体以及网络文学的发展形态，对于批评的影响可谓无孔不入，它不仅影响了批评的主体，影响了批评的审美特性，同时还对于批评的运作方式、批评的文本写作（包括内容和形式等方面）产生了深刻的影响。在众声喧哗的大众文化语境中，网络批评一定程度上远离了意识形态，以自由的、多元的、搞笑的格局展开，拥有了崭新的发展契机，但同时又被无情地卷入了消费时代的市场经济大潮，面临着前所未有的挑战，在商业利益的驱动下，它必然有着违背批评者本意的诱惑。但这正是网络文化的魅力所在，它以史无前例的诱惑力调动了最广大群体的积极性和创造力。可以说，网络批评的发展现状是庞大而芜杂的，也是有待生长并不断生长的。但是当问及网络批评对网络文学和网络文化是否有积极意时，约有三分之二的被调查者对此表示了肯定，这个数据的反馈是值得让人高兴的（如图1-5所示）。

　　网络文化和文学的发展日新月异、一日千里，这种爆发式的提升必然会留下一系列的问题亟待解决，一大堆的理论有待探讨。古代文论中有许多学者强调题材规范的重要，他们认为："夫辞以类行者也，立辞而不明于其类，则必困矣。"②而对网络批评的全方位研究，正是提高网络文学质量和艺术的突破口。通过问卷调查显示，当问及是否了解过网络文化、网络语言、网络文学与批评之间的内在关系时，在被调查的

---

① 周林妹：《浅议网络批评》，《辽宁教育行政学院学报》，2003 年第 1 期。
② （清）毕沅校注：《墨子》，上海古籍出版社 2014 年版，第 211 页。

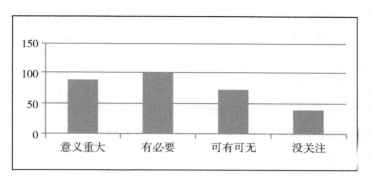

图 1-5　网络文学批评对网络文学和文化建设是否有意义的意见

300 人中，选择很了解的仅有 21 人，选择一般的有 69 人，大部分选择了不了解和没关注，显然加强这一方面的理论研究和知识普及势在必行（如图 1-6 所示）。

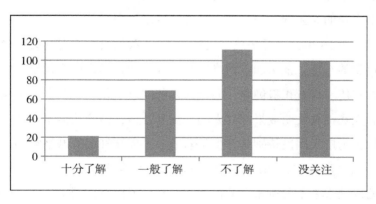

图 1-6　对网络文化、语言、文学与批评之间关系的了解

第五节　网之展望：网络生态与网络思政

生态一般指生物群落在一定的环境条件下的生存和繁衍状态，包括生物的生理状态和心理状态。在中国古代，生态最早指的是美好的姿

态。如南朝梁简文帝《筝赋》："丹荑成叶，翠阴如黛。佳人采掇，动容生态。"生态的现代意义源于古希腊，意思是指家（house）或者我们居住的环境。简单地说，生态就是指一切生物的生存繁衍状态，以及它们之间和它与环境之间的关系。

网络生态作为一个全新的概念，它伴随互联网时代的来临而产生。无论我们承认或不承认，我们都已经生活在两个"宇宙"之中：一个是原子构成的物质世界，另一个则是数字化的虚拟世界，即赛伯空间（Cyberspace）的世界。赛伯空间的形式是虚拟的，它并不与现实世界并行存在；但它的本质又是现实的，具有极为丰富的物质和精神内涵，可以共享海量资源和财富。在这个虚拟而又现实的世界里，我们以另外一个完全不同的形态，如通过微信号、QQ号、抖音号、小红书、微博、淘宝等，进行工作、学习、生活、娱乐、贸易和相互交往，各种社会机构也以数字化的形式交流、经营、成长、竞争与合作，所有这一切构成了一个全新的立体的生态系统，这就是网络生态。

早在2016年，习近平总书记就谈道："我们要本着对社会负责、对人民负责的态度，依法加强网络空间治理，加强网络内容建设，做强网上正面宣传，培育积极健康、向上向善的网络文化，用社会主义核心价值观和人类优秀文明成果滋养人心、滋养社会，做到正能量充沛、主旋律高昂，为广大网民特别是青少年营造一个风清气正的网络空间。"[1]网络是一把"双刃剑"，网络科技的蓬勃发展给当前人类社会、经济、文化等的发展带来了前所未有的机遇和便利，但同时，网络暴力、网络诈骗、网络色情、网络黑客、网络霸凌等在互联网上弥漫盛行，让国家、社会和个人面临挑战。经济安全、政治安全、财产安全、社会安全等成为思政工作者必须面临的问题，也亟须社会各界去思考和构建有效的方式方法来应对新挑战。诚如瑞士学者约万·库尔巴里贾所说："互联网已对现代社会文化结构产生了巨大的冲击，我们生活的方方面面无不受

————————

① 2016年4月19日，习近平在网络安全和信息化工作座谈会上的讲话。

其影响。互联网创造了新的社会传播模式，消除了语言障碍，创造了新的表达方式。因此，与其说互联网是一个技术问题，不如说它是一个社会问题。"①所以，构建和谐、安定、健康、有序的网络生态已成当前全社会共同的期待。

网络社会与现实社会一样，同样需要思想意识、思维观念和态度价值的表达。现实社会的构成要素、基本结构、参与主体、功能作用、组织形态等，也在网络社会中以客观存在的方式呈现出来。② 网络意识形态悄无声息地产生，并通过网络文化、文学等方式生动表现出来，对中国社会文化发展产生了不可估量的影响。根据中国互联网络信息中心发布第 54 次《中国互联网络发展状况统计报告》显示，截至 2024 年 6 月，我国互联网普及率高达 78.0%，青少年网民增长迅速，占新增网民的49.0%。面对如此规模庞大的网民群体尤其是青少年群体，意识形态安全工作就显得尤为重要。在党的宣传思想工作会议上，习近平总书记指出在互联网这个激烈角逐的战场上，我们的工作成效"直接关系我国意识形态安全和政权安全"③。国内思想政治教育专家骆郁廷谈道："西方通过网络文化浸染、网络舆论抹黑、网络社交渗透、网络利益输送和网络勾连策动等手法在我国网络空间进行价值渗透，造成了严重的危害。"④当前，世界正处于百年未有之大变局，国际社会在意识形态上的斗争日趋激烈，以美国为首的西方国家对中国意识形态上的渗透和以往相比有过之而无不及。可以毫不夸张地说，互联网已经成为我国意识形态斗争的主阵地、主战场、最前沿。

----

① ［瑞士］约万·库尔巴里贾著，鲁传颖等译：《互联网治理》，清华大学出版社 2019 年版，第 218 页。

② 参见卢成观：《习近平关于网络文化建设重要论述研究》，贵州师范大学 2022 年博士论文。

③ 中共中央文献研究室：《习近平关于社会主义文化建设论述摘编》，中央文献出版社 2017 年版，第 29 页。

④ 骆郁廷，李恩：《网络空间西方价值渗透及其应对》，《思想教育研究》，2021 年第 2 期。

基于此, 网络思政作为一种利用互联网技术和平台进行思想政治教育的新模式, 在数智时代应运而生并蓬勃发展。其旨在通过数字化手段来提升思政教育工作的效果和覆盖面, 以高质量教育内容做好思想引领、价值涵养, 激发网上的正能量。

网络思政更加强调即时性的教育模式、交互性的线上监督以及多元化的沟通反馈, 同时还需要政府、企业、家庭和个体之间的通力合作, 共同参与思政教育的完善优化。网络思政教育要关注技术手段的革新和应用, 如微视频、微博、微信、小红书、抖音等新媒体网络工具, 关注线上教育和线下实践的有机结合, 让"教育——学习——反馈"机制实现多线性、立体化的效果, 极大地改变传统的单一的线下思政模式在数智时代的滞后性缺陷, 拓展大学生思想政治教育的渠道和空间, 加强网络舆情引导的即时性和针对性, 确保对大学生动态的及时跟踪和有效指引, 提升师生们沟通效率和热情, 使思政教育工作更加符合新时代的育人需求。当前, 党和国家对这种全新的育人模式高度重视, 从技术上、人力上、物力上加大了对网络思政工作的投入, 使得网络思政所需要的硬件设施逐年更新完善, 育人队伍也在逐步发展壮大, 这些为稳固国家的意识形态安全起到了重要作用。

第二章 起"萌"：网络批评的缘起

《文心雕龙·原道》有曰："心生而言立，言立而文明，自然之道也。"①语言是人在天地之间的存在方式，不仅是对文化的彰明，而且是对人的确证。中国历史上的每一次社会变革，都会涌现出一大批新词新语，如从清末到五四，承载着西方政治、经济、文化等新思想的言语大量进入中国，像契约精神、哲学、民主、科学、浪漫主义、派对等，成为汉语词汇系统的有机组成部分。《新青年》《时务报》等不仅是新思想的重要传播渠道，也是新词汇的有机载体。大量西方语言的进入，造就了今天的白话文，这也是中西文明交融的新起点。著名作家肖复兴认为："一个国家在经济政治变革的年代，必然导致相应的文化变革。"②从改革开放到现在，尤其是进入 21 世纪，中国社会发生了重要的变化，词汇系统呈现出空前的活力，报纸、广播、电视以及网络相继成为新词语的舞台，如的士、卡拉 OK、囧、打 CALL、C 位等，各种新词汇层出不穷，尤其是网络媒介的发展，书写的革命无疑是打破原有语言表达模式的重要力量。

第一节 "萌"的基本概述及词义演变

刘勰在《文心雕龙·序志》篇中谈道："又君山、公干之徒，吉甫、

---

① 范文澜：《文心雕龙注》，人民文学出版社 1958 年版，第 1 页。
② 王炎龙：《网络语言的传播与控制研究》，四川大学出版社 2009 年版，第 4 页。

士龙之辈,泛议文意,往往间出,并未能振叶以寻根,观澜而索源。不述先哲之诰,无益后生之虑。"①其用意是为了警示后人治学要探本穷源、原始表末。本着这样的治学精神,回溯中华五千年文明史,不难发现,时下火爆网络的"萌"并不是一个新造字,早在先秦时期就有它的身影,本书试图揭示"萌"字义的产生、发展、演变过程,以期借助"萌"的前世今生来对网络批评的发生学做一定的科学研究。

一、"萌"的原始表末

"萌"字的诞生可以追溯到春秋时期,其在篆文里写作"萌",相当于 ⺿(艸,嫩绿的叶子)加上 明(明,看得清楚),其造字本义为种子发芽,刚能看到嫩叶。隶书"萌"将篆文的"艸"写成"艹",其形状在一定程度上已经与现在的楷书非常接近了,其后上千年,"萌"的字体基本保持了现有状态。

从"萌"字的构造来看,它是一个上下结构的形声字,从草从声,从"萌"的构成来看,其本义应与"草"有关。《说文解字》有曰:"艸芽也。从艸朙声。"②段玉裁注曰:"艸木芽也。木字依玉篇补。"③从这里看,"萌"的本义即为名词,为草木的芽。后来随着人们的使用频率的不断提高,其语义、词性和内涵也不断丰富,在原本作为名词"芽"的语义基础上,还有了动词以及名词的其他含义。

萌作为名词有四种含义解释:其一是指草木的芽。如《周礼·春官·占梦》有曰:"乃舍萌于四方"④,《礼记·月令》中写道的:"是月也,安萌牙,养幼少,存诸孤,择元日,命民社,命有司,省囹圄,去桎梏,毋肆掠,止狱讼。""是月也,生气方盛,阳气发泄,句

---

① 范文澜:《文心雕龙注》,人民文学出版社 1958 年版,第 727 页。

② 吴慧:《"萌"生新义为哪般?》,《语文建设》2012 年第 19 期。

③ (清)段玉裁:《说文解字注》,中华书局 2013 年版,第 38 页。

④ 十三经注疏整理委员会:《周礼注疏》,北京大学出版社 1999 年版,第 153-154 页。

者毕出，萌者尽达。"①《孟子·告子上》亦有曰："是其日夜之所息，雨露之所润，非无萌蘖之生焉。"②《聊斋志异·葛巾》也有写道："目注勾萌，以望其拆。"③祝鸿熹：《古代汉语词典》有曰："萌，草芽也。从林明声。"④这些，其意均为草木初发之芽。其二是"比喻事情刚刚显露的发展趋势或情况或开端"，如《韩非子·说林上》中"圣人见微而知萌，见端以知末。"⑤其三是通"民"，指人民，如《史记·三王世家》有曰："奸巧边萌。"⑥四是通"甿"，指农民，如《墨子·尚贤上》有曰："四鄙之萌人闻之。"⑦

萌作为动词有三种含义解释：一是"草木发芽"，如《礼记·月令》中"天气下降，地气上腾，天地和同，草木萌动。"⑧；二是"事物刚刚显露的发展趋势或情况""开始发生"，如《商君书·更法》"知者见于未萌。"⑨《韩非子·心度》亦有曰："亲法，则奸无所萌。"⑩三是"除去"之意，《周礼·秋官·薙氏》有言："春始生而萌之。"⑪郑玄将这个"萌"注为"耕反其萌芽"，即"除草"之意。

总的来说，从词义和词性两方面来看，"萌"在中国语言文化的数千年的发展历程中一直都是包含以上几种语义，变化不是很大。

---

① 王文锦译解：《礼记译解》，中华书局 2001 年版，第 197-199 页。
② （宋）朱熹集注：《孟子》，上海古籍出版社 2013 年版，第 156 页。
③ （清）蒲松龄：《聊斋志异》，三秦出版社 2016 年版，第 252 页。
④ 祝鸿熹：《古代汉语词典》，辞书出版社 2005 年版，第 310 页。
⑤ 张觉等撰：《韩非子译注》，上海古籍出版社 2012 年版，第 198 页。
⑥ 司马迁撰：《史记》，岳麓书社 2012 年版，第 912 页。
⑦ （清）毕沅校注：《墨子》，上海古籍出版社 2014 年版，第 27 页。
⑧ 王文锦译解：《礼记译解》，中华书局 2001 年版，第 198-199 页。
⑨ （战国）商鞅著，张觉校注：《商君书校注》，岳麓书社 2006 年版，第 206 页。
⑩ 张觉等撰：《韩非子译注》，上海古籍出版社 2012 年版，第 564 页。
⑪ 十三经注疏整理委员会：《周礼注疏》，北京大学出版社 1999 年版，第 153-154 页。

二、"萌"的脱胎换骨

"萌"在现代词义上的脱胎换骨,发端于日本。早期日语中是没有"萌"字的,及至汉唐时期,随着中华文明的发展,中华文化圈的影响范围也越来越远,尤其是东亚和东南亚地区。中国汉字在唐朝随着遣唐使传到了日本,并推动了日本汉字文化的形成,其中也包括了"萌"。"萌"在古代日语中的含义跟汉语相差不多,也是"植物初生的芽"和"植物发芽"。

但从 21 世纪末开始,随着日本动漫和影视文化的发展,"萌"逐渐被赋予许多新的含义: 一是起源于 20 世纪 80 年代末 90 年代初,其意义等同于"燃え",即熊熊燃烧的状态。80 年代末,电子通信兴起时,人们在输入文字"燃え"时,因为"燃え"与"萌え"同音而容易造成输入的错误,"燃え"多用来形容看到可爱的事物、欣赏的行为时,内心产生的如火般燃烧的感情,但又与热血激昂的感情存在本质差异,因此后来人们也逐渐接受了"萌え"来表达这种情绪,这与中国网络热词"斑竹""驴友"等的产生较为类似。

不久后,随着使用人群的增多,其对象范围和意义也产生了变化。其多用来指男性尤其是年轻人和宅男在影视和漫画作品中初见美丽女性时,产生的一种心潮澎湃、热血沸腾的状态。这种使用上的变化起源于 1993 年 NHK 放送的《天才电视君》的女主角"鹭傈萌(SAGISAWA. MOE)",男主角在她有难的时候,总会大叫她的名字"萌~!"一部分粉丝因此而模仿;另一个说法是因 TV 动画《美少女战士》中人气女主角之一"土萌萤"而出现,借指看到美女时心潮萌发的感觉。

随着日本动漫的传播和发展,"萌"的出现频率和使用范围也日趋广泛,"萌"最初指的是动漫里单纯可爱的小女孩,即后来我们常说的"小萝莉",一方面,她们形象是完美、纯净、娇嫩的,另一方面,她们常常也会穿着超短裙,戴着兔耳朵,上演着"制服诱惑"。在这种复杂的情感里,既有怜爱,又有着欲望。不久后,日本的年轻人又将

"萌"的范围进一步扩大化，不再单单用来形容年幼少女，美少男也被囊括其中，甚至连动物、饰品等渐渐也可以用萌来形容。到最后，"萌"被用来形容一切能让人心动、倾倒、怜爱的东西，只要你喜欢，不论它是啥物种，你都可以来一句"萌萌~"！

　　"萌"传播到中国大约是 2005 年之后的事情了，随着中国网络科技的发展以及网络文化的盛行，"萌"在中国也大行其道，动漫、影视、网络聊天、cosplay、玩具市场等都弥漫着"萌"的身影。在中国网民的奋力改造下，"萌"不仅构成了"萌萌哒""萌物""萌神"等未见于日本的新词，同时还发展开了"嫩""幼稚""吸引人"等引申义。对个人喜爱使用"萌"等网络热词和流行语的程度，在本次调查问卷涉及的 300 人当中，有 134 人表示很喜欢，119 人选择了还可以，可见大部分网民对这些网络热词表示了认可，选择不喜欢和不关注的仅有 47 人。具体数据详见图 2-1：

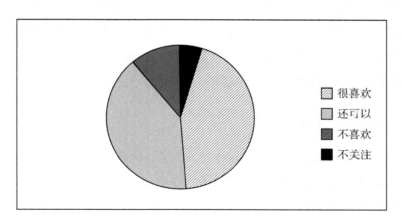

图 2-1　网络热词喜爱及使用频率图

　　"萌"从古代传往日本，再到现代借助网络蜕变荣归，从本义表示初生之芽到现代各种新语义的不断涌现，在词性和使用方式上都发生了很大的变化。今天"萌"具有了名词、动词和形容词三种词性。作名词时，"萌"的意思是"可爱或呆呆的人或事物"；作动词时，"萌"表"非常喜欢"；作形容词时，"萌"用来形容可爱的事物。此外，随着网络使用率的提高，一系列的"萌"系流行语也如雨后春笋般生长开来。"萌"系网络热词核心要义是"萌"，而"萌萌哒""萌新"等都是"萌"系词的衍生，其具体含义主要可分为以下两类：一是表可爱义，一般多用谐音和叠音的构词方式，如"伦家""菇凉""麻麻"等；二是表"示小"义，表示幼小脆弱是一种示弱心理，如"坏银""桑心""内牛满面"等；三表撒娇意，如"买东东""掐饭饭""碎觉觉"等。①

陈原针对这种网络语言的发展变化现象指出："现代社会生活的某种特殊情境，不能使用或不满足于使用语言（有声语言或书写语言）作为交际工具，常常求助于能直接打动人的感觉器官的各种各样的符号，以替代语言，以便更直接，更有效，并能更迅速地作出反应。"②在网络这个个性张扬而不拘束的环境里，传统的语言词汇显然不足以使网民的思想得以尽情宣泄，于是网络语言就自然而然地诞生了。网民们自发地对传统词汇加以改造，对文字、符号、图片等随意链接或者镶嵌或者谐音替代等，不断推陈出新。大量年轻而富有活力的群体在网络的交流过程中展示出了独有的精神风貌，从某种意义上讲，网络语言已经成为人们的主要交流方式之一，并且影响范围不断扩大。

三、萌的革故鼎新

"萌"一开始作为名词指"草木之芽"这一状态，进而演变为动词指"草木发芽"这一趋势动态，如《孟子·告子上》："是其日夜之所息，雨露之所润，非无萌蘗之生焉。"③再到象征生命力、象征丰收等，如《礼记·月令》："天地和同，草木萌动。"④再到指发展趋势或者开端，如

---

① 参见张稼雨：《"萌"化词语研究》，沈阳师范大学 2017 年硕士学位论文。
② 陈原：《社会语言学》，学林出版社 1997 年版，第 154 页。
③ （宋）朱熹集注：《孟子》，上海古籍出版社 2013 年版，第 156 页。
④ 王文锦译解：《礼记译解》，中华书局 2001 年版，第 197-199 页。

《韩非子·说林上》："圣人见微以知萌，见端以知末。"①再到现代人发出"好萌啊"的感叹，"萌"这种由实转虚的意义转变，符合人类通过语言符号认知世界的规律，也发展了语言符号的意义和逻辑，时代的开放性塑造了大众对于多元文化的认同。②

"萌"作为一种文化于2003年在日本流行开来，并且多次当选为日本第一流行语，不少年轻人表示"言必称萌"。2006年三省堂出版社将"萌"正式收录进《大辞林》，并将其定位为年轻人用语。③ 为啥"萌文化"能在日本大行其道，对此有专家指出："萌文化"对于生活工作压力很大的日本人来说，是一味非常好的人生润滑液和缓和剂，能够起到很好的减压和调节作用，让他们在遇到各种困难时能够付诸一笑，坦然面对。例如：在日本遭遇大地震，举国陷入迷茫和哀痛的时候，一家企业推出了一个超萌卡通形象献给国民：一个萌萌的小姑娘头上顶着一节小黑炭，其可爱的造型让人看后忍俊不禁，对此，日本国民普遍认为，这个"萌形象"让大家暂时忘却了地震的痛苦。可见日本文化大有"泛萌"的趋势，民众的普遍接受度很高。时至今日，"萌文化"已经成为日本主流文化之一，以"萌"为代表的文化市场产生了极大的商业价值，"萌旅游""萌漫画""萌电影"给一度低迷的日本经济带来了新的增长点，不少政府和企业争相投资"萌产业"，有专家表示，日本"萌"市场的总规模会达到数万亿日元。

目前，萌文化在日本以外的国家和地区也已经广为流行。在2015年《咬文嚼字》发布的十大网络流行语中，如"宝宝""伦家""大大"等词，都是萌文化的代表，如《爸爸去哪儿》等各种亲子综艺节目，如"B站""抖音""快手"等各种网络平台网红主播的卖萌表演，也是萌文化的有力表现。网络的普及，让以"萌"为代表的网络二次元文化有了超乎

---

① 张觉等撰：《韩非子译注》，上海古籍出版社2012年版，第198页。
② 钱鹏鸣：《萌文化的审美意义研究》，《美学》2017年第3期。
③ 杨娟：《汉日语言中"萌"字的词义词性流变考释》，《现代语文》（语言研究版），2014年第1期。

人们想象的发展空间，尤其是 B 站，其月活跃用户高达 2 亿，绝大多数都是二次元文化的发烧友，其核心用户基本上都受到了二次元文化的深刻影响（如图 2-2 所示）。

图 2-2　网红"卖萌熊"

对于个人喜爱网络语言和网络文化的程度，在本次调查问卷涉及的300 人当中，有 137 人表示很喜欢，109 人选择了还不错，累计约占82%；选择不喜欢的有 21 人，不关注的有 33 人，合计约为 18%。可见大家对网络语言和文化是基本认可的（如图 2-3 所示）。

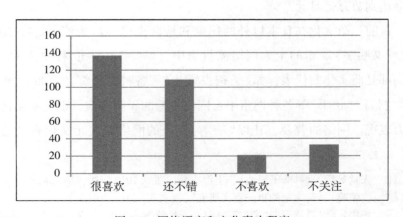

图 2-3　网络语言和文化喜欢程度

"萌文化"这种超越性别、超越年龄、超越物种的可爱力量重塑了人与人及人与社会的互动关系，拓宽了信息交流的尺度。萌力量是一种状态，也是一种资源，更是一种宣传思维，它为我们营造了一个可以随时传递快乐、传播正能量、治愈负面情绪的文化场域，是个人亲和力和吸引力的重要组成部分。"萌"并不意味着真正的无知和愚蠢，也不代表无原则的忍让，它是非对抗性的社交艺术。"萌"对人内心最柔软情愫的触及，可以轻而易举地冲破心理防线，从而打破接受壁垒，增强彼此好感。从文化角度看，在日本，"萌文化"已经成为国家形象塑造、文化产品营销和文化内容传播等领域的佼佼者，如动漫卡通人物"哆啦A梦"，它风靡全球的原因固然有动漫本身情节的精彩和生动所致，但其本身萌萌哒的"蓝胖子"人物造型，让人很容易看了一段就忍不住喜爱上了，这也是其独特魅力所在，这对我国"文化强国"的建设具有十分重要的借鉴意义。从经济角度看，以"卖萌"为核心开展品牌建设的"三只松鼠"2016 年实现营收 44.23 亿元，同比增长116.47%，净利润 2.37 亿元，同比暴增 26 倍；由售卖表情包和游戏起家的 Line 公司将自家创作的萌萌哒表情包和卡通形象进行衍生品开发，同时成立 Line Friends store 专营店，吸引了大批忠实的消费者，获得了非常可观的经济收益。这无不证明，一个"万物皆可萌"的黄金时代已经来临了。

第二节　网络批评的萌发和演变

《诗经·大雅·文王》有"周虽旧邦，其命维新"①，"旧邦"代表文化传统，"新命"则指新的文化使命或传统文化的新发展。② 人类进入

---

① 孔丘编订：《诗经》，北京出版社出版集团 2006 年版，第 288 页。
② 李建中：《中华元典关键词的原创意蕴和现代价值》，《江淮学刊》，2014年第 2 期。

20世纪末后，网络科技的发展给人们生活带来了翻天覆地的变化，不出门而治天下事不再是诸葛亮刘伯温这些高人的专属，正如刘吉所预言的："我们正在创造一个所有人都可以自由进入的新世界，不会由于种族、经济实力、军事力量或者出生地的不同而产生任何特权或偏见。在这个独立的电脑网络空间中，任何人在任何地点都可以自由地表达其观点，无论这种观点多么的奇异，都不必受到压制而被迫保持沉默或一致。"①短短20来年的时间，网络以迅雷不及掩耳之势，席卷了人们生活的每一个角落，改变着人类世界的方方面面，人们的工作、学习、生活等无一幸免，文学自然也被囊括其中。网络文学与网络批评自其诞生之日起，就饱受争议，但它并没有被各种争议打倒，反而茁壮成长起来，拥有了数以亿计的用户群和日均2亿字数以上的更新量，其存在的商业价值和发展潜力令人期待，据国信证券乐观估计："2016年网文行业总体市场规模已达到114亿元，预计2020年将逼近380亿元，年复合增长率约为39%。"②在网络上，所有的人都可以自由地写作、发表和阅读、评论，任何人都可以成为作家、批评家。网络打破了传统文学严格的运作机制，让网络文学和网络批评如"萌芽"般茁壮成长起来，并经历了以下四个主要阶段的"萌态"转变：

一、BBS奠定了网络批评萌发基础

在文学发展的相当长的一段时间里，作者、读者和批评家都是相对独立的，三者很难产生相互影响，尤其是即时性的互动，BBS的出现让这一切的不可能成为可能。一部作品只要作者在BBS上发表，很快就能得到网民读者的回应，或是赞赏，或是批评，或是建设性的意见，甚至是改写和续写，让传统文学作者和读者在时间和空间上的隔阂彻底被打破；传统文学静态的文本体式也发生了改变，超文本、合作文本、交

---

① 参见刘吉，金吾伦等：《千年警醒：信息化与知识经济》，社会科学文献出版社1998年版，第278页。

② 刘艳峰：《网络小说为何难出经典》，《甘肃高师学报》，2018年第8期。

互文本等动态文本，让读者能够充分发挥自身的创造力，积极参与到作者的文本创作中，在最初 BBS 文学板块上，接龙文学是一种常见的文学与批评相结合的有机形式。

BBS 的全称为 Bulletin Board System，翻译过来就是"电子布告栏系统"，它产生于 20 世纪 70 年代末，最早是一种很简单的报文处理系统，仅仅用来播报股票价格、天气等基本信息的，连文件传输都无法实现，与街头的公告板没啥太大区别。直到 20 世纪末，随着电子科技的高速发展，BBS 逐渐普及开来，扩展到各行各业，商用 BBS 操作者、环境组织、文学组织及其他利益团体也加入了这个行列。如今，BBS 已经基本遍及网络的各个角落，当下很多有名的社区都是基于 BBS 建立的，如"天涯社区""西祠胡同"等（如图 2-4 所示）。人们可以通过它随时获

图 2-4　BBS 板块分布示意

取或发布各种信息，也可以和朋友们讨论文学、动漫、情感、游戏等各种话题，尤其是作为"75后""80后"一代，校内网、天涯社区等这些BBS社区都满载了大家成长的回忆，但随着时代的变迁和科技的发展，"95后""00后"已经很少关注BBS了，当年红极一时的BBS社区文化也走向了衰落。

但是BBS上的即时"跟帖—回帖"模式，彻底推翻了传统的话语评论体系，为网络文学乃至网络批评的产生和发展奠定了基础。从形式上看，网络批评不需要长篇大论，网友们只需要在帖子后随意地跟帖、回帖即可，一句话、一段话都可以，简单的几句寒暄或唠叨甚至花一秒钟点个赞，都是对作者的一种肯定。这样的批评模式，彻底颠覆了传统的批评形式，那些严肃、专业的批评在网络上极为少见。当然有些"跟帖"也只是娱乐恶搞，并不能起到正能量作用，如"恶搞赵丽华"一度成为网络文坛第一事件，赵丽华也成为一个所谓"梨花体"的诗歌符号，闹剧不断。

可以说，网络的即时性、开放性、互动性为文学创作带来了一种全新的模式："文学创作—即时评论—互动探讨—作者调整。"它能够让作者在最短的时间内了解读者的心声，对自己的文学思路做出反思和调整，这对自己作品质量的提高显然是有利的，同时反过来也极大地调动了读者的积极性。

二、专业网站使批评不再寄人篱下

在20世纪90年代网络文学及批评一般都寄身于BBS论坛的某个板块或区域，有共同爱好的网友，可以在此进行小范围的讨论与交流，如人文讨论区、综合讨论区等。但是这种粗线条式的划分，很难让网络文学及批评走向规模化发展和精细化管理，尤其是其发展到一定程度后，这种桎梏就愈发明显。20世纪末，很多文学网站脱离BBS平台而自立门户，其中最早的当属"榕树下"，它是当时国内最具品牌和价值的文学类独立网站，诸如声名大噪的宁财神、安妮宝贝、韩寒、蔡骏等，都纷纷在此集结，一时间好不热闹。同时，"榕树下"还多次举办了国家级的网络文学大赛，余华、王安忆、王朔等文学知名大家都纷纷为其站位，吸引了全国很多重量级的媒体关注，在当时可谓红极一时、风头无二。但"榕树下"无功利的纯文学模式发展到一定程度后也遇到了瓶颈，最终被盛大网络收购，当然，这是后话。

　　随后，如"起点中文网""幻剑书盟""晋江文学网""17K 小说网"这样专门的文学网站在 21 世纪初相继成立，网络文学和批评迎来了一个超长期的春天，其发展速度之快让社会各界目瞪口呆，更对传统纸媒也造成了极大的冲击，相当多的报纸、杂志等纸媒在 21 世纪的第一个十年纷纷裁员，甚至倒闭，如《京华时报》《杂文报》等，甚至连《读者》《青年文摘》《知音》《故事会》等这些全国畅销的大牌刊物的销量都大大削减，不得不寻找新的出路。而"起点中文网"2003 年首创"在线收费阅读"、月票制和 VIP 服务等具有划时代里程碑意义的改革创新措施，成为 21 世纪网络文学市场盈利模式的先锋和典范，为文学及批评的发展注入了巨大活力。

　　专门文学网站的建立，对网络批评发展的好处有以下三点：首先，形成了独立的专区，让网络文学和批评在网络世界里可以自由成长，不再是偏安一隅、寄人篱下，这对其规模化、产业化发展提供了帮助；其次，相当多的网站在发展上形成了自身的特色，如晋江文学网、红袖添香网主要针对的是女性群体，暗夜文学网主要针对"00 后"年轻读者，对读者群有针对性的细化，对小市场群的受众进行个性化服务，培养了更加忠诚的消费者，更有利于提升网站的市场价值；再次，VIP 制、收费制、月票制、排行榜制、点赞制等制度的相继诞生，不仅刺激了大批文学爱好者投身于网络文学的创作，迎来了网络文学的空前繁荣，也给网络批评的发展创造了极大的空间，各种投票、点赞、排行榜等模式带来了广大网民与作者间的频繁互动，让读者、作者、文学创作和市场收益紧紧绑定在一起，形成了良性的经济循环，在此，网络批评实现了一次飞跃式的"萌态演变"（如图 2-5 所示）。

图 2-5 专门的文学网站：起点中文网

三、博客掀起了全民批评热潮

"博客"一词源于英文单词 Blog，是 Weblog 的简称。简单来说，博客是在网络上的一种流水记录形式，它较为条理化地记载了作者日常发生的行为琐事以及兴趣爱好，让作者有机会把自己的日常机遇和思想观点与网友们分享交流。博客上的文章通常以网页形式出现，并根据张贴时间，以倒序排列，是数智时代的个人"读者文摘"，它代表着新的生活、工作和学习方式。

博客在中国兴起大约在 2005 年，比较著名的有新浪、搜狐等博客。① 大量资本的涌入，以及规范化、商业化的运营，让越来越多的专业博客诞生，蕴含了更多、更巨大的信息价值。不同的博客通过选择不同的内容，经过收集和整理，成为很多网民关注的知名博客，专门的网络文学和网络文学评论博客也就在这个时候诞生了，它是一个自由、开

---

① 杨心强：《数据通信与计算机网络教程》，清华大学出版社 2013 年版，第 211 页。

放、个性化的网络文学空间。博客在 2008 年前后发展到了一个前所未有的高峰，根据 2008 年新华网 11 月 7 日报道："国务院新闻办公室副主任蔡名照 7 日在上海召开的第二届中美互联网论坛上表示，中国博客数量已达到 1.07 亿，网民拥有博客的比例高达 42.3%。"①

博客批评作为在新的网络平台载体上诞生的一种新的批评形式，其本质上与之前的网络文学并没有太大的区别，都具有大众化、平等化、自由性、交互性、即时性等特征。不过，博客本身就叫日志，它几乎没有功利性，除了一些大 V、名博，大多数博主只是想在志同道合的小圈子里彼此交流和分享。当然大 V 与大 V 之间，偶尔的论战乃至口水战也是有的，只是这种论战也大多限于学术间的交流，学术层次较高。因而，和文学网站上的批评相比，博客上的批评相对私密性更大一些，也更真实一些，也更加的本色，作家的人生经历和内心活动在其博客当中会有更直接真实的反映。② 也正因为如此，其更容易让传统批评家加入其中，如叶永烈、刘醒龙、池莉等(如图 2-6 所示)。

博客及博客文学的出现，为网络批评提供了新的阵地和发展机遇。吴凡对此指出："博客评论不仅是个人思想和人生阅历的集中体现，更是以整个互联网为视野，精选和记录在互联网上看到的精彩内容，为他人提供帮助，使其具有更高的共享价值，其奥妙之处是能将个人的思维力量无限拓展，将打碎的群落在更高的层面上聚集起来，形成新的合力。"③此外，博客中如蛛网般的网络链接，集纳百家之言，给网络批评注入了新的元素，引导网民们走进批评的有序链接。

---

① 参见孟召坤：《网络文学载体平台形式发展流变》，《才智》，2010 年第 12 期。

② 参见欧阳文风：《"博客文学"的兴起及其对文学发展的影响》，《湖南人文科学技术学院学报》，2008 年第 2 期。

③ 吴凡、彭莲萍：《评论界崛起的一股新力量——解读博客批评》，《新闻与写作》，2005 年第 3 期。

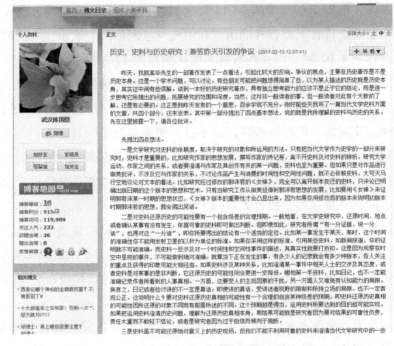

图 2-6 博客文学评论

四、微博让批评无处不在

2009 年之后，随着智能手机的兴起和普及，微博也诞生了。微博是一种基于网民们通过"关注"机制分享、传播和交流信息的社交网络平台。最早提供微博服务的是新浪，随后腾讯微博、网易微博、搜狐微博等也如雨后春笋般发展了起来。"微博"这个全新的名词，一时间成了全世界最火爆的词汇之一。微博快速崛起，成为网民重要的信息获取渠道。

微博的诞生，让博客迅速没落下来。相对于博客，微博具有以下优点：首先，评论更加平民化。博客常会有长篇大论，对文章的格式和质量有一定的要求，这也就对博主文学水平和投入精力有了较高的要求，毕竟不是所有的普通人信手拈来都是一篇洋洋洒洒的文章的，微博发布信息必须控制在 140 字以内，这不仅方便了手机发布阅读，也降低了博主的准入门槛，只需要简短的语言叙述，甚至只是一张图片、一句吐槽、一个表情，简单易操作，对于知识文化水平、时间精力没有过高的要求。其次，阅读更便捷。"碎片化阅读"是随着数智时代到来尤其是智能手机普及后，最常被用来表述现代人阅读习惯的词语，微博的短文字、多图多表情、视频穿插等元素，正好切合了这一被广泛接受的阅读习惯。再次，传播更及时。微博的发布强调快，在今天这个时代讲求信息时效性的时代也更受欢迎。最后，更适应时代需求。以前看博客必须对着电脑去对方的首页看，而智能手机的普及，让人们可以随时随地打开手机查看各种微博信息(如图 2-7 所示)。

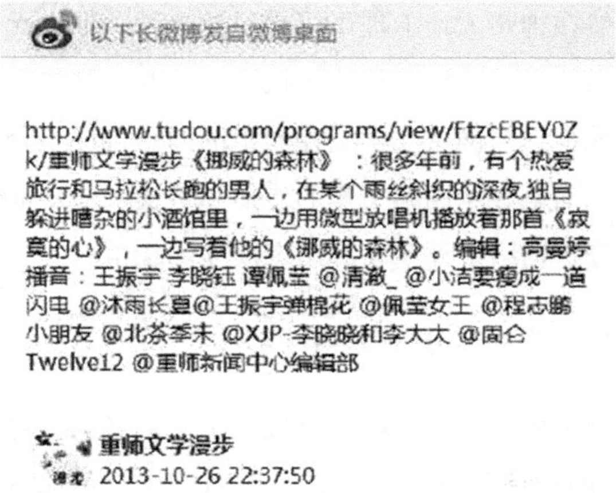

图 2-7　微博文学评论

从 BBS 到微博，二十来年的时间，网络批评的火速萌发及"萌态"不断更新，让广大网民们沉迷其中并乐此不疲，成为大家日常生活中获取文学信息的重要方式。而后，像小红书、B 站、抖音等的崛起，也都成了文学和文化评论的重要场地。这种由科技进步带来的阅读革命和批评革命，对批评乃至整个中华文化的发展，无疑是具有划时代和里程碑意义的。尽管这种变革的正面意义和积极效应在当下还没有完全凸显出来，网络文学和批评的发展还存在不同程度的瑕疵，其社会地位也没有被学术界完全承认，但其萌发之势已无法阻挡。它无可比拟的萌态和优越性，使其切实融为了人们生活的一部分。

第三节　网络批评萌发和演变缘由

一种新的传播工具的产生总会带来文化形态的改变与发展。二十多年前，当时谁家买了台电脑就像 80 年代初拥有了彩电一样，肯定是一件让普通老百姓非常羡慕的事情，上网消费的价格也远不是学生们承担得起的。然而就在网络消费还是奢侈品的时候，网络文学乃至整个网络文化就已经悄然在神州大地上埋下了星星的火种，谁也无法料到，就在短短二十年之后，它已经发展得比手机更加普及。网络文学何以取得如此优异的市场成绩，与网络文学结伴而生的网络批评是否也具有持续繁盛的可能呢？下面笔者从网络文学的传播和接受、受众群体、市场等三个层面出发，分析网络批评萌发和萌态演变的缘由。

一、网络文学：传播与接受

哲学家雅克·德里达对于网络时代文学的未来发展趋势有过这样的预言："在特定的电信技术王国中，整个所谓文学的时代（即使不是全部）将不复存在。"①这正与王国维所说的"一时代有一时代之文学"有异曲同工之妙。网络批评在这场世纪之交的网络科技所带来的社会大变革中迎头而上，给传统批评乃至整个文学环境带来了翻天覆地的变化。

任何一种社会大变革的出现必然有其特殊的时代背景，网络文学这一文化现象的产生，不可能脱离特定的时代。十余年来，网络文学以及

---

① ［法］雅克·德里达著，赵兴国译：《文学行动》，中国社会科学出版社 2001 年版，第 4 页。

网络批评从当初的自娱自乐，发展到能够足以与传统文化出版行业分庭抗礼的庞大势力，其发展势头之猛、速度之快，让学术界乃至整个社会都始料不及，希利斯·米勒是这样描述这个时代的："一个划时代的文化变迁在加速，从书籍时代到超文本时代，我们已经被引入了一个可怕的生活空间。这个新的电子空间，充满了电视、电影、电话、传真、电子邮件、超文本以及国际互联网，彻底改变了社会组织结构：自我的、家庭的、工厂的、大学的，还有民族国家的政治。"①

21世纪伊始，随着中国顺利加入WTO，中国融入经济全球化的步伐在不断加速，互联网的应用也在中国逐步普及开来，人们面临的社会环境和文化思潮变得日趋复杂。钱乃荣指出："在发展变化着的社会中政治、经济、法律、军事、民族、种族、宗教等各种社会现象，总是其以自身的发展变化制约、影响着其他社会现象的发展变化，同时，也必然地制约和影响着语言的发展变化。"②经过十多年的发展，互联网已根植于整个现代社会的大系统中，它所创造的一种全新的人类社会组织和生存模式已经深深融入了人们的日常生活。如今已是网络的天下，人们的世界观和生活方式发生了翻天覆地的变化，求创新、求关注和娱乐狂欢成了广大网民尤其是年轻群体消费的追求。

因特网自问世起，便立即显示出王者气象，它之所以能抢占整个世界的信息传媒高地，别无其他，只因其无限容量、无时空与地域之限制以及快捷便利、经济，让地球上不论何种肤色、操何种语言的人群一见钟情、流连忘返。戴锦华在其《书写文化英雄》一书中对网络空前绝后的发展态势做了这样的一个描述："1997年以降，中国网络横空出世，在1999—2000年，网络几乎覆盖了此前所有跨国公司的巨型广告牌，以至于北京一时之间成了一座WWW城市。"③网络文学正是人类智慧

---

①　转引自［美］J. 希利斯. 米勒：《论全球化对文学研究的影响》，《当代外国文学》，1998年第1期。

②　钱乃荣：《语言规范和社会发展》，《语文建设》，1998年第12期。

③　戴锦华：《书写文化英雄》，江苏人民出版社2000年版，第216-217页。

与科技孕育的宠儿，是信息时代传统文学和电脑网络碰撞的产物，是通过网络写作和阅读传播的一种新的文学形式，是在一种新的技术下产生的文学模式。

中国网络文学以及网络批评的繁荣发展与这场科技革命是密不可分的。20世纪90年代中期，中国网络发展速度之快不得不说令人叹为观止，如果说20世纪末文学网站榕树下的创立代表着网络文学正式在文学界闪亮登场、安营扎寨的话，那么随后文学城、黄金书屋等的创立则意味着网络文学春天的到来，在黄金书屋上看"YY"小说，在榕树下写爱情随笔，在文学城里谈天说地，实在是让人心旷神怡、乐不思蜀。这些优秀的网站在20世纪末期吸引了大量的网民、写手以及评论家，为网络文学的初步崛起和发展奠定了扎实的基础，对网络文学的开疆拓土可谓功彪千古，时至今日，仍然拥有着良好的知名度和美誉。

随后，1999年以天涯、猫扑等为代表的综合性社区开放，千禧年博客模式在中国大陆的软着陆，2003年百度贴吧诞生等，无疑为网络批评的多样化、多元化、普及化又添上了崭新的一笔。从此，网络批评的平台也开始日趋平坦宽广，无数网民在天涯上纵横捭阖，在贴吧里口诛笔伐，在博客指点江山，这些无疑成为文学发展史上划时代的一页，为中国文学与文化事业的发展开拓了新的乐土，当然，广大的写手和读者也是功不可没，是他们构成了网络文学得以持续发展下去的基石和土壤。

2003年前后，当理想与现实发生碰撞之后，以"榕树下"为代表的纯文学网站和论坛渐渐地退居到幕后。在中国一切以经济为中心的这个大时代背景下，起点中文网、幻剑书盟、潇湘书院等专门的商业文学网站如雨后春笋般蓬勃发展开来，大有取代榕树下之意，同时，网易、搜狐等综合性网站也纷纷开放文学社区板块，吸引读者来此指点江山、品茶论道。随后2005年博客的发展，博客批评作为在网络平台载体上诞生的一种新的批评形式，一时间备受热捧，吸引了数以亿计的网民加入其中。再之后的 2009 年，在中国手机已经完全普及化的平台下，一种新的文学平台——微博诞生了，以新浪微博为代表的微博市场，又为网民们提供了更为灵活机动的舞文弄墨、畅所欲言的平台。

　　2010 年前后智能手机的普及，让网络社交进入了移动互联网为代表的新阶段。移动互联网带来的最大变化就是人与人之间的联系程度实现了突变，带动了社会联结程度的突飞猛进。微博、微信、WhatsApp 等以即时性为第一特点的各种互联网应用如雨后春笋般出现。及时跟进移动互联网浪潮的诸多网络平台，借助智能手机的爆发，各显神通，开始迎来平台腾飞的新阶段，各种主打社交、游戏、交易、直播等极具特色的超级网络平台，如 FACEBOOK、腾讯、字节跳动、美团、快手、新浪等全球和中国几大代表性的网络超级平台，迎来了发展的黄金时代，无论用户数、收入和市场价值，一路攀升，势不可挡，并且拥有着远远超越传统跨国公司的社会动员能力和社会秩序塑造能力。随着 2019 年被定为 5G 商用元年，5G 时代到来，一个以人与人之间实时互动为主要特征的强联结社会全面到来。①

　　网络平台的二十年发展，让广大的网民有了更为广袤的驰骋空间，BBS、博客、贴吧、微博、抖音、快手、小红书、微信朋友圈、QQ、空间、综合性网站，等等，都有着各自的特色和优势。由于借助空前发达的网络技术，网络批评与生俱来便具有了传统批评无可媲美的优越性，如：多元化、互动性、便捷性、平民性、娱乐性、即时性等特点，适应了各类网民的现代化生活的需求，为网络批评在新时期的多元化健康发展提供了条件（如图 2-8 所示）。

　　在今天，网络文学及网络文化的异军突起，给广大文学青年提供了施展个人才能的广阔天地，使之成为文学的急先锋，具备了冲击文化市场的重要技术硬件，而专门性文学网站更新快、针对性强等优势，更是

---

　　①　参见方兴东、严峰：《网络平台"超级权力"的形成与治理》，《学术前沿》，2019 年第 14 期。

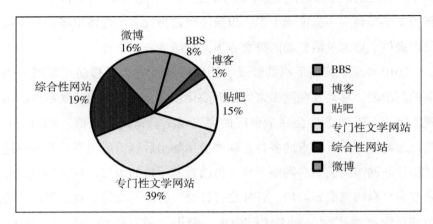

图 2-8　读者对网络文学及批评关注渠道

成为广大文学爱好者的首选。在我们的调查分析中，以起点中文网为代表的专门性文学网站、以新浪为代表的综合性网站成了网民的首选，占据了 58% 的网民群体，也为文学市场的进一步开拓提供了良好的运作模板。网络批评的产生和发展正是基于当下社会发展的现状，随社交媒介的演变而演变，记录了网络时代人们的文化心理特征。它们不仅是当下语言文化的一部分，更是社会文化的直接反映，折射出了当今时代的文化变迁。诚如戴维·克里斯特尔所说："网络对语言的影响将在语言领域内引发一场新语言革命。"①

二、受众：宣泄与救赎

根据马斯洛需求层次理论："人类的需求从低级往高级依次是生理需求、安全需求、归属与爱的需求、尊重的需求和自我实现的需求。"②如今，网络已经根植于整个人类社会体系中，它所导致的一种全新的生

---

① ［英］戴维·克里斯特尔著，郭贵春等译《语言与因特网》，上海科技教育出版社 2006 年版，第 1 页。
② ［美］马斯洛：《动机与人格》，华夏出版社 1987 年版，第 24 页。

活模式已经深刻地影响着我们的生活，如网上支付、网络游戏、网络文学、网上拍卖等，根据相关调查结果显示，如今中国人民使用网上支付和从事网上购物的人数均接近 5 亿人，玩网络游戏的人数也达到了 5 亿人，而网上订外卖的人数从 2015 年的 1.1 亿人飙升到了 2016 年的 2.1 亿人，其增长速度之快让人瞠目结舌。① 面对层出不穷的社会新动态、新事物，人们必然会创造新的文学乃至文化方式以适应表达的需要。

首先，社会科技变化导致评论话语权的变迁。在网络时代以前，只有少部分人拥有社会的话语权，如官僚、学者、作家、明星等。21 世纪网络文化的异军突起，人类的世界观产生了翻天覆地的变化，在人民物质生活水平日益提高的今天，人们更需要的是一个实现自我、彰显自我的舞台，网络的低门槛使得广大民众都可以参与其中，各式各样的文学平台为那些想实现作家梦、批评家梦的人们提供了一个宽广的"狂欢广场"，在开放的网络世界里，每个人都拥有自己的表达权，每个人既是传播者又是接受者，每个人都有机会受到尊重，没有谁拥有天生的霸权，弱者也可以尽情狂欢，现实世界的物质压迫和精神抑郁在此毫无顾忌地得以宣泄。个人的欲望在网络文化中得到了最好的满足，虽然在现实世界中不可能拥有，但是在网络这个虚拟的世界中做梦又何妨？弗洛伊德在其论著中指出："艺术家原来是这样的人，他离开现实，因为他无法做到放弃最初形成的本能满足。在想象的生活中则允许他充分地施展性欲和野心。"②网络这个虚拟的平台正是实现了广大网民在现实生活中无法实现的作家梦。广泛的群众基础，便利的通信条件，让网络话语权由精英的集中化迅速转为草根的分散化，这也是传统的文化精英们极为不甘，不愿承认网络文学和批评地位的重要原因之一。根据相关调查数据显示，广大网民中具备中等教育程度的群体规模最大，我国初中、

① 中国互联网络信息中心：《第 41 次中国互联网络发展状况统计报告》[OL]．（2018-1-31）．http：//www.cac.gov.cn/2018-01/31/c_1122347026.htm。

② ［奥地利］弗洛伊德著，贺明明译：《弗洛伊德著作选》，上海译文出版社1986 年版，第 255 页。

高中(含中专、技校)学历的网民占比分别为 37.3%、26.2%，并有继续向低学历人群扩散的倾向，详见图 2-9。可以说，在整个中华文明发展史中，从来没有哪个时代像今天这样，能够如此充分地调动广大群众的创造性积极性，让这些带着鲜明草根色彩、调侃色彩的新词雷语如春天的花草般萌发了起来，并且一发不可收拾。网络的最大特征是自由、开放和包容，在网络的文学空间里，大家没有高低贵贱之分，也没有学术门户之见，可以自由、任性地展示自我，开展批评与自我批评。现有的权威、规则、传统在这里都不复存在，大家可以随时随地畅所欲言，自由地发表思想观点、文学作品，完全挣脱了传统纸媒在时间和空间上方方面面对个人的束缚。人人都可以是数智时代的批评家，只要你有这个念头，下一秒你的观点就会在网络上广而告之。

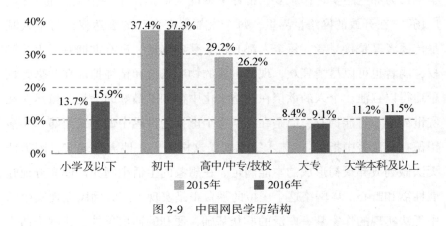

图 2-9 中国网民学历结构

其次，社会环境变化导致大众愈发求新和宣泄。求新是人类的天性，诚如习近平总书记所说："创新是一个民族进步的灵魂，是一个国家兴旺发达的不竭动力，也是中华民族最深沉的民族禀赋。在激烈的国际竞争中，惟创新者进，惟创新者强，惟创新者胜。"①创新一直是人类

①　习近平：《习近平在欧美同学会成立一百周年庆祝大会上的讲话》，《人民日报》2013 年 10 月 21 日。

文明前进的动力，网络的诞生恰好给亿万中国人民提供了这样的机会，广大网民摆脱了意识形态、专业门槛等多维度的束缚，将大家对文学的兴趣爱好发挥得淋漓尽致。同时，在当今时代快节奏、高压力的现代化生活中，网络这一平台又给了很多人纾解压力、愉悦心情、调节自我的有力帮助。弗洛伊德说过："在艺术家的天赋里，自然有一种本领，教他升华，教他压制，抑制的结果，至少暂时可以使白日梦成为一股强烈的产生快感的力量，其愉快的程度可以驱遣与抵销抑制的痛苦而有余。"①人生不如意事十之八九，在现实社会中，人的一生不可能一帆风顺，人们历经磨难的痛苦心灵需要得到抚慰，各种折磨和坎坷使人往往产生一种病态的心理和负面的情感，他们由此产生了宣泄的需要。作家和艺术家生来即是人类苦难和悲剧境遇的代言人，读者和评论者往往可以在阅读文学作品的过程中发现自己的影子，情感上由此产生共鸣，读者和评论者心理和生理上的压力从而也得以释放和宣泄，这种情况正如俗话所说的那样："分担痛苦，痛苦减半。"斯达尔夫人曾经说过："人们喜欢某些著作，是因为这些著作对不知不觉制约着我们的那些痛苦和回忆做了回答……我读到它，它打动了我，我觉得我看到了其中的泪痕，通过类似的感情，我就和那些我如此深切地怜悯其命运的人们有了关系。"②网络批评以纯文艺的方式传达现代人的心理诉求，现代社会的大工业生产形式已经把人沦为机器的附庸，通过对仙侠、玄幻、穿越等网络世界的艺术想象和艺术表现，网络文学及批评就成为一种很好的寄托现代人精神需求、再造现代人精神彼岸的有效方式。而网络批评的交互性、活跃性，无疑又使得这种功效事倍功半，让传统批评难以望其项背。如 2016 年傅园慧一句调侃式的"我已经使出了洪荒之力了"就得到了广大网民的呼应，频频出现在各种批评中。"洪荒"典出《千字文》第

---

① 转引自［英］霭里士著，潘光旦译：《性心理学》，浙江文艺出版社 2018 年版，第 172 页。

② 黄卓越、叶廷芳：《二十世纪艺术精神》，河南人民出版社 1992 年版，第 64 页。

一句"天地玄黄，宇宙洪荒"。"洪荒之力"可以理解为天地初开之时足以毁灭世界的力量，傅园慧口中的"洪荒之力"是指"尽了自己最大努力"，它的流行，有调侃，有希冀，勾勒出一幅民众渴望正能量的时代画卷。网络批评恰好能够在虚拟的社会空间诙谐生动地展示网民的个性。此外，当下社会生活节奏日益加快，人们在倍感烦躁单调之余，需要一个发泄的窗口。资深自媒体人张宇分析：类似于"蓝瘦香菇"这样的消极中带着调侃语气的网络语言在一定程度上也反映出激烈竞争环境下的工作、学习、生活压力。网络批评的使用者以年轻人为主，他们通过语言交流上的标新立异，把个人压抑紧张的情绪有效地转化为了一种能被社会所接受的表达方式，这个是值得肯定的。

可以说，随着电子信息时代的到来，网络构筑了一个新的文学活动平台，反映着新的社会经济结构和消费模式的数智时代，它的文化构成呈现出了与此前不一样的特点。对语言现行制度进行重新设定，以及思维方式的改变，语言交流空间的改变，行为方式的改变，价值取向的改变，这一切可能意味着我们时代文化根本的转型。

三、市场：VIP 和商业化

进入 21 世纪以来，市场经济对中国社会的影响愈发深入。毋庸讳言，无论是从商业的角度，还是从文本的角度来看，网络文学对传统文学的挑战已经形成，商业化网络文学运作模式对纯文学模式的挑战亦是胜负立判，传统文学昔日的辉煌与今日的式微，都是历史发展的必然。市场文化是市场经济发展的必然产物，与传统的计划体制相比，它有着巨大的解构力、难以抗拒的诱惑力和强大的生命力，它使人们的日常生活变得丰富多彩，让不同兴趣爱好的人找到属于自己的真爱。网络文化的横空而降，赢得了广大民众的青睐和欢喜。

在生活节奏日益加快的今天，网络文学的快餐性、便捷性、娱乐性、平民化明显更适宜社会发展的需要。在一定程度上讲，网络文学在作品的发行量、拥有的读者群、所带来的经济效益等诸多层面上，都远远超过了传统文学，越来越多的纸媒在网络文学的冲击下纷纷萎缩倒闭，而越来越多的网络文学作品如今已经渗透到电视、电影、综艺节目、网络游戏等诸多文化领域，其产生的影响力越来越大。人们对网络文学以及网络批评的关注度，在网络文学的近二十年发展中呈现出几何级数的突飞猛涨。

然而目前纯文学的生产机制仍然是由文学期刊、文学评论家、文学史家等精英权威严格把守，而二十年前网络文学的初露端倪，就显示了其强大的民间意识与市场亲和力，它轻而易举、理所当然地融入了由网络、商业、大众传媒等构筑的循环机制。网络文化的开放性、兼容性与共享性，使它能以更加平民化的姿态为社会大众所接受，网络语言的多样性、互动性与游戏性，也推助和造就了网络批评让更多的人所接受、所认可。这诚如里斯曼所说："流行文化实质上是消费的导师，民众是购买者、游玩者或者业余的观察者。"①

目前，在线阅读已成为人们日常生活的一部分，根据《中国互联网络发展状况统计报告》统计，1999 年我国上网用户人数仅有 890 万，占全国人口数的 0.74%。而截至 2017 年 12 月，中国网民规模达到 7.72 亿，较 2009 年底增加 3.88 亿人，占全国总人数的 55%，跟 1999 年相比更是提高了约 87 倍之多。蛋糕可谓是在规模上越做越大，速度上越做越快，无与伦比的人口基数为网络文学及批评的持续发展奠定了基石和土壤（如图 2-10、2-11 所示）。

在我们的市场问卷调查中，通过以时间为维度来探讨网络文学关注人群以及发展规模中，选择 2000 年就开始关注的仅有 19 人，选择 2010 年的高达 172 人，在人数上实现井喷式的增长，可见网络文学在这十多年的发展。在以时间为维度来探讨对网络批评关注人群以及发展规模中，相对于对网络文学的关注，网民对网络批评的关注更集中于 2015 年之后，

①　参考［美］大卫·里斯曼等著，刘翔平译：《孤独的人群》，辽宁人民出版社 1989 年版，第 197 页。

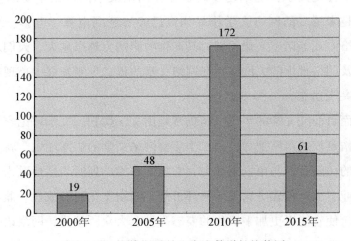

图 2-10　网络文学关注度人数增长柱状图

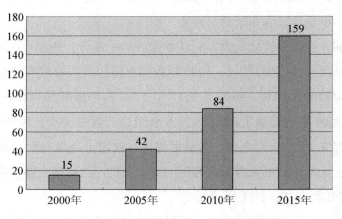

图 2-11　网络批评关注度人数增长柱状图

人数和关注度上也略比网络文学少，但在因特网主导一切的大时代背景下，网络批评的发展空间也不容小觑。同时，在我们的问卷调查中，高达 60% 的人在日常生活中选择并接纳了网络文学以及网络批评。

　　然而，光有广大网民作为基石是远远不够的，网络文学和网络批评的壮大和发展，离不开阳光和雨露。而在市场经济条件下，最好的阳光

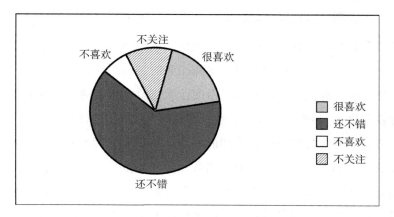

图 2-12 网民对网络文学的接纳程度统计

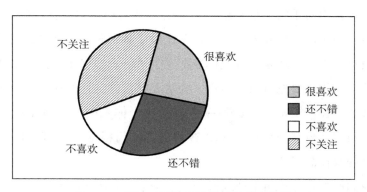

图 2-13 百姓对网络批评的接纳程度统计

雨露莫过于金钱了。但是在网络文学发展的最初，一切文学和批评都是
无功利的自娱自乐，没有哪个网站会支付给作者酬劳，偶尔他们能赚到
少量外快也是通过出版实体刊物的方式来获得，不少梦想着通过网络写
书出人头地的网友，很快就发现自己是在做"白日梦"。但是在 2003
年，一切又发生了转折，一个网名为"宝剑锋"的年轻人，在西陆 BBS
上召集志同道合者，成立了一家文学网站，也就是后来声名大噪的"起
点中文网"。付费阅读的运营模式很快从那里迸发出勃勃生机，并以摧

枯拉朽之势席卷开来。

在市场经济环境下，网络文学作品显然不可能只具有文学性，这和传统文学作品是一样的，过去一本通俗小说的热卖、一本学术著作的流行，无不关系到作者以及其背后运营团队的经济利益，这点在数智时代也不能免俗。起点中文网开创付费阅读模式后，作者的作品发表就有了各种功利性的导向，比如点击量、好评率等，大受欢迎的固然会被催更，而备受冷落的难免就有下架的风险。功利性，再次成为网络文学市场发展的原动力，专业化的公司团队和商业运作为其提供了强大的底气和动力，让广大文学爱好者们看到了阳光和希望。尽管阅读几千字文章也只需要几分钱，但是随着整个网民群体的飞速扩大，这显然不失为薄利多销的好办法。同时，VIP制、月票制、排行榜奖励制等各种收费制度，不仅使得写手收入日趋增高，吸引了越来越多的写作爱好者入围，同时也对各类网站的发展及商业运营提供了有利条件。这也让网络批评无论是批评主体、还是内容或标准都发生了巨大的变化，为什么要花钱看你的书，为啥要把月票投给你，为啥要打赏你，显然这些，让读者作为批评主体在"作品——读者——作者"这个体系中占有越来越重的话语权，很多作者甚至会创立VIP客户群，专门根据VIP读者的建议和需要来修改作品思路。

我们回顾这十余年的发展历程，不能不承认VIP制是一大亮点。最初的时候，网络文学是没有VIP一说的，何谓VIP？说得直白点，就是给你更多的权限，给你更多的优越感，让你花钱去看书、去评阅书，并以此获得快感、成就感和自我认同感。在20世纪没有互联网的时候，大家买实体书都是得花钱的，网络文学作者与传统作家一样，也投入了大量的时间与精力，因此收费也是理所当然的。自起点中文网在2003年开始正式收费后，VIP制度很快在各大网站风靡起来，有的门户网站和APP应用为了增加收入和吸引不同阶层的用户，甚至设立多个不同收费等级和消费类别的会员。VIP制度标志着网络从此进入"收费时代"。

同时，网络文化产业化也越来越受到人们重视，在VIP制度下，很多网络文学是靠别人的评论推荐来吸引读者，在生活节奏日益加快的时代环境下，面对浩如烟海的网络文学市场，一篇深受推荐的小说，自然会在第一时间成为广大看客的首选。在某种意义上说，大家对于网络上的文学作品接不接受，很大程度上取决于广大批评者的声音，网络文化产业化也随之壮大发展。毋庸置疑，网络文学与网络批评是形影相随、不可分割的。尽管传统学术界对网络批评并不重视，但在现有的网络文学市场里，各类小说的日更新量已经达到上亿字，在浩如烟海的文学世界里，一部作品如果拥有众多的"投票""点赞""高分"，无疑是有极大的闪光点，尤其是一旦进入了各种排行榜，如"最受欢迎榜""评分最高榜""订阅最多榜"等，其付费阅读量无疑会呈现出几何级数的增长。

网络批评作为经济时代的产物，追求商业化和利益化是不可避免的。在网络经济日益膨胀的今天，一个网红小说的出现，往往能带来百万级甚至更高的收益。根据百度百科提供的数据，在 2017 年"中国网络作家富豪榜"中，排行第一的网络写手唐家三少其版税收入为 1 亿 1300 万元，排行居末的妖夜其收入也有 1500 万元。这显然与一般的老百姓收入相比有云泥之别。相比现代企业在电视广告上的高额投入，网络炒作的成本显然要小得多，不少平台和作者为在短时间内获得较高的社会地位和经济效益，雇佣网络推手、网络水军等对自身进行炒作，这是商业，还是文学？或许，这个时段几乎所有人都在思考这个问题。尽管现实的残酷让当初的"纯文学"梦想愈行愈远，尽管点击率、月票榜等商业符号代替了传统的批评标准之后，有的网站和作者为了追求利益的最大化，有故意媚俗的倾向，但大家的目的都是为了让网络文学及批评能够适应这个时代，更好地发展下去。我们在对网络批评市场的发展调查中，不难发现，超过一半的人还是对其寄予了很大希望，认为其有较好的发展前景（如图 2-14 所示）。

总的来说，无论网络文学和网络批评，它们都是市场经济下的产物。在这种经济运行模式下，文学网站通过读者缴费和广告能带来不菲

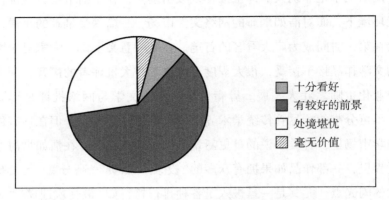

图 2-14　网络批评发展市场调查

的收入，它将一部分利益分红给作者，以此吸引更多的优秀作者加盟并积极创作，一部分用于自身的发展壮大，不失为一个好的良性商业循环；而广大读者可以购买 VIP 票、打赏、点赞给自己喜欢的作品，提高该作者知名度和收益，一来可以支持作者的文学创作，另一方面也能反作用于作者，影响作者的文学理念和作品剧情，现在越来越多的作者根据读者贡献率大小设立了"可汗""黄金盟主""舵主"等不同等级，也极大地满足了读者的存在感和归属感，这显然又是一个良性循环。创作门槛的降低，发表周期的快捷，物质回报的丰厚，让数以万计的文学爱好者投入了网络文学的创作大潮中，推动着网络文学的飞速萌发，也让网络批评的对象日益壮大，以至于越来越多的作品还没来得及被"点评"，就已经在浩如烟海的文学平台里湮没了。显然，传统的文学评价标准、批评方式是不太适应当下的形式的，网络批评中的推荐票数、评分尽管只是一个数字，却恰恰成为最及时、最直观的评判标准，尽管有时点击量和推荐票数会存在虚假性，但普遍看来得票高的、得分高的作品还是比较优秀的。①

————————

① 参见王龚：《论中国网络批评的特征与发展趋向》，内蒙古大学 2013 年硕士学位论文。

在互联网席卷全球的今天，传统文化受到的冲击是空前的、多方面的，也是不可避免的。从现实来看，新媒体时代的网络批评正如春天草木的"萌芽"一般，经历了一个从无到有、由弱变强、从单一到复杂的"萌态"衍变。经过这十多年的发展演变，它已经得到了广泛的认可，尽管有人看到的是商机，有人看到的是危机。西方知名学者亨廷顿曾说过这样的话："现代化可能是具有整体性的，但不一定是很好的整体，它必然包含着紧张、压力、混乱和骚动。"①网络文化和批评的发展与冲突正是此话极好的验证。

第四节　网络批评萌发和演变意义

数智时代的到来，改变了文学生产、传播与消费的方方面面，也给批评打开了一扇新的窗户，批评的主体、方法、形式、文体、标准等都产生了重大的变化，它以全新的姿态融入社会的方方面面，成为社会各界无法忽视的强大存在，并深刻影响和改造着人们的阅读方式、交流方式和批评方式，这对改进传统批评，构建新时代批评，具有重大意义。

一、推动网络文学发展

文学和文化的健康发展离不开批评，尤其是网络文学这个新兴的庞大主体，从无到有，从诞生时的星星点点到如今每日数百万章节的更新量，数以亿计的粉丝群体，无不展示了其优越性所在，"网络文学重组中国文学的格局是必然的，在网络这个大舞台上，将会诞生真正伟大的中国文学"。② 但毋庸置疑，任何一种新生事物都不可能是完美的，网络文学也不例外：一方面，在"人人都是艺术家"的口号下，网络文学

---

① 参见罗荣渠主编：《现代化理论与历史经验的再探讨》，上海译文出版社1996年版，第334页。

② 张健：《网络文学渐成阵势重组当代文学新格局》，《人民日报》，2009年7月23日。

固然实现了无数文学爱好者的文学梦，但是当下这个作者群体的增长速度过快，导致其素质良莠不齐，相当多的人理论储备不足、写作经验缺乏、文学素养不高，其创作的文学作品结构单一、格调低下、语言粗糙，有的甚至不乏污言秽语，靠低级趣味取悦读者，优秀作品十不足一；另一方面，在利益至上的市场环境下，很多网络作品为了利益，或故意堆砌字数迟迟不愿结稿，或为了吸引读者构建极具负面思想的虚幻、暴力乃至黄色世界，如：蛊真人写的《蛊真人》、纯洁滴小龙的《他从地狱来》、六道的《坏蛋是怎么炼成的》等，其主人公无不是任性妄为、杀人不眨眼的暴力分子，中华传统文化所弘扬的真善美、礼义廉耻、修身养性等思想美德在这里荡然无存，这类小说对青少年的健康成长所带来的负面作用是显而易见的，也是社会各界都无法接受的。

网络文学是一把双刃剑，它形式丰富多样、传播便捷快速，深受人们喜爱，也推动了中国文化产业的高速发展。但也因它的虚拟性、便利性，反而成了不良文化、腐朽文化的"寄生床"，许多网络文学作品最终沦为了缺乏精神内涵的文字垃圾。如何引导网络文学代表中国先进文化的前进方向，健康发展，显然是当下急需解决的问题。而解决这一问题，显然离不开网络批评。很多职业批评家以当下网络文学发展不成熟为由，拒绝加入网络批评的队伍，这种想法显然是不对的，恰恰是因为不足才有改进的必要。

然而，现在网络批评的发展虽然日趋壮大，但是跟网络文学的发展态势相比，显然还是远远不够的。一方面，网络文学的在线更新速度太快、日更新量太大，一部作品出来，批评家和读者们还没来得及去点评，它就湮没在网络的汪洋大海中了；另一方面，网络批评无论是理论还是专业队伍的构建，都还远远没有成熟，传统批评家大多对其不屑一顾，而普通读者的批评显然理论水平存在明显不足。因此如何进一步想方设法推动网络批评的构建与发展，对网络文学的健康成长具有重大意义。

二、改进批评生态

毫无疑问，依靠网络科技而产生的网络文学与批评，与生俱来地就携带了平等、开放、娱乐、恶搞、及时、互动等特点，而这些特性和优势又给传统文学和批评市场带来了活力和冲击。

首先，批评走向大众化。在"人人都是批评家的"低门槛下，网络批评吸引了无数读者参与其中，让网民们不仅有了畅所欲言的机会，也能通过群体性的集思广益创造无法估量的文化价值，让曲高和寡的传统批评相形见绌。刘湘宁指出："文学批评不再是专业人士'拥兵自重'的专利，不再是小众'围城'中的专业游戏，而是可让普通读者参与、分享彼此文学感受、观点的公共空间，为文学批评爱好者提供了一个自由发言的机会、渠道。①"

其次，批评的自由度极大提高。受网络匿名性的影响，网民们没有高低贵贱之分，也不会受到在现实社会发表评论条条框框的束缚，这种宽松的环境让他们有机会在各种点评中尽情地发挥自己的才智，无所顾忌地表达自己的想法，这种接地气的批评方式，给当下的学术界带来了一股清新之气，也必然是有利于文学改革和创新的。

再次，批评的创作形式得到突破。网络批评在形式上的创新，如短小精悍、风趣幽默、坦率真挚，这种平民化的批评方式，往往更能得到网友们的共鸣，这恰如麇斌所说的："生动而闪现灵思的文字，不谈理论，不谈方法，却能带领读者一起享受阅读的喜悦，一起呼应作者隐藏在文字背后的深意。②"

此外，批评的互动性大为增强。网络批评的即时性、便捷性，也让"作者——读者——批评家"之间能够更好地多维互动。姚斯指出："在

---

①　刘湘宁：《我国网络批评存在的问题与对策研究》，中南大学 2013 年硕士学位论文。

②　麇斌：《〈文讯〉书评：传媒时代的文学领航与大众文艺批评》，《当代文坛》，2009 年第 1 期。

这个作者、作品和大众的三角形中,大众并不是被动的部分,并不仅仅作为一种反应,相反,它自身就是历史的一个能动的构成。一部文学作品的历史生命如果没有接受者的积极参与是不可思议的。因为只有通过读者的传递过程,作品才进入一种连续性变化的经验视野。"①

最后,批评的创新性得到改善。传统批评在数智时代的长期缺席与失语,必然会倒逼评论家们去反思自己、改造自己,以合适的方式去适应新时代批评发展的要求,当下如芳芳、马季等很多文学家都加入了网络批评的阵营,恰好说明了这一点。而网络写手也期待得到传统批评界的支持和指点,网络写手阿越就指出:"这个时刻,正是需要倾听的时候。外界的看法,尤其是来自专业人士的批评,应该是我最需要的。"②网络批评对网络文化而言是一面镜子,可以明得失,加强对其的建设和引导,可以更好地推动中国文化事业的欣欣向荣。

三、健全文化产业体系

习近平总书记在《党的十九大报告》中提出:"要健全现代文化产业体系和市场体系,创新生产经营机制,完善文化经济政策,培育新型文化业态。"③这为新时代网络文化产业发展提供了重大机遇、提出了更高要求。市场"无形的手"就是通过网友网络点评、点赞、差评,用市场盈亏倒逼网络平台去提高服务水平、引导作者去努力改进作品质量,以良好的市场秩序和文化产品吸引网民赢得声誉。

与传统文学评论相比,网络文学评论的挑战更在于评价对象的复杂性。网络文学远非传统的文学文本那么纯粹单一,它复杂多面,融合了当前的主流文化和亚文化、本土文化和外来文化,体现不同代际的心

① [德]姚斯,[美]霍拉勃著,周宁等译:《接受美学与接受理论》,辽宁人民出版社 1987 年版,第 24 页。
② 王国平:《网络文学亟待确立批评"指标体系"》,《光明日报》,2012 年 7 月 3 日。
③ 习近平:《中共十九大报告》,人民出版社 2017 年版,第 36 页。

声。这就需要网络文学评论者具有足够开阔的视野，充分调动文化学、社会学、传播学等多学科的理论资源。网络文学在走出国门，进入更大传播领域的同时，还要面对新的评价标准。这对于创作者和评论者来说，无疑又是一重挑战。

在实现中华民族伟大复兴进程中，网络批评也肩负着历史使命。网络文学评论者既要积极引导创作者深入生活、积极反映现实，通过网络文学独特传播优势，传递正能量；又要直视网络文学本体和文化问题，潜心于作家作品研究，关注产业现象，把握发展趋势，与广大网络文学爱好者共同创造中国网络文学发展的美好前景。

第三章　兴"雷"：网络批评的变迁

　　李建中教授在《文学与批评："怎么说"比"说什么"更重要》一文中曾指出："'怎么说'可以使作品成功也可以让作品失败。画家要懂得颜色，雕塑家要懂得线条，戏曲家要懂得唱念做打，电影艺术家要懂得蒙太奇，如果没有这些东西何谈创作？福柯指出，'话语的真理性不仅在于它说什么，而且在于它怎么说'。对于文学创作和批评来说，怎么说比说什么甚至更为重要。"①一个时代有一个时代的批评文体，魏晋时的骈俪体，隋唐时的诗话体，两宋时的词话体，元明清时的小说戏曲评点体，以及近代的欧化体，均有鲜明的时代特征。21世纪新媒体时代的到来，让批评产生了各式各样、千奇百怪的网络文体，如甄嬛体、蜜糖体等，它们大多出自网民的戏谑恶搞，往往雷死人不偿命，有的赢得了大家的一致好评，有的在时间的长河中转瞬即逝。如何正确认识理解这些"雷"人批评文体的发生、演变、特征及意义，并对网络文学及批评的发展做出有针对性的指导，是一个值得探讨的话题。

第一节　"雷"的基本概述及词义演变

　　哈佛大学学者史蒂芬·平克曾指出："在人类自然进化的过程中，

---

① 李建中：《文学与批评："怎么说"比"说什么"更重要》，《文艺争鸣》，2008年第3期。

语言堪称最为突出的一个特征。"①文化关键词作为最具枢机性、概要性或精粹性的语言，在中华文明孕育、诞生、成长、成熟、再生、创新等各个阶段都起着不可忽视的作用。"雷"作为一个文化关键词和网络热词，其语义演变经历了从自然天象到易经卦象再到互联网语象的漫长而复杂的历史过程。远古时代的甲骨文书写刻镂出"雷"的神话底色和洪荒底蕴，轴心时代《周易》的"震卦"及其诠释赋予"雷"以"忧患"意识和"畏惧"心态，而互联网时代将"雷"之"三震"（天之震、事之震和心之震）创生为"三雷"（雷语、雷事和雷人）。"雷"关键词从词根义到坐标义再到现代义的创造性转换，从远古"活"到当下，昭示着"前世今生"的生命活力、"旧瓶新酒"的阐释张力以及"望今制奇"的创新动力，从而在互联网语言传播与接受的特定层面，彰显出中华文化关键词在新时代所爆发的洪荒之力。

一、"雷"的前世今生

天之威动，其象为雷。时下走红的网络热词"雷"并不是一个新造字，早在商周时期的甲骨文中就可发现它的身影，其在甲骨文里写作"𤳳"，是在闪电"𤳷"的四周加上指事符号𤳸，以表示雷伴随雨水和闪电而产生；有的甲骨文雷写为"𤳹"，是在闪电𤳺的两边画了两个类似"田"的𤳻，代表战车𤳼的轮子𤳽，古人认为天上打雷所产生的震天巨响是由神仙驾驶战车视察人间时发出的，因此车轮成了构成"雷"字的重要部分。由于先民科学知识不足，无法正确认识雷的形成，因此赋予了雷许多神秘色彩，如《周易》里有曰："天地解而雷雨作，雷雨作而百果草木皆甲坼。"②，视雷为天和地交感而生。在相当长的一个历史时期，世界各地都普遍存在着"雷"崇拜，如赫梯人建立统一国家之后，奉雷

① ［美］史蒂芬·平克著，欧阳明亮译：《语言本能》，浙江大学出版社 2015 年版，第 3 页。

② 黄寿祺、张善文撰：《周易译注》，上海古籍出版社 2014 年版，第 207 页。

神"提舒布"为一国之主神；斯拉夫人相信只有一个神，即雷电之神。①
我国神话著作《山海经》中也提到雷神，《海内东经》有曰："雷泽中有雷
神，龙身而人头，鼓其腹，在吴西"，这是我国有关雷神形象的最早记
载，书中称其鼓腹声非同凡响，"隆隆之声，天怒之音"，故又称"雷为
天怒"，② 即"天之震"。商周前期的金文 将甲骨文字形中的两个轮子
改成了四个轮子，或是与当时的战争兵器变化有关；后期有的金文
在雷上加了"雨"之头，强调雷电的天象性质，成为。秦代篆文 将金
文字形中的 写成 雨 ，将金文字形中的 简化成"畾"。东汉许慎
在《说文解字》中对雷做了这样的概述："雷，阴阳薄动，雷雨生物者
也。从雨，畾象回转形。"③后来楷书在演变过程中，人们把"畾"简化
成"田"，现存古籍中也多以简体的"雷"代替繁体的"靁"和大幅简化的
异体字"畾"。

从先秦到近代，雷在词性和语义方面变化不大，词性多为名词或者
动词，并以名词更为常见，做名词时一般有两义，一是作为一种自然现
象的雷霆、雷电，如《诗·大雅·常武》有曰："如雷如霆，徐方震
惊"，④《淮南子·地形训》有曰："阴阳相薄为雷"⑤，一是作为一种姓
氏，如唐朝的宫廷乐师雷海青、现代的好人代表雷锋等；作为动词多为
打雷、擂打之意，如《吕氏春秋·贵生》有曰："故雷则掩耳"⑥，《管
子·七臣七主》有曰："天冬雷，地冬霆。"⑦

及至现代，雷做名词时除了古义外，还被用于现代军事上常用的爆

---

① 李远国：《道教雷法沿革考》，《世界宗教研究》，2002 年第 9 期。
② （汉）王充著、张宗祥校注：《论衡校注》，上海古籍出版社 2017 年版，第 134 页。
③ （清）段玉裁：《说文解字注》，中华书局 2013 年版，第 241 页。
④ 程俊英撰：《诗经译注》，上海古籍出版社 2018 年版，第 315 页。
⑤ （汉）刘安：《淮南子》，上海古籍出版社 2017 年版，第 100 页。
⑥ 陈奇猷校释：《吕氏春秋校释上》，学林出版社 1984 年版，第 76 页。
⑦ （唐）房玄龄注：《管子》，上海古籍出版社 2017 年，第 351 页。

炸性武器，如水雷、地雷；作动词则常见于网络交流，表达让人感到意外、震惊、无奈等意思，如雷倒、雷晕、雷死人。此外，它还产生了形容词的新用法，这也多见于网络语，一般前面搭配程度副词，如超级、很、巨等，以表示个人夸张的情感，如"太雷了吧，他居然穿成这样在大街上走"。形容词词性和词义的出现最初见于日本漫画，一般指在不知情的情况下看到出乎意料的东西，让人感到不舒服或被震住了，即"事之震"，如"好雷人啊，芙蓉姐姐居然开专场演唱会了。"后来随着网络文化的发展，它传入中国，运用范围越来越广，不再单纯地表示震惊，更包含了"无语、受不了、难以置信、哭笑不得"等一系列感觉，这在一定程度偏离了雷给人震动、惊惧的原始感觉，由一种最初表示自然界现象的名词，演化出了具有动词、形容词、名词词性的丰富语义色彩的雷族词，如雷文、雷死人、超级雷等，随后其还衍生出了诸如蓝瘦香菇、老司机、狗带、吃土等一系列网络雷语，让人瞠目结舌。针对网络热词的旧瓶新酒、颠覆传统的使用是否喜欢这个问题上，调查问卷涉及的300人当中，其中有72人表示很喜欢，139人选择了还不错，选择不喜欢的有41人，不关注的有48人，可见大部分人对网络语言的这种变化和创新还是基本肯定的(如图3-1所示)。

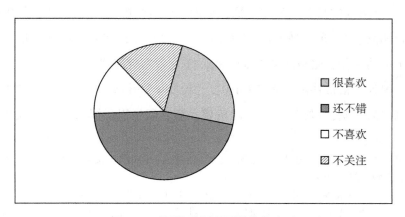

图 3-1 对网络热词颠覆传统的意见

二、"雷"的旧瓶新酒

在中国传统文化中，雷有着特殊的意义和地位。作为中国古代群经之首、大道之源的《周易》曾开辟"专栏"谈雷，即震卦，《说文解字》有曰："震，劈历振物者，从雨辰声。"可见震的本义是雷声。孔颖达在《周易正义》里这样写道："震，动也，此象雷之卦，天之威动，故以震为名。"①朱熹于《周易本义》中指出："震，动也。一阳始生于二阴之下，震而动也。其象为雷，其属为长子。"②震卦下震(☳)上震(☳)，上下均是两阴爻在上，一阳爻在下，震为雷，二雷相叠，反响巨大，表示雷震的剧烈、威动，孔颖达曰："洊者，重也，因仍也。雷相因仍，乃为威震也，此是重震之卦。"③震卦六爻分别喻示处"震"形势下的不同情状：初九阳刚在下，知惧致福；六二因危守中，失贝复得；六三惶惶未安，惧行免祸；九四陷于阴中，无法自拔；六五柔中危行，善保尊位；上六惧极有凶，却因戒备无咎。这与《淮南子》中所说的"战战栗栗，日谨一日，人莫踬于山，而踬于垤"④有异曲同工之妙，其主旨是劝导君子平日为人处世当谨言慎行，居安思危，进修德业，即乾卦所说的"终日乾乾，夕惕若厉"，当突遭灾难时，即便"震来虩虩""震惊百里"，也当镇定自若、处变不惊，从而"笑言哑哑""不丧匕鬯"，故宋代学者郑汝谐在《东谷易翼传》中写道："人之过于恐惧者，固无足取，若能于举动之际，睹事之未然而知戒，亦圣人之所许。"

因为打雷常伴随着轰响和闪电，给人以恐惧感，所以古人时常视雷鸣电闪为天谴，《周易》有曰："洊雷，震；君子以恐惧修省。"所表达的

---

① （魏）王弼、（东晋）韩康伯、（唐）孔颖达：《周易正义》，中国致公出版社2017年版，第204页。

② （宋）朱熹：《周易本义》，九州出版社2003年版，第139页。

③ （魏）王弼、（东晋）韩康伯、（唐）孔颖达：《周易正义》，中国致公出版社2017年版，第206页。

④ （汉）刘安《淮南子》，上海古籍出版社2017年版，第448页。

就是"心之震",《周易正义》对此解释道："君子恒自战战兢兢、不敢懈惰，今见天怒，畏雷之威，弥自修身省察己过，故曰：'君子以恐惧修省'也。"①《礼记·月令》有载："先雷三日，奋木铎以令兆民曰：雷将发声，有不戒其容止者，生子不备，必有凶灾。"②《吕氏春秋·贵生》也讲道："故雷则掩耳，电则掩目，此其比也。"③因而古人常将"雷"引申为"威势"或"怒气"，甚至"雷"贯穿整个古代一直都是威严和刚正的代称，代天行道，惩恶扬善，坏人会遭到天打雷劈、五雷轰顶，如《史记·殷本纪》记载："帝武乙无道，为偶人，谓之天神。与之博，令人为行。天神不胜，乃僇辱之。为革囊，盛血，仰而射之，命曰'射天'。武乙猎于河渭之间，暴雷，武乙震死。"④《京氏易传》亦曰："《五星占》云：雷电杀人何？雷，天拒难折冲之臣也。君承用节度，即雷以节；暴人威福，则雷电杀人。"《华阳国志》也记载了一个很有意思的故事，也就是后来《三国演义》里"青梅煮酒论英雄"的雏形：曹公从容谓先主曰："今天下英雄，惟使君与操耳。本初之徒，不足数也。"先主方食，尖匕箸。会雷大震，先主曰："圣人言迅雷风烈必变，良有以也。一震之威，乃可致此！"公亦悔失言。连天下枭雄对雷都如此敬畏，雷的威严可见一斑。故王夫之于《内传》有曰："君子之震，非立威以加物，亦非张皇纷扰而不宁，乃临深履薄，不忘于心，复时加克治之功，以内省其或失，震于内，非震于外也。"⑤

先民对雷的极度敬畏，与早期人类的生存环境和对自然现象的认知密切相关，古时雷电落地时毁坏房室，击毙人畜，造成重大伤害，使人们认为雷握有主掌生死的权力，故《诗经·小雅》有曰："烨烨震电，不

① （魏）王弼、（东晋）韩康伯、（唐）孔颖达：《周易正义》，中国致公出版社2017年版，第206页。
② 杨天宇撰：《礼记译注》，上海古籍出版社2017年版，第179页。
③ （秦）吕不韦著、杨红伟译：《吕氏春秋》，岳麓书社2016年版，第24页。
④ （汉）司马迁《史记》，岳麓书社2018年版，第48页。
⑤ （明）王夫之：《船山全书》（第一册），岳麓书社2011年版，第413页。

宁不令，百川沸腾，山家碎崩。"①王充在《论衡·雷虚篇》也谈道："盛夏之时，雷电迅疾，击折树木，坏败室屋，时犯杀人"。② 雷这种让人倍感神秘而恐怖的力量，使得古人不得不以诚惶诚恐的心态膜拜它以求平安。对此，费尔巴哈在《基督教的本质》中有过这样的叙述："人类生活在大自然环境中，大自然千姿百态，变化无穷，这些现象为原始人的感觉器官和心理所不能承受，这种超人的力量震撼着原始先民的心灵，从而便产生出了强烈的而又普遍的恐惧心理。"③《史记·高祖本纪》中记载了汉高祖刘邦乃其母刘媪在雷电交加时梦与神通所生："是时雷电晦冥，人公往视，则见蛟龙于其上。已而有身，遂产高祖"，④ 人间帝皇亦应雷而生，可见雷的影响力之大。雷不仅可以影响帝王气运，对成仙都有影响，中国传统道教文化认为，凡人修道成仙是一个漫长而艰苦的过程，如《抱朴子》中有描述："上士举形升虚，谓之天仙。中士游于名山，谓之地仙。下士先死后蜕，谓之尸解仙。"而成仙飞升的关键就是要渡劫，雷劫是上天对修仙者的一种考验，渡劫成功，便会霞举飞升；渡劫失败，那便是与道无缘，形神飞散。

到了近现代，随着自然科学的高速发展，人们对雷电、火山、地震等各类自然现象有了全新的认识，雷不过是一种由于大气中的云体之间、云地之间正负电荷互相摩擦而产生的自然现象，这种诠释显然让它在人们心目中的地位无法与先前相提并论，于是它从高高在上的神话传说中落入了凡尘。数智时代的雷人雷语更是人们否定神人、张扬自我的表现，折射出了时代文化的变迁，如 2017 年上榜的雷语"贫穷限制了我的想象""戏精"，抗战神剧里高呼的"同志们，八年抗战开始了！"等，

---

① 程俊英撰：《诗经译注》，上海古籍出版社 2018 年版，第 207 页。

② （汉）王充著、张宗祥校注：《论衡校注》，上海古籍出版社 2017 年版，第 134 页。

③ 杨现勇：《人与自然关系的辩证发展与德育价值观的转向》，《理论月刊》，2014 年第 1 期。

④ （汉）司马迁：《史记》，岳麓书社 2018 年版，第 194 页。

让人一看就能捧腹大笑。

但这些网络雷语是不是就完全脱离了雷的本意呢？笔者认为，雷在新时代固然增添了无语、惊讶等丰富的情感色彩以及戏谑、恶搞等无厘头的网络新意，但从另一个角度看，各种网络雷语对提醒世人敬德修业、震慑社会不正之风依然有着不可忽视的作用。《周易正义》中有曰："震之为用，天之威怒，所以肃整怠慢，故迅雷风烈，君子为之变容。施之于人事，则威严之教行天下也。故震之来，莫不恐惧。勿既恐惧，不敢为非，保安祈福，遂至笑语之盛也。"①自孔子提出"兴观群怨"以来，讽喻与劝谏一直是语言文学的重要目的之一。当下社会的飞速发展和阶级之间的贫富分化，让各类令人愤怒的不良事件时有发生，如毒奶粉、地沟油、郭美美炫富等。网络雷语的诞生，如"躲猫猫""欺实码""正龙拍虎"等，为一些公众事件的解决起到了有力的推动作用，这与震卦所强调的警示、告诫作用有异曲同工之妙，如 2016 年的网络雷语"小目标"，当中国首富王健林在《鲁豫有约大咖一日行》中谈到"很多年轻人想当首富"的话题时表示："最好先定一个能达到的小目标，比如我先挣它 1 个亿。"引起了亿万网民的狂热关注，为什么会被刷屏？除了喜剧效果，还在于他戳中了大家的痛点，那就是阶层固化与不平等之痛，从一个亿的数字中，可以看出富人与你我的不同。清代学者刘沅曰："震之为义有三：天之震，雷也；事之震，忧患也；心之震，畏惧也。人心非震不惕，君子畏天之威，恐生于心，惧见乎象，乃修饬其身，使事事合天理，省察其过，使事事遏人欲。"②网络雷词表达的不仅是一种个人感觉，更是社会情绪和民意的反映，毫无疑问，它们起到了针砭时弊的积极作用。时下政府以及社会各界如何把握好时代的契机，站在更高的角度、更全面地去引导网络文化发展，通过网络思政工作加强对广大网民尤其是对青少年的思想引导，充分发挥网络文化在社会主

---

① （魏）王弼、（东晋）韩康伯、（唐）孔颖达：《周易正义》，中国致公出版社 2017 年版，第 205 页。

② （清）刘沅：《十三经恒解》（卷五），巴蜀书社 2016 年版，第 160 页。

义核心价值观树立过程中应有的作用，值得深刻思考。从文化关键词语义嬗变的层面看，当下网络用语中的"雷"，能指不变，所指大异，此所谓旧瓶装新酒也。

三、"雷"的望今制奇

刘勰讲"通变"，其"通"是"参古定法"，其"变"是"望今制奇"。[1] "雷"关键词的语义通变，其"三震"之义（天之震、事之震和心之震）属于"参古定法"，而网络语境下的"三雷"（雷人、雷语和雷事）及其震撼性效应则属于"望今制奇"。"雷"关键词在"互联网+"时代的望今制奇，使得历史悠久的"雷文化"具有了新的时代内涵。

传统意义上的"雷文化"成熟于《周易》的震卦，震卦在警示君子恐惧修省的同时，也昭示了世间万物生机蓬勃、欣欣向荣的发展趋势，《周易·系辞》曰："天地之大德曰生""生生之谓易"，意思是说人们应效仿宇宙积极向上、自强不息。在上古时候，由于人类的生存环境与自然界密切相关，故人们的言行风貌都受到大自然的极大影响。而春天是一年中打雷最多的时节，《礼记·月令》有曰："是月也，日夜分，雷乃发声，始电，蛰虫咸动，启户始出。"[2]春雷一到则万物复苏、生机勃发，故雷也传达了大自然生生不息的精神，《京氏易传》有曰："取象为雷，出自东方，震有声，故曰雷。雷能警于万物，为发生之始，故取东也，为动之主，为生之本。"惊蛰时节，春雷乍动，百废待兴，雷声给百姓带来了生机和希望，带来了生活的新气象，故而《太平御览》卷十三引《尚书·洪范》有曰："雷于天地为长子，以其首长，万物与其出入也。雷出地百八十三日而复入，入则万物亦入；入地百八十三日而复出，出则万物亦出，此其常经也。"[3]

进入了科技时代，随着人类对自然界认识不断加深以及对雷神崇拜

---

① 范文澜：《文心雕龙注》，人民文学出版社1958年版，第519-521页。
② 杨天宇撰：《礼记译注》，上海古籍出版社2017年版，第179页。
③ （宋）李昉：《太平御览》，中华书局1998年版，第64页。

的不断消解，延续了数千年的文化关键词"雷"就此消亡了吗？答案是否定的，雷文化在近代经历了短暂的沉寂后凤凰涅槃，在数智时代爆发出了超乎想象的洪荒之力，让无数网民沉浸其中，乐此不疲。如 2015年的网络雷语"网红""剁手党"，2016 年的"吃瓜群众""小目标"，2017 年的"我可能上了个假大学""皮皮虾我们走""都是套路"等，所富含的幽默诙谐的时尚气息以及玩世不恭的精神状态，对于追求新鲜和时尚的年轻人来说，无疑是王八看绿豆——对上了眼，一时间如胶似漆难舍难分。根据中国互联网络信息中心 2018 年发布的第 41 次《中国互联网络发展状况统计报告》显示：截至 2017 年 12 月，我国网民规模超过全球平均水平 4.1 个百分点，人数已经超过欧洲人口总量。同时，在本次问卷调查中，以一周时间为限，选择从不上网的仅有 1 人，选择 0~15 小时的有 27 人，选择 16~30 小时的有 86 人，选择 31~45 小时的124 人，选择 45 小时以上的有 62 人，人日均 4 小时以上的比例占了62%，可见网络已经深深地融入了人们的生活，不论你是主动地喜欢，还是被动地接受，都与它难舍难分了(如图 3-2 所示)。

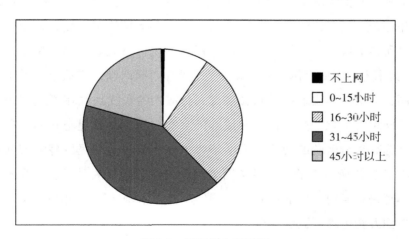

图 3-2　网民周上网时间

互联网如今已根植于整个现代社会的大系统中，它所创造的一种全新的人类社会组织和生存模式已经走进了我们的生活，并深刻地影响着我们的言行举止及思维模式。面对社会发展的日新月异，人们必然会创造新的词汇、言语加以适应，类似于"葛优躺""蓝瘦香菇"这样的消极中带着调侃语气的网络语言在一定程度上也反映出人们在激烈竞争环境下的工作、学习和生活压力。

在网络文化语境下的关键词"雷"以及各种雷语，其意义的变化与衍生，正是震卦生生不息精神的演绎，《周易·说卦传》有曰："雷以动之，风以散之，雨以润之……震为雷，为龙，为玄黄，为敷，为大涂，为长子，为决躁，为苍筤竹，为萑苇，其于马也，为善鸣，为馵足，为的颡，其于稼也为反生，其究为健，为蕃鲜。"①意为震卦发展至极则化为刚健之象，为草木繁育鲜明、万物勃然发展之象。发展求变是人类的天性，人们对用了几百年甚至上千年的情感表达词产生了"审美疲劳"，于是选择"雷"这样新鲜的网络热词来表达内心的感受，这是完全正常的文化现象。现在很多网络段子，为了增加阅读量、点击率、点赞率和打赏，往往是雷死人不偿命，各种新奇诡谲的网络热词、五花八门的网络句式不断推陈出新，让雷的功效登峰造极，甚至为了迎合广大网民的娱乐心理，新兴的网络专属职业"雷人"在各大网络平台脱颖而出，也就是所谓的段子手、标题党，他们每日的生活就是以制造"雷语""雷事"为乐趣，正如有网友在豆瓣里写道的："国产剧天雷滚滚，看了辣眼睛，但又忍不住想看看到底多雷人，雷人的底线到底在哪里？"正是当下网络雷文化产生、衍变和风靡的真实写照，其周星驰式的娱乐倾向，为高负荷运转的现代化生活增添了欢声笑语。网民发挥才智通过"雷人"新语所带来的全新的语言效果，与震卦的革故鼎新、生生不息的本意是相通的，只是少了几分"雷与风行，阴阳相得，尊卑定矣，号令发而万物生焉"的威严感。

---

① 黄寿祺，张善文撰：《周易译注》，上海古籍出版社 2014 年版，第 357 页。

第二节 网络批评的"雷"式文体

刘勰在《文心雕龙·序志》中谈道："原始以表末，释名以彰义，选文以定篇，敷理以举统。"①其意指做好文学理论研究，需要研究好各种文体的源流演变，并对每一种文体做好解释，使人明白其本质和特征。诗人艾略特指出："去年的话属于去年的语言，明年的话等待另一种声音。"②正如网络雷词雷语如雨后春笋般喷涌而出般，时下风头正劲的网络批评文体，对此也进行了淋漓尽致的演绎。从"淘宝体"到"TVB体"，从"咆哮体"到"凡客体"……这些长短不一、形式各异的网络段子，或表达对现实生活的不满，源自对童稚童趣的怀恋，或缓解内心世界的压力，刚一诞生亿万网民就纷纷效仿、转载、传播，其势头之猛，令人瞠目结舌。

作为21世纪的新兴媒体，互联网对现在文学的生产、消费与传播的格局变化和冲击无疑是极大的，它改变了传统纸媒独霸天下的格局，形成了网络与传统文学期刊二分天下的格局。网络的高歌猛进，给予了网民尤其是文学爱好者更多的机会，让文学的自由、平等的思想在新的社交平台上得以实现，推动了文学市场新的发展。同时，为适应这个新的时代，个性张扬而又极具创造力的网民们纷纷发挥自己的聪明才智，创造了各类多姿多彩的网络语言，于是就有了"蜜糖体""淘宝体""知音体"等内容生动幽默、形式惹人欢喜的网络文体，成为互联网上一道道别样的风景，并在不经意间已经与人们日常生活融为了一体，如今，大街小巷上，大家可以看到各种广告宣传语，也纷纷被这些网络流行文体所取代，以借此赢得行人的驻足观望及共鸣。

早在2009年，李建中教授曾提出"无体之体"的概念，指的是：

---

① 范文澜：《文心雕龙注》，人民文学出版社1958年版，第727页。
② ［英］T. S. 艾略特著，裘小龙译：《四个四重奏》，译林出版社2017年版，第228页。

"就言说方式即批评文体而言，是一种'无体之体'：'无体'是说它可以用任何一种文体言说理论和批评。"①这对诠释当下层出不穷、千奇百怪的网络批评是再恰如其分不过了。一个莫名其妙的词会一夜之间风靡网络，一种让人匪夷所思的"雷"式文体也可以迅速在网上"蔚然成风"，引来无数网友竞相追捧模仿。当下在互联网上，各种新锐批评文体可谓是前赴后继、层出不穷，知音体、梨花体、纺纱体在各大网站论坛上争奇斗艳，互不相让；淘宝体、凡客体、校内体亦是在网民之间各领风骚，独霸一方；蜜糖体、咆哮体、羊羔体更是你方唱罢、我方登场，拥有着不计其数的粉丝；一时间，网络批评仿佛成了春色无边的大花园，时时变日日新。2011 年 7 月 17 日新华网报道："《大学校长们的毕业致辞：清华凡客体北大咆哮体》。"该报道列举了清华、北大、复旦、武大等名校校长在各自学校毕业典礼上的致辞，并特别指出清华大学顾秉林校长的致辞是"凡客体"，而北京大学周其凤校长则是"咆哮体"。

网络批评文体除了雷死人不偿命外，其更新的速度之快更是令人咋舌，不乏专家指出，当下可谓是批评时代的"百家争鸣"。明人徐师曾讲："文章必先体裁，而后可论工拙；苟失其体，吾何以观？"②网络批评这一新的批评文体的萌发，并未引起学界的重视，更鲜见系统而深入的研究。面对如此之多的雷人文体，人见人爱，花见花开，笔者从批评主体、批评的情感风格、批评的表达方式等角度具体分为以下四类，并做简要的界定分析。

一、从批评主体划分批评文体

毋庸置疑，言说方式本身就代表着作者对生活对社会的一种态度。孩子们用最纯粹的欢声笑语和号啕大哭来表达对这个世界最直接的感

---

① 参见李建中：《论古代文论批评文体的无体之体》，《文学评论》，2009 年第 2 期。

② （明）吴讷著，于北山校点；（明）徐师曾著，罗根泽校点：《文章辨体序说，文体明辨序说》，人民文学出版社 1982 年版，第 78 页。

受；哲学家们则往往试图用最简单的话语将千头万绪的社会逻辑厘清；年轻的人们有宣泄情感的校内体；卖弄的文人则别出心裁地创造出了梨花体；精明的商人则有着属于自己的淘宝体和凡客体。例如：

梨花体。梨花体听起来挺清新浪漫，其实是源自网友"雷人"的恶搞，即 2006 年"赵丽华诗歌事件"，因诗人赵丽华的作品口水化严重，网友对其嘲讽而创。梨花体诗被人戏谑为有以下特点：第一，随便找来一篇文章，随便抽取其中一句话，拆开来，分成几行，就成了梨花诗。第二，记录一个 4 岁小孩的一句话，按照他说话时的断句罗列，也是一首梨花体诗。第三，一个说汉语不流利的外国人，也是一个天生的梨花体大诗人。如：

> 毫无疑问
> 我推荐的书
> 是起点网
> 最好滴
>
> ——樱桃小九子评《风野七咒》

淘宝体。最早见于淘宝网卖家对商品的描述，深受商家和客户青睐，由淘宝网宣传开来，后被网友们戏谑模仿，如：

> 亲，明天早点更新哦，不然给差评哦，表忘记多更新点啊亲。
>
> ——pk007 在《凡人修真传》书评区回帖

二、从批评的情感风格划分批评文体

在生活节奏日益加快、社会关系日趋复杂的现代化社会里，孤独与压抑是网民普遍的心态，因此宣泄情感成了网络批评的重要功效之一。

网络最吸引人的地方，就在于其匿名性给人提供了一个相对安全的场所，只要不违法，你就可以肆无忌惮地畅所欲言，不需要考虑阶级、阶层、礼仪、世俗偏见等。一个个真实的、鲜活的"我"，在面对文学和生活时产生的压抑、迷惘、开心、困惑时淋漓尽致的宣泄，就构成了网络批评。相当多网民，他们常常试图在虚拟的网络生活中去寻找一个发泄点，来倾吐现实中的种种压力，并渴望爱与被爱。在如此基点下，其笔下的文字有着强烈的情感表达色彩，如琼瑶体、咆哮体、蜜糖体等，正是其代表。

琼瑶体起源于著名作家琼瑶的文章以及电视剧台词的对白。网友将琼瑶体的雷人特点总结为：语言绝对避简就繁，能绕三道弯的决不只绕两道半，能用复句结构的决不用单一结构，能用反问句的决不用陈述句，能哭着说喊着说的决不好好说。

> 我真的好喜欢菱纱，不管是那个刁蛮任性的菱纱，活泼可爱的菱纱，还是最后楚楚可怜的菱纱……
>
> ——新月评《仙剑奇侠传四》

三、从批评的表达方式划分批评文体

网络批评的最大特征之一，就是短小精悍，在很多时候，批评者出于时间和自身需要的考虑，往往留言评论不会很长，一句话可以，三言两语也可以，短小精悍的评论，往往更能适应网络文化平台的需要。而说到网络批评的短小精悍，就不能不关注下"点击体"。

什么叫点击体？说起来很简单，你喜欢或者厌恶哪部网络文学作品，你去投票支持或者反对它。从某种意义上说，点击体基本上脱离了运用文字去评论文学作品的这种传统批评的范畴，你只需要轻轻地用手指在某个固定区域点动鼠标，即可发表你对某部文学作品的好恶评价

（如图 3-3 所示）。

图 3-3　网络小说点赞示意

　　从传统批评的角度，所谓的"点击体"完全是一种不成章法、没有规矩的"无厘头"式的"雷人"存在，既缺乏必要的理论依据，又没有严格的逻辑推理，但是在本书发放的问卷调查中，当问及对网络文学作品进行评论及言说所采用的方式时，300 名调查者有 93 人选择了口头评论，有 116 人选择了文后接龙留言，有 47 人选择了论坛灌水，有 53 人选择了贴吧发帖，39 人选择了博客微博撰文，有 161 人选择了点击支持/反对。不论是抖音、微博还是快手、小红书等热门 APP，还是各大浏览器的新闻、热点推送，"点击体"都大行其道，饱受欢迎。"点击体"已经成了人们最常用的一种简单方便的批评范式，也成了各大 APP 评价文学作品、交易商品等好坏的重要指标，一直经久不衰（如图 3-4

所示)。

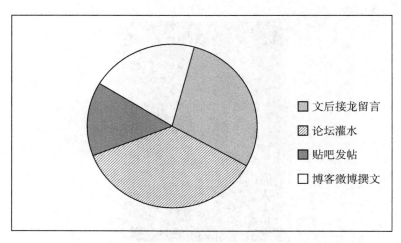

图 3-4 常用批评方式

四、从命名的纪实性划分批评文体

无论是对"我爸是李刚"的群起声讨,还是对 3Q 事件的唇枪舌战,互联网上可谓风起云涌、战事连连,大大小小的事情让人应接不暇,而与之相关批评文体也随之诞生,李刚体、3Q 体、羊羔体等不一而足。

李刚体。在 2010 年各大网络流行语排行榜里,"我爸是李刚"这句台词无疑是明星中的明星。2010 年 10 月 16 日,河北大学的两名女学生在学校里被撞,造成一死一伤的性质恶劣的校园事件,作为始作俑者的李启铭,其不仅不反思错误,反而做出嚣张的"雷人"回答:"有本事你们告去,我爸爸是李刚!"李刚事件,让人们感叹网民空前爆发的戏谑力,"我爸是李刚"成为唐诗宋词等各大传统文学经典的"雷人"百搭句式:"日日思君不见君,我爸是李刚""桃花潭水深千尺,不及我爸是李刚……"一时之间,李刚体在网络批评中也是迎来粉丝无数:

假如生活欺骗了你，请不要悲伤，相信我爸是李刚。

——风云123评《新宋》

羊羔体。2010年10月19日，当时任武汉市纪委书记的车延高获得第五届鲁迅文学诗歌奖，在网民强大的质疑声中，这个红顶诗人的白话诗，在网络文坛上红极一时。"徐帆的漂亮是纯女人的漂亮/我一直想见她，至今未了心愿/其实小时候我和她住得特近/一墙之隔/她家住在西商跑马场那边，我家/住在西商跑马场这边。"羊羔体让人瞠目结舌，网友们关心的是："如果鲁迅地下有知，他该作何反应？""羊羔体"的出现，有网友怒斥："鲁迅文学奖是亵渎鲁迅之名的伪文学奖！"羊羔体的"雷人"与恶搞，与"梨花体"可谓春兰秋菊，各擅胜场，一时间在网络界风头无二。

写诗，其实，很容易。把字，断开，就好了。

——网民评《徐帆》

言语方式可以作为分析的工具，来判定某个时代的经济文化和风土人情。数智时代各类批评文体层出不穷，你方唱罢我方登场，恰恰是一个时代文化的典型特征，是一种通过新型的文化传播手段让所有网民都能够享有的社会化、大众化、民主化过程，它可以有无穷无尽的排列组合，有无穷无尽的希望和期待，这是在五千年中华文明史中不曾有过的。

五、雷与创新：典型文体举例

通过问卷调查，在对喜欢以下哪些新式的雷人批评文体调查中，300名被调查者，有大约19%的人选择了点击体，有大约10%的人选择了蜜糖体，5%的人选择了装13体，大约14%的人选择了知音体，3%的人选择了校内体，1%的人选择了琼瑶体，4%的人选择了梨花体，12%的人选择咆哮体，2%的人选择了淘宝体，3%的人选择了凡客体，4%的人选择了羊羔体，11%的人选择了甄嬛体，16%的人选择了其他（如图3-5所示）。

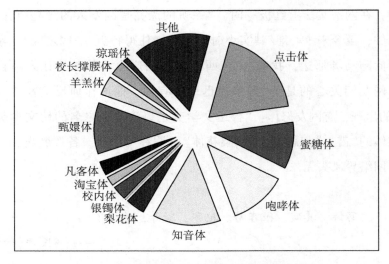

图 3-5   网络批评文体喜爱度调查示意图

下面笔者对排名靠前的几种"雷人"文体做简要介绍。

知音体。知音体名称来源于著名杂志《知音》，《知音》以刊登情感曲折的爱情故事著称，它通过对那些"据说"是真实的，并且往往带着凄惨、曲折内容的情感故事的娓娓道来，让读者不知不觉间在情感上获得共鸣。读了《知音》的故事，你会产生两种想法："原来还有比我更惨的人，我要好好珍惜自己的生活"，"原来还有比我活得更精彩的人，我要向他们学习"。网络流行的"知音体"指的是用煽情的标题式文字来吸引大家的眼球，也就是我们通俗所说的"标题党"，它往往追求词语华丽、情绪哀怨。在表达功能上，知音体往往力显点睛式的入目效果；

在练达文字上，力呈鲜明的诗化语言风格，"知音体"之"雷"在于让你觉得生活比电影更精彩。不妨看下面两个例子：

> 漂泊多年浪子终回头，你可知痴情老板娘为你一路守望？
>
> ——小看苍穹：《武林外传之白展堂》
>
> 聚众斗殴还是另有所谋？一个惊世高端群斗集团背后的故事
>
> ——tianyay11：《拳皇》

咆哮体。"有木有""尼玛""伤不起"等词语加上满眼的连续感叹号，构成了时下流行的咆哮体，不少文化名人甚至连天后王菲也加入了进来。"咆哮体"最早起源于豆瓣网，为马景涛的粉丝经常使用。咆哮体一般出现在回帖或者网络评论对话中，一些精明的商家更是发行了"咆哮体"生成器，供网民自助使用。咆哮体的话语模式经常以"有木有"和"伤不起"为句子后缀，表达对某一类人群或某一种职业的同情、悲悯甚至悲叹；其标志性的"雷人"特征是每一个句子后面均有一连串的感叹号和（或）问号，从而酿成超强的咆哮长度（时值）和高度（音高），对这种强烈的情感宣泄形式，有专家指出：如果"咆哮体"真的可以成为一部分人减压发泄的手段，也未尝不可。

> 有木有能有一天让我不痛苦地等待更新啊啊啊！！！
>
> ——max1025 评《尘缘》
>
> 先帝才干到一半就撒手不管了啊！！！！！
>
> 孤儿寡母就这么扔给我了！有木有！！！
>
> 天下分成三块儿！！！！属咱们益州最杯具！！！
>
> 一群苦命忠臣还得为蜀国献青春！！！！有木有！！！
>
> 都累死累活！！！！都是为了给先帝擦屁屁啊！！！！！
>
> 都是为了一把屎一把尿把陛下您喂养长大啊！！！！！

......

——依然、黑超诠释《出师表》①

蜜糖体。蜜糖体是 2009 年网上火起来的批评文体，这种文体的"雷人"特点是甜得让你起鸡皮疙瘩。蜜糖体起源于网友"爱步小蜜糖"，其凭借"嗲到不能再嗲"的说话方式，在短短几天之内迅速走红，创下了天涯社区最快的成名纪录。其标志性表达包括"亲耐滴，偶灰常稀饭你"。白话文意思很简单，就是："亲爱的，我很喜欢你。"这种撒娇卖萌的网络语体，让人哭笑不得，不少网民觉得很好玩，可以在假痴不癫、搞笑娱乐的同时减少生活烦恼，增加人生乐趣，但也有人表示这种言说方式具有明显的幼稚病和低俗化。百花齐放的网络批评文体，究竟是幼稚无知的低级恶搞，还是一种后现代的文化现象，或者说是社会进入某个阶段后的必然产物？对此，华东师范大学教授李明洁认为："从蜜糖体的语言事实来看，客观地归纳其特点，的确是存在低龄化和通俗化的倾向，但这仅仅是一种外在表象，究其本质其实是一种人际交集的亲密化。"

亲爱的忘语~~人家自从看了你发出的文章以后哇，马上就将昨天吃的晚饭吐鸟个一干二净哦~~吓得 mammy 以为人家身体不舒服了啦，拿着 LV 包包急着要带人家去医院看病病……都素你吓的了啦，讨厌讨厌讨厌(跺着脚红着脸咬着小手帕)！……

—— 步青云评：《凡人修仙传》

甄嬛体。甄嬛体是随着 2012 年电视剧《后宫甄嬛传》的热播火起来的，该剧语言非常考究，复古之风明显，精致打造的台词令观众们仿佛

---

① 夜闻香：《博客园》[OL].《网络(http://clso.cnblogs.com/)》.

穿越到了大清皇宫之中，给人身临其境之感，却又可以清晰明确地明白
其内涵和意义。这种文体之"雷"在于：网友们从诸多方面不修边幅地
肆意模仿，从写论文写作到减肥，从看书讨论到聊天对话，不少网友张
口便是"本宫"，描述事物也喜用"极好""真真"等词，让听众和围观者
仿佛在古代与现在之间不停穿越，令人深感滑稽，忍俊不禁。

> 罗先生这本书当真是极好的，精彩的剧情配上细腻的行文，是
> 最好不过的了。嫔妾愿多读几遍，虽眼神迷离，倒也不负恩泽。只
> 可惜内容颇多，嫔妾为此寝食难安，倍感力不从心。又奈何天公不
> 作美，消减了读书的兴致。
>
> ——耿苏评《凤姿物语》

对于文体变革，姚华在《弗堂类稿》中强调："文章体制，与时因
革，时世既殊，物象既变，心随物转，新裁斯出。"①因此，作家、批评
家摆脱某种体裁的旧套路，创作出新的体裁，以反映新的生活世界，表
达新的思想感情，也是体裁衍变的规律。

当然，如此之多的"雷人"文体在网上层出不穷，让人在兴奋之余，
也感到了担忧。可正如黑格尔所说的："凡是存在的都是合理的，凡是
合理的都是现实的。"②在传统纸媒时代，作家只能靠纸笔来实现写作，
现在网络科技的普及和创新，让人们的写作方式和日常生活都产生翻天
覆地的变化，那么作为反映生活的文学及批评，其出现不同于传统文学
的话语模式和言说风格，也是一件极为正常的事情。作为文体学上的一
种创新，用蜜糖体、校内体等写作或者批评，总比那些传统作家把小说
原封不动地搬到网络上好。尽管这些产生于网民自发性创作的批评文体
未必真很棒，有着各式各样的缺点和不足，但他们有广泛的受众基础，

---

① 转引自童庆炳：《童庆炳谈文体创造》，河南大学出版社 2008 年版，第 69
页。

② ［德］黑格尔著，贺麟译：《小逻辑》，商务印书馆 1982 年版，第 6 页。

有着与时因革的精神，内容浅显易懂，情感跌宕丰富，形式上生动活泼。它们随着网络文化的发展而发展，必然会经受时代的考验和磨砺，合理的就继续流传下去，糟粕的就很快被人遗忘，既然，世界不可能长着同样一张脸，我们何不开心地看着，顺其自然？

第三节　网络体与纸质体的异同鉴析

网络批评作为网络科技时代的新产物，与传统的"纸质体"批评相比，既有相同之处，又有截然不同的特点。相同的是，作为批评的不同类型，它们都必须遵循文学创作的一般规律。而不同的是，在这个网络科技发展日新月异的新媒体时代，网络批评被标上明显的时代印记，它强化了娱乐功能，强调了市场功能，强调了便捷功能，对教育、审美和思想引导却不够在意，只要方便好玩，再怎么雷人，再怎么恶搞，网民们都能接受。如果说传统文学属于中规中矩的国宴正餐，需要本着严肃而崇高的心态去对待；那么网络批评则更似一场快餐文化，它能让人在评点时轻松舒畅、无所顾忌，或闲庭信步，或肆意妄为，就像在自助餐店里随意品尝一般。具体概括起来有这样几个特点：

一是从批评的形式上看，网络批评不需要长篇大论，只要即时跟帖。网络文学更新快，速成性强，这也要求与其相应的批评得尽快发布，否则滞后就失去意义了。由于时间上的紧迫性，因此也容不得评论者去精雕细琢、长篇大论去做批评。同时，时间的紧迫性也使得批评的难度增大，没有太多的时间去思考、去布局、去谋篇、去查资料。传统纸媒上对已经发表的文章进行事后批评的形式，已经远远跟不上网络文学每日几百万甚至几千万字的更新速度。可见，这对批评者的素质要求更高了，批评者必须随机应变、一针见血。

二是从批评的标准来看，过去传统批评上常提的政治标准和思想标准，在网络这个平台上已经淡出了人们的视野。这里在一定程度远离了官方的意识形态，远离了中国传统的批评标准，文学与政治的关系，不像以前那样受重视。传统的文学强调的"文章合为时而著，歌诗合为事而作""文学是为政治服务的"等观点，在网络上被个性化、自由化、娱乐化等所取代。传统纸媒上发表文学评论需要的"一审再审"（编辑——主编——官方），在新媒体时代也已经不复存在。在网络上的评论，大多不需要看任何人脸色，人们可以肆无忌惮地表现自己的情感，发泄内心的真实欲望。

三是从批评的方式上看，网络批评改变了在纸质批评上，一对一的论战批评模式，在很多时候，对于同一篇文章、同一个文学主题，是批评者与反批评者同时存在的，有时甚至出现第三方、第四方意见者。这种多维度、多层面的互动批评模式，如同"百家争鸣"，对作者的启迪及文学作品的进一步改进，无疑是有利的。

四是从批评的主体上看，网络批评没有传统批评的精英意识，是一个人人都可自由参与的文学狂欢节。根据我们的问卷调查显示，目前从总体上看，网络批评者主要由大众组成，他们有激情，有活力，有创新精神；但他们批评时在艺术体悟和思想深度上还远未成熟，缺乏深邃的社会意义、人生感悟和深层次的文化积淀。当然，从文学传统以及网络文学的长足发展来看，传统批评者与传统文学作者最终将加入网络批评主体的阵营之中。

五是从批评的语体上看，在传统批评中，从《求是》《光明日报》自上而下到各种地方小刊小报，其栏目都有相对统一的划分标准，其背后无不隐含着极为严格的文学生产、审批、消费制度，一旦你不符合标准，你的文章就不可能被刊发。但是到了数智时代，网民们可以随心所欲地进行创作，这可以是点个赞，可以是三五个字，也可以是随笔、诗歌、散文的综合体，也可能什么也不是。他们创作的本身就是对传统文学生产、审批和消费制度的质疑，于是淘宝体、校内体孕育而生、各领风骚；蜜糖体、咆哮体你方唱罢、我方登场。

通过问卷调查，在被问及网络批评文体与传统批评相比特点何在时，有30%的人选择了平民大众化，有27%的人选择了时效性强，有

24%的人选择了商业炒作强，有10%的人选择了游戏趣味性强，有22%的人选择了彰显个性化，25%的人选择了简单便捷化，19%的人选择了互动活力化。这与本书的观点大致上不谋而合（如图3-6所示）。

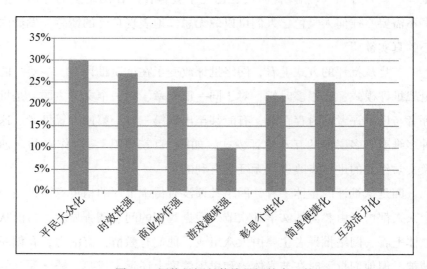

图3-6 网络批评与传统批评特点比较

与传统的批评相比，"雷人"的网络批评有着许多新的特质和气象。网络上的语言、语气和表达方式，难免会让部分习惯于传统的学究们感到不适乃至厌恶，但这是时代发展的使然，要么学会去适应时代，要么被时代所抛弃。

第四节 雷式网络批评的风貌鉴析

网络批评作为新生产物，有着传统批评无可媲美的优势。它可以方便更多的人了解文学，特别是年轻的一代。网友、读者以及作者之间的相互批评就像在议论日常生活中一件事、一个人一样漫不经心，但这种看似轻描淡写的评论方式，实际上颇有些类似于中国古典的评点式批评。因为是即兴的点评，它能很好地传达读者在阅读时的意趣、感悟和

心情，透着鲜明的个人爱好；又因为是闲聊，所以在内容上它们往往会
躲避崇高。

　　与传统的批评不同，网络批评者一般都不是专业或职业的批评家，
而是网络漫游的网民，其在言说方式上概括起来，具有以下四大特征：

一、体制：短小精悍

　　网络批评最大的自由，是任何人都可以当"批评家"，但是否能写
出一流的批评又是另外一回事了。网络批评，在很多时候，批评者出于
时间和自身需要的考虑，往往留言评论不会很长，一两句话甚至发个表
情、点个赞就可以。在我们300人的问卷调查统计中，有141人通常评
论字数均为50字以下，128人通常评论字数为50~500字，有22人评
论字数为500~1000字，有12人评论字数为1000~2000字，仅有9人
评论字数为2000字以上。选择500字以下的人数约占据了我们调查总
人数87%(如图3-7所示)。

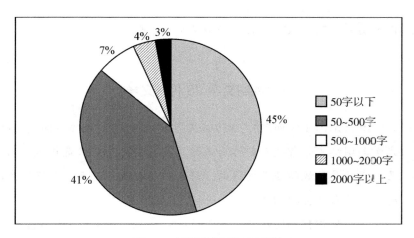

图 3-7　网络批评者评论字数

短小精悍型的批评，通常可以"点击体"、微博、"文后留言式"最

为突出。不妨以下一篇网络文学《诛仙》①某一章的点评为例：

孤独浪人无情浪　发帖于 2006 年 9 月 1 日 13：05：59

　　这么好的书，我怎么会错过呢？当然得顶一下，支持一下了～～～～

　　……就等下一章了，等啊等啊等啊等啊等

　　y15345729　发帖于 07 年 1 月 11 日 11：09：13

　　好书，顶顶顶！！！

　　后面的怎么一直不让看！　　非得交钱吗？

XQFCKA 发帖于 2010 年 7 月 4 日 02：52：59

　　很小就开始看武侠小说，喜欢那些江湖情仇风涌、人性善恶对峙……看完此书，觉得作者自成派系，构思巧妙，结局也安排得甚为恰当，人生便是如此有精彩之处亦有平凡晦暗之时，有欢喜也有遗憾，重要的是能坦然接受自己的命运走自己的路！祝贺作者此书功德圆满，期待再接再厉，佳作不断！X. Q②

再不妨看一场在微博上关于网络文学的论战：

"网络文学 VS 传统文学"

　　有云无雨（江朝东）：#传统文学和网络文学 我的看法是 传统文学与网络文学都是人创作出来的，无所谓对立，只是载体不同而已。不管是传统的还是网络的，好的东西会流传下来，不好的东西时间长了自然会被淘汰。

　　一级剑飘飘（侯剑华）：网络文学与传统文学没有本质区别。

---

① 萧鼎：《诛仙》，网络知名仙侠小说。

② 转引自百度贴吧．诛仙吧［OL］．（2007-2-8）．https：//tieba. baidu. com/f?kw＝%D6%EF%CF%C9&fr＝ala0&loc＝rec。

　　王外马甲（黄晓峰）军事，作家：传统文学和网络文学还是有区别的。比如小说，传统的写法类似电影，可以用很长的铺垫去烘托最后的高潮，因为反正观众不会跑；而网络写作就像电视剧，每段都必须有点"料"才行，否则观众就"换台"了。所以网络作品往往比较"抓人"，比较好读，但真正伟大的、有文学意义的作品却只能出现在传统的文学中。二者之间会有影响和干扰，但不会相互取代。

　　可见，网络批评基本不需要长篇大论，对于那些喜欢在网络上发表长篇大论的，能让大家坚持看下去的其实并不多，短小精悍的评论，往往更能适应网络文化平台的需要。

　　说到网络批评的短小精悍，就不能不关注下"点击体"。在市场化的大浪潮中，在 VIP 制度的携伴下，网络文学时代独特的批评形式——"点击体"孕育而生了。什么是点击体？其实说起来很简单，你喜欢或者厌恶哪部网络文学作品，你可以通过人民币去购买该网站的 VIP 月票，去支持或者反对它（一般多数为支持）。从某种意义上说，点击体基本上脱离了运用文字去评论文学作品的这种传统批评的范畴，你只需要轻轻地用手指在某个固定区域点动鼠标，即可发表你对某部文学作品的好恶评价。司空图在《诗品·含蓄》中写道："不著一字，尽得风流。语不涉己，若不堪忧。是有真宰，与之沉浮。如满绿酒，花时反秋。悠悠空尘，忽忽海沤。浅深聚散，万取一收。"可以说，"不着一字，尽得风流"恰也是批评的神妙之处。① 不要小看手中鼠标小小的一动，或许在你不经意间，能为作者多赚取一个月的饭钱。点击体是伴随着收费制而诞生的，在起点中文网掀起网络文学全面收费时代的开端之后，各大网站纷纷以 VIP 特权为基础，设置了"月票排行榜""VIP 推荐

────────────

　　① 司空图著，郭绍虞集解：《诗品集解》，人民文学出版社 1963 年版，第 21 页。

榜"等各种排名，我们不妨看一个言情类的专业文学网站对月票奖励的设置，如图 3-8、3-9 所示：

我是签约作者，可以获得多少月票奖金？	
申请条件	奖励金额
月票榜当月第一名	￥10,000元
月票榜当月第二名	￥5,000元
月票榜当月第三名	￥3,000元
月票榜当月第四名	￥2,500元
月票榜当月第五名	￥2,000元
月票榜当月第六名	￥1,800元
月票榜当月第七名	￥1,500元
月票榜当月第八名	￥1,200元
月票榜当月第九名	￥1,100元
月票榜当月第十名	￥1,000元

图 3-8　网络文学作者收入排行榜①

　　曾经风靡一时的网络红书、在 2008 年由中国作家协会指导下的网络小说"十年评比"中排行三甲的《紫川》，VIP 总推荐高达 155 万，足见网络文学人气之旺，也可见点击体作为网络批评与当今市场经济的有机结合，至少在当时及目前来说，是相当完美的。起点中文网有了 VIP 会员充足的资金支持，再加上当时网络游戏市场三巨头之一盛大网络公司强大的资金投入，便如吃了兴奋剂一般，一发不可收拾，不仅让作者赚得盆满钵满、乐此不疲，同时，读者也拥有了除了看书之外更多的选择，至少现在他们看完书可以考虑直接去玩一下游戏了，于是乎，网络

---

　　① 　数据来源于：言情小说网．［OL］．（2015-3-16）．https：∥www.xs8.cn／。

图 3-9　网络知名小说点击示意①

文学及批评再一次与游戏扯上了丝丝缕缕的关系，在读者和作者受益的同时，网络的运营商们又多一些赚钱的契机。

二、体式：鲜活互动

网络批评就像德勒兹说的"游牧"文化一样："这仿佛是一个可以纵横驰骋的千座高原，是一个由科技神话改变并重建的自由、随意、无限敞开的公共空间。"②这个虚拟的空间仿佛具有无限的延展性，只要你愿意，你可以随时随地加入其中，或发表作品、或指点江山，在这里，你不需要是知名人士，也不需要经过专业培训，只要你有创作的欲望，没

①　转自起点中文网［OL］.（2011-6-2）. https：//www.qidian.com/.

②　孟繁华：《"游牧文化"与网络乌托邦》，《北京邮电大学学报》(社会科学版)，2003 年 12 月。

准你可以一夜成名。在这个自由的数智时代，只要你对某部作品或者某篇文章感兴趣，很简单，轻轻地点动鼠标，输入三五行字，就可以很轻松地发表自己的见解，或者与其他读者甚至作者直接在第一时间探讨下自己的心得体会。唐敏对网络开放性和互动性的优势做了这样的表述："这是一种超能力的体验，各种网站为所有人提供了平等的条件，BBS成为公众写作的最好园地，曾经是无法描述，也无法让人评论的内心感受，终于在网上得到了回应。写作不再是孤芳自赏，在互联网上找到适合自己的伙伴，写出来的文章或者段子有人欣赏，有人评论，写作的热情从来没有如此火热过。曾经那么遥远的文学，还有那些高高在上的作家们，都不再遥远和高深莫测，每个人的才智和本性在网上都能得到充分地展示。"①这种多维度的即时跟帖型批评方式，与传统的网络批评方式相比，具有无可媲美的优越性和生命力。一本批评刊物，其容量是有限的，这种有限性迫使编者必须采取某一种固定的标准，将最好的东西选出来。这一选择的过程，无疑便是精英与贵族脱颖而出的过程。网络批评是属于大众的狂欢节，这里没有平民和贵族之分，所有的人都可以把酒言欢、畅所欲言。任何人的作品，不论它多么典雅，多么精致，只要读者个人不喜欢，就可以直言不讳、嗤之以鼻。

互动的雷人性可以从接龙形式的批评和贴吧发帖最为清晰地看出，2003年百度贴吧的诞生，为各种兴趣爱好者的聚集提供了一个最便捷的方式。贴吧和传统的BBS最大的区别是，每个贴吧都有自己的主题，大家一般都是围绕着这个主题发表观点、进行跟帖、点评，内容可以是某一部流行小说、某一个游戏、某一部影视作品等，当然，你可以在贴吧内发表跟主题无关的帖子，但是这种被视为"灌水"的帖子很容易被管理员删除或者被其他成员无视，同一个贴吧的成员一般都倾向于围绕着某一个相对集中的主题展开深入的、全面的探讨，这种纵深式的互动

---

① 唐敏：《谁说这是中学生作文》，转引自《一生最美一文·小说卷》，中国工人出版社1989年版，第1页。

显然更有利于讨论的精准化和深入化，对批评的发展也起到了推动作用。

不妨以尘缘吧中《关于尘缘经典探讨》为例：

《尘缘》：① 尘缘吧：《关于尘缘经典探讨》

一楼：作者 ID：58.49.156

这个《尘缘》真是越看越让人火滚。先是写了个谪仙，因为个什么小事儿被赶下天庭，还顺手救了只小兔子，埋个伏笔说赶明儿兔子也投胎报恩要嫁他。然后谪仙就投胎了，叫个什么张三李四的也忘了，就是这个张三李四长到十几二十岁忽然有一天开窍了，想起来我是谪仙啊，我要修炼飞升啊。然后就出发去当时最大的一个副本，啊不是，叫什么山，有个道德宗，一堆道士在那里修炼。挺好的吧，然后呢，在去那个山的路上路过一个黑店被人一闷棍打死了！没错，就是一闷棍打死了，把这个应该是主角的谪仙转世给打死了。包了也不知是黄牛馅还是水牛馅的包子！……

三楼：ID：58.49.147

神贴留名

四楼：icemould

写得挺好，就最后挺奇怪，尘缘不是在 17k 中文网首发么，你咋天天去起点给尘缘投票滴?！加精鼓励之。

五楼：211.143.145

我倒觉得尘缘挺好看的，比那些要文字没有，要人物性格没有，要情感没有，要情节也没有的书好多了……

六楼：超级笨笨115116

……楼上的说的是实在话，其实书还是有可读性的。

---

① 转引自百度贴吧．尘缘吧［OL］．（2011-12-8）．http：//tieba.baidu.com/f?
kz＝696961483。

七楼：gouhanzhi：

帖子写得不错……

我刚看尘缘的时候打电话到处问朋友，这书里面到底哪个是主角，作者确实让人有些不知所云……

九楼：221.212.169

没看懂？不知楼上是不是语文理解能力不太好。烟雨江南的作品写得应该是当今网络小说中最好的了，作品无论是题材 情节风格构架 伏笔 都是相当值得观赏的。

十六楼：59.32.52

你还可以看下去，我可看不下去，本以为那洛风是主角，结果挂了，对那小二满是怨念，谁知道那小二变了主角……马上放弃……哎，本来想发泄下，没想到那么多人力挺……

十七楼：110.174.144

顶楼上的，看了两章，看不下去了。为洛风可惜，其他猪角没兴趣了。

二十五楼：四枫院 c 夜 25 楼

LZ 压根就没看懂全文，还在这扯。

你所谓的那个被救的小白兔，和后面的顾清，那是一个人吗？救了那个"小白兔"的，和被贬下界的仙人，那是一个人吗？

四十五楼：tianruoyouqing

你们说喜欢那个谪仙 我不觉得他有什么好 我还是喜欢那个第2个主角。

不难看出，贴吧所构建的这种阶梯化的跟帖文化，虽然没有学科建制和理论体系的支撑，但是却不乏深入的见解和独特的批评。三言两语的简单评论，固然和传统文学的长篇大论相比，行文的严密性、思维的深入性都有所欠缺，但是从集思广益的角度看，这种大众式的"接龙"，无疑更容易产生群体智慧的结晶，无数读者之间的点评、探讨、共鸣，必然能够给作者带来激励和启迪，推动作品更好地良性发展。同时对传统那种掉书袋子式的文风，也有着较好的改进作用。

鲜活互动性不仅表现在批评者与批评者之间可以及时地有针对性地相互探讨，更表现在很多文学作品在连载过程中，对于主线故事的发展、男女主角的爱情、男一号与女二号女三号的命运结局等细节方面上，批评者们的信息能够在第一时间反映给作者，很多作者甚至公开悬赏，希望"有识之士"能够帮忙提供后续剧本，这种作者与批评者之间的多层次互动，是在以前任何一种文学媒介中都不曾产生的。网络批评改变了批评一对一的论战批评模式，在很多时候，对于同一篇文章、同一个文学主题，是批评者与反批评者同时存在的，有时甚至出现第三方、第四方意见者。这种多维度的互动批评模式如同百家争鸣一般，大家在积极地互动和探讨中，不时地会迸发出智慧的火花，给予作者思想上的启迪，这对文学作品进一步的改进无疑是有利的。

同时，这种新型的批评方式，消解了在传统文学的批评中读者与作者的天渊之隔，提高了读者的参与热情。有时读者提了一个好的意见，作者在看到后可以立马思考并对作品进行修改，这对网络文学创作所带来的帮助可谓立竿见影、显而易见。正如马克·波斯特所指出的："作者与读者之间的区分因电子书写而崩溃坍塌，一种新的文本形式因此出现，他有可能对作品的典律性甚至学科的边界提出挑战。"①

三、体貌：娱乐狂欢

巴赫金在其《拉伯雷的创作以及中世纪和文艺复兴的民间文化》一书中，根据近现代欧洲大陆文学的发展历程，分析了狂欢化对传统诗学的挑战，提升了"笑文学"也就是大众文化在文学中的地位。20 世纪末网络的出现，其所带来的网络文学以及网络批评的狂欢，无疑再次验证

---

① ［美］马克·波斯特著，范静哗译：《第二媒介时代》，南京大学出版社2000 年版，第 99 页。

了其理论的合理性。

王元骧先生在《文学原理》中指出:"文学不仅给人以知识和教育,而且还能给人以情感上的愉悦,所以,它总是带有一定的娱乐的成分。但是这种娱乐是通过在鉴赏过程中读者想象力的自由游戏,以及对艺术美的感知和体验过程中自身精神上的满足和提升所获得的,因而它给予人的这种审美的愉悦不同于一般感觉的快适而是源于情感上的陶冶。"①对于网络文学来说,娱乐性似乎摆在了第一位,它的主要目的并不是为了陶冶人的情操、引导人正确地面对生活,能够雷倒你才是它存在的意义。

在网络带给我们的诸多礼物中,有一份最大的礼物叫作自由。这里没有舆论一律的强求,没有编辑苛刻的眼光,写作无须听任何人指令,评论不需看任何人脸色,人们可以肆无忌惮地表现自己的情感,发泄内心的真实欲望,可以探讨生活、书写爱情、反思自己、评论别人。网络的匿名性解除了狂欢的所有顾虑。网络批评中可称为狂欢的表现形式有很多:幽默、讽喻、粗俗、猥琐以及各种各样夸张、偏激、狂妄的表白。网络的广场特性为网络的狂欢提供了一个绝佳的空间和舞台,它像一个巨大的翻腾着的海洋,人只要一投入其中,立即就会被其挟持而去,这种妙不可言的乐趣和欢畅是任何传统文学都无法相提并论的。

"文章千古事,寂寞身后闻",传统批评家尤其是古代文人一直以此为目标,但是到了数智时代,名留千古显然不是作者和批评家们所考虑的,广大网民上网的目的大多也只是为了宣泄压力、交流情感。所以他们的评论具有极大的随意性,形式上不拘一格,内容上信手拈来,这样的批评模式,不仅开创了批评的新时代,同时让他们紧张压抑的心灵在网络上得到了舒缓和净化。

在我们的问卷调查中,您认为如果您关注网络批评,您喜欢的网络批评风格是什么样的?在被调查人员中,有7%的调查者喜欢含蓄洗练的风格,13%的调查者喜欢文风激情洋溢,11%的调查者选择了抒情婉

---

① 王元骧:《文学原理》,广西师范大学出版社2007年版,第361页。

约，而有 44% 的调查者选择了幽默搞笑，有 25% 的调查者选择了个性自我的批评风格，选其他的为 0%，可见，个性幽默成了网民更为看好的风格（如图 3-10 所示）。

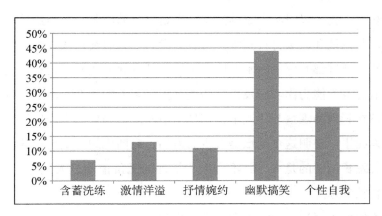

图 3-10　喜欢的网络批评风格调查

亚里士多德在其著作《诗学》里写过这样的话："诗不仅可以给人快感，还有助于建立一个合格的政府和有利于公民的身心健康。"①网络批评的互动平台所提供的狂欢和宣泄产生的病理或心理治疗效果，类似于医学上的"顺势疗法"：人们有感受情感的喜好，也有抒发情感的欲望。写手和评论者们借助于宣泄就可以减少或缓和有害情感的过多沉积，获得内心的平静。

与传统批评相比，网络批评强化了娱乐功能，强化了人与人的交流、发泄功效，对教育和审美不大在意，或注意不够，这个可以最容易从论坛灌水看到。"灌水"，就是"发表没有实际阅读意义的水文"。"灌水"一词相对来说是贬义的，但是，还是有很多人在某些文学论坛的特定板块"灌水"。很多人来到网上逛，该说的都说了，该干的都干了，但

① ［古希腊］亚里士多德、贺拉斯著，杨周翰译：《诗学·诗艺》，人民文学出版社 2008 年版，第 124 页。

总觉得没有什么可再做了，于是便灌灌水打发点时间过去。他们大多数没有什么特别的目的，就是想搞搞气氛、闹闹事，开个玩笑让自己、让大家开心一下而已。或在现实中或在网络中遇到了什么不愉快的事情，憋在心里难受，灌灌水，一股脑全倒出来，立刻舒服了。很多资深灌水者喜欢多发言，以引起大家的注意，满足自己的虚荣心，当然灌水有时候还是善意地和大家打打招呼，看看有没有什么朋友在线。时下许多知名网站、社区都开辟了灌水专区，尽管这种批评方式并不具有多大的学术价值，也不能为作者以及作品的改善提供多大的帮助。但是，各大网站站长在长期的观察与实践中，都精明地发现：如果一个论坛经常有大量的人灌水，说明这个论坛是有生命力的，有商机的，是成功的。很多社长、站长们要的是人气，不会因为批评的无价值而把人赶跑。当然，发广告帖的除外。

不妨看天涯论坛的灌水专区一则文学帖子：①

『灌水专区』[征文 05 号]司空大人回家之后

话说司空大人百感交集，一路且行且驻，不知如何是好。自打被施以宫刑，惶恐不得终日，不知如何与可儿交代，不想就这么回去却思念更甚。走着走着，已斜晖脉脉水悠悠，只好暂且歇脚。远远地，望见灯火已亮，旖旎乐音忽远忽近，不知这是何人之府邸？这个时候，雨水不合时宜地下了起来，风吹动屋前的风铃，风铃低吟。

推门进去，哪知那些旖旎的音乐居然是丧曲，丧曲也能如此动听吗？

"先生，请问您找谁？"一个清幽幽却又不讨人厌的声音随风而

---

① 天涯论坛[OL].（2011-4-8）. http://www.tianya.cn/publicforum/content/water/1/1156581.shtml。

至，致使司空打了一个寒战。仔细看时，一女子身着白衣，泪痕未断，楚楚可人。

"哦，小姐，打扰了。老汉想要回乡无奈天色已晚又下起了雨，恐身体吃不消，想要借贵宝地休憩，不想……打扰了。"

"只要老先生不嫌弃丧事当前，就住下吧。"女子转身，抚了抚棺木：师姐，您不介意师妹收留这个老汉吧？应该不会介意的，您生前如此温柔贤淑乐善好施。"老先生，跟我来吧。"

……

作者：贝贝贝贝贝贝娃 🥔　回复日期：2011-04-08　09：47：01

○○○○○○

作者：卯小兔 0129 Ⅴ 🍃　回复日期：2011-04-08　09：59：21

哈哈

作者：hawk0509　回复日期：2011-04-08　10：24：36

代表月亮来消灭你们～～～～～～～～～～～！！！

作者：只看此人　回复日期：2011-04-08　10：26：36

顶，还是不顶？我的思想进行着激烈的斗争。

作者：O 〰 0　回复日期：2011-04-08　11：38：19

路过

可见在灌水式评论中，传统的批评要求的文学标准、政治标准，在此都不复存在，过去强调政治标准和艺术标准的统一，强调的文艺批评必须反映重大社会主题、强调的为工农兵服务，在数智时代已经完全被消解。过去教科书上常提的这些现在网络上几乎不复存在。要的只是好看，有意思，点击率高而已。如果你再提这些批评要求，就会闹天大的笑话。当然为社会主义服务，多反映主流社会，还是值得提的。

可以说，娱乐性和趣味性是网络批评区别于传统的重要特征。它让严肃古板的传统批评变得生动活泼，让人看后忍俊不禁。但它在无厘头式的恶搞同时，显然也有其积极向上的一面，无数的作者还是能从批评中获益，大多数的读者也在这种狂欢式的互动中得到心灵上的满足。

四、语体：新奇怪诞

文体制度是当代文学生产制度的一部分，从《求是》《人民文学》到各级作协经办的文学刊物，其栏目都有相对统一的划分标准，其背后无不隐含着极为严格的文学生产、审批、消费制度，一旦你不符合标准，你的文章就不可能被刊发。但是到了数智时代，网民们可以随心所欲地进行创作，他们可以是三五个字，也可以是随笔、诗歌、散文的综合体，也可能什么也不是。他们创作的本身就是对传统文学生产、审批和消费制度的质疑。作家张抗抗说："也许网络写作的魅力，正在这种无拘无束的自由倾诉。"①语体对于网络写手和网络批评者来说，根本不是什么难题，它就像呼吸空气一样，是那样的随心所欲、轻松自如。网络批评的自由，不仅仅是写作的自由——形式上不受任何约束，而且更是自由地写作——思想上不受任何禁锢。

鲁迅曾经在《文化偏至论》中对创新与个性做了这样的高度评价："时乃有新神思宗徒出，或崇拜主观，或张皇意力，匡救流俗，厉如电霆，使天下群伦，为闻声而摇荡……主观与意力主义之兴，功有伟于洪水之有方舟者焉。"②谢有顺更是对文学做了这样的定义："本来，文学艺术品几乎是人类最后一个理想的代表了，它可以出示一个巨大的梦，从而让我们暂时忘却现实的痛苦。如果我们连这点最后的理想主义都失去，那我们就只剩下虚无主义了。"③网络批评是自我的，是张扬的，当下互联网上新锐批评文体各领风骚，流行语体层出不穷，继知音

---

① 马季：《读屏时代的写作——网络文学十年史》，中国工人出版社 2008 年版，第 132 页。

② 鲁迅：《鲁迅全集》（第一卷），人民文学出版社 1981 年版，第 53 页。

③ 谢有顺：《我们内心的冲突》，广州出版社 2000 年版，第 70 页。

体、梨花体、纺纱体、红楼体等层出不穷的文体之后，咆哮体、校内体又相继诞生，等等这些，正是网络批评新奇诡谲、个性张扬的最好体现。

当批评不再按常理出招，理论的构建就处处捉襟见肘，而当文学创作如雾更似水流，再给它织一幅好大皮囊将其条理和包容，更是不合时宜了。谢有顺对此指出："语言的自由带来了生活气息，文学批评经历过了从生活走入理论的丛林，终于又接触到了这片活生生的土地。"①

第五节　网络批评文体的变迁剖析

李建中教授在《尊体破体源体——重开古代文论现代转换的理路和诗径》一文中谈道："一个时代有一个时代之批评文体，此一时代之新文体是对彼一时代之旧文体的'破'。"②从古至今，中国文论的言说方式都是多元的、开放的、不断变革的。21 世纪雷式网络批评的兴起因此也必然有其存在的道理，通过梳理网络批评在新媒体时代的嬗变的原因和影响，其意义也是不言而喻的。

一、兴起原因

在当下，一部影视作品，一本小说，一则广告语，一个社会现象，它们在某种契机下，都能让一个网络批评文体应运而生，乃至大红大紫。这种二十年前几乎无法想象，现在又被人们认为习以为常的现象，其背后必然有着深层次的值得我们探究的原因：

首先，网络科技的飞速发展。社会文化的变化离不开技术支撑，21世纪给人类社会带来最大变化的显然是互联网的运用。正是网络的快速

① 于洋、汤爱丽、李俊：《文学网景——网络文学的自由境界》，中央编译出版社 2004 年版，第 1 页。
② 李建中：《尊体破体源体——重开古代文论现代转换的理路和诗径》，《文艺研究》，2009 年第 1 期。

普及，尤其是 2010 年前后智能手机的广泛使用，才推动了整个网络文化产业的飞速发展，各类网络作品扑面而来。网络批评也正是在这种条件和机遇下应运而生，并在各种媒体的推波助澜下，被广大网民和社会各界所接受。

其次，主体年轻化与求新意识。网络文化不是凭空而来的虚拟形象，现实社会才是它的本源，21 世纪是网络的天下，人们的世界观和生活方式跟 20 世纪比发生了翻天覆地的变化，求新、娱乐成了广大网民尤其是年轻群体网络消费的主流。根据中国互联网络信息中心发布的第 42 次《中国互联网络发展状况统计报告》显示，截至 2018 年 6 月，我国网民规模已经超过整个欧洲的总人口；在年龄结构上，我国 10～39 岁的年轻网民群体占整体网民的 74.4%。① 庞大的人口基数，年轻有活力的群体，为网络批评文体创造与传播提供了有利的条件。互联网为传播者与受众之间提供了多样的互动手段，让每个网民成为信息的制造者和传播者。

再次，社交互动的心理诉求。韩愈在《送孟东野序》开篇写道："大凡物不得其平则鸣"，并指出："人之于言也亦然，有不得已者而后言，其歌也有思，其哭也有怀。凡出乎口而为声者，其皆有弗平者乎！"②这对我们今天理解网络批评的迅猛发展是有启发的。每个人都渴望被认可，被尊重，被赞赏，在现实中难以实现的事情在网络世界相对简单得多，这也是很多年轻人沉迷于各类网络游戏和网络社交空间的原因。从马斯洛的需求层次理论看，如果说传统纸媒满足了观众获取信息的功能性需求，网络社交提供的体验就是更深一层的体验：在互动中掌控信息。在问卷调查中，当问及如果您关注网络批评，您关注的目的是什么时，有 86 人选择了更好地了解作品，44 人选择了支持喜欢的作者，35

① 中国互联网络信息中心：《第 42 次中国互联网络发展状况统计报告》［OL］.（2018-8-20）. http：//www. cnnic. net. cn/hlwfzyj/hlwxzbg/hlwtjbg/201808/P020180820630889299840. pdf.

② 孙昌武撰：《韩愈诗文选评》，上海古籍出版社 2017 年版，第 59 页。

人选择了发泄情绪，102 人选择了交流情感心得，32 人选择了刷分等"被迫"因素，72 人选择了希望成名及获得认同感，25 人选择了其他（如图 3-11 所示）。可见，交流和获得认同感是网友们关注网络批评的重要因素之一。在社会节奏日益加速、生活压力越发增大的今天，人们对交流的渴望也日趋增长。不难发现，随着社会的发展和生活节奏的加快，人们现实中的交往越来越少，也越来越孤单，古人的春日踏青、重

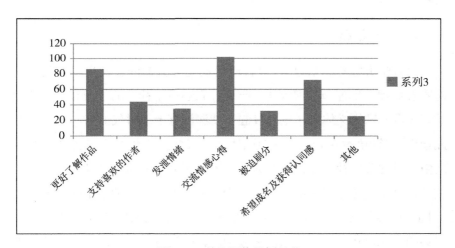

图 3-11　关注网络批评目的

阳登高、闲时吟诗作赋、乐时以酒会友，等等这些，对现在年轻的上班族和高考族来说都是一种奢望，尤其是对于"90 后"和"00 后"，网络为年轻人创造了一个具有共同价值观的虚拟社区，让大家有了彼此分享、交流、尊重和被尊重的空间，有了在高压力、快节奏社会下一个排解抑郁、宣泄压力的渠道。

　　最后，商业营销的利益推动。如今，很多流行广告和商业行为也充分利用了各种网络文体，如"凡客体""淘宝体""甄嬛体"等，这些流行文体显然比一般的广告词更能深入人心，更能引起网民们的共鸣，刺激消费者的购买欲。尤其是 2020 年后，网络直播带货的盛行，给网络销

售带来了巨额的经济利润。而这时候，主播的人设立场、主播的话语表达特色等对营业额的提升起着巨大的作用，如知名主播李佳琪、董宇辉等，他们往往会凭借精彩故事以及丰富学识、个性化的话语表达给产品作支撑，短短几句话就能把观众的心给勾住，提起大家消费的欲望。如今大多数的网络消费者都是以年轻人为主，尽管他们不是非常的富有，但通过付出一些小的代价，来达到身心愉悦的目的，显然是一笔不错的买卖。

二、社会影响

语言学大师索绪尔曾说："言语活动是多方面的、性质复杂的，同时跨着物理、生理和心理等几个领域，它还属于社会的领域和个人的领域。"① 雷式网络文体自产生之日起，就深深打上了时代的烙印，福柯对此指出："话语意味着一个社会团体依据某些成规将其意义传播于社会之中，以此确立社会地位，并为其他团体所认识的过程。"② 在古代，人类的信息交流是非对称的，只有极少部分人拥有社会的话语权，如天上"神仙"的谶纬之言，四书五经里的圣人之言，统治阶级允许像八股文之类的言说模式，老百姓只能去被动地接受这些。即使到了近现代，老百姓的社会地位有了显著的提升，但受制于传播技术和个人的能力水平，大家想表达个人观点的机会仍然极为有限。互联网的优势就是让每个网民都翻身做主人，能够肆无忌惮地畅所欲言。他们不仅仅是信息的接受者，更是信息的制造者和传播者，能够随心所欲地展示自我的风采。在整个中华文明发展史中，从来没有哪个时代像今天这样，能够如此充分地调动广大群众的创造性积极性，让这些带着鲜明草根色彩和调侃性质的新词雷语如雨后春笋般冒了出来，一发不可收拾，并对中国文学、文化乃至整个社会产生了重大影响：

---

① ［瑞士］费尔迪南·德·索绪尔：《普通语言学教程》，商务印书馆 1980 年版，第 30 页。

② 王治河：《福柯》，湖南教育出版社 1999 年版，第 159 页。

首先，"文体自由"和"百体争鸣"的赓续。本来，几千年的中国古代批评，批评家从来都是拥有文体自由的，他们可以选用任何一种文体从事文学理论批评的写作，仅以魏晋南北朝为例，同样是书写文学理论和批评，曹丕用论说体，曹植用书信体，陆机用赋体，刘勰用骈体，萧统用选体和序体……近代以来，随着西方文化的强势进入，随着分科治学的制度化或体制化，"文备众体、百体争鸣"的文学理论批评逐渐演变为"罢黜百体，独尊论说"，所有的理论批评别无选择地选择论说（著）体。改革开放以来，尤其是 21 世纪以来，国学复兴，传统文化及其言说方式借助现代媒介重新进入人们的视野并深刻影响国人的文化和精神生活。正是在这样一个文化语境下，中国批评惯有的"文体自由"和"百体争鸣"的文化传统，随着网络批评的兴起和发展重返吾国吾土，赓续并弘扬了中国文论"文体自由"和"百体争鸣"的文化价值。

其次，"批判精神"和"对话意识"的张扬。网络世界的凡客们有着自觉的对话意识，因而网络批评有着很强的对话性特征。网络批评文体的"对话"是即时的、现场的、短兵相接甚至是火药味十足的，表现出一种自觉而强烈的批判精神。比如网客为赵本山代拟的"凡客体"：爱忽悠，爱闹磕／爱 5 毛一瓣的铁岭大蒜／也爱 20 一杯的卡布其诺／更爱 15 一顶的藏青鸭舌帽／你是凡客，我不是／我是赵本山／我把座驾吹上天／不信，走两步。从文体的语义层看，这仅仅是一个广告文本，为铁岭大蒜、卡布其诺、鸭舌帽乃至赵本山本人做广告；从文体的意蕴层看，这是一个文化批评文本，批判赵本山及其作品的粗鄙、庸俗和忽悠；从文体的修辞层看，这是一个反讽性文本，作者用"凡客体"特定的修辞手法（如广告代言式，"爱……也爱……""是……不是……"句式，代拟、调侃、反讽手法等），书写对"赵本山"这一文化符号的嘲讽和批判。某一新的网络文体的诞生，常常与某一文化事件相关；而这所谓"相关"的实质性含义就是"批判"：用这一新的网络批评相关文化事件；或者说，这一新的网络文体就是为了批判相关的文化事件而产生的，其批判精神是与生俱来的。可以说，正是在批判精神这一点上，网络批评体现出它特有的文化价值。

再次，"文体多媒"和"话语多元"的铸造。新媒体时代的网络批评，作为一种正在兴起的文体样式，既以多媒体的"咆哮"打破了方块汉字在 PAGES 上单媒的平面的组合，又以"凡客"的勇气拆除了横亘于"文学（创作和批评）"与网客之间的门槛。游走在网络世界的"凡客"们，凭借一台电脑一截网线自由地"咆哮"，编织自己的批评之梦。当然，也恰恰是因为这一点，网络批评就目前的状况而言大体上是一场狂欢的盛宴。狂欢是诱人的、震撼的，但是，狂欢之后呢？如果说这场狂欢的最大意义，是重新获得了批评者的文体自由，从而撼动并打破了纸媒批评"一统天下"的格局，使网络批评占据了文坛的半壁江山，那么，接下来的任务恐怕就是如何经营这半壁江山了。因此，网络批评要想获得更进一步的发展，必须理性地审视自身，审视自身目前的发展现状以及遭遇的问题，打破瓶颈，卸除桎梏，克服自身的种种缺陷，由"凡客"走向网络批评的"共同体"，由"咆哮"走向网络批评的"多声部"，从而使网络批评获得充分而健康的发展。既然网络已经"一网打尽世界"①，那么，生活在新媒体时代的网络批评者，为什么不能期望"一网打尽（文学和批评的）世界"？

最后，"文化发展"和"民族创新"的诉求。中国历经了五千年文明史，创造出博大精深的传统文化，但民族文化不是一成不变的，它随着生产方式的变革、民族生存条件的变更而不断变化。当下，国人的个性意识不断觉醒，以"雷"为标志的网络批评从不同层面反映了数智时代人们复杂微妙的社会文化心态的嬗变。尽管现在还很难断言"雷人雷语"能否长存于社会发展浪潮之中，但正如《周易·系辞》中所说："富有之谓大业，日新之谓盛德，生生之谓易，成象之谓乾，效法之谓坤，极数知来之谓占，通变之谓事，阴阳不测之谓神。"②网络雷语及批评反

---

① 陈莉：《网络文学批评中的精神维度遗失———以何学威、蓝爱国〈网络文学的民间视野〉为例》，《当代文坛》，2007 年第 1 期。

② 黄寿祺、张善文撰：《周易译注》，上海古籍出版社 2014 年版，第 335 页。

映了广大网民的爱恨悲喜，体现了他们处于社会现实转型期的复杂价值观和创造精神，无论未来的发展如何，都是值得肯定的。

另外，"媒体争霸"和"国际影响"的体现。改革开放以来，中国无论是经济还是文化都取得了长足的发展，但在世界上的话语权显然还无法与拥有好莱坞、BBC 的西方发达国家相提并论。阿尔温·托夫勒在《权力的转移》一书中指出："世界已经离开了依靠暴力与金钱控制的时代，而未来世界政治的魔方将控制在拥有信息强权的人手里，他们会使用手中掌握的网络控制权……达到暴力和金钱无法达到的目的。"①《周易正义》有曰："震既威动，莫不惊惧，惊惧以威则物皆整齐，由惧而获通，所以震有亨德。"②面对日趋激烈的国际化竞争，唯有把握好时代发展契机，处变不惊、迎难而上，才能让中华文化更好地立于世界之林。

刘勰于《文心雕龙·时序》中写道："文变染乎世情，兴废系乎时序。"③当下老百姓对网络热词"雷"以及雷式批评的解构和再创造，正是基于目前社会发展的现状而产生的。马克思在《共产党宣言》中指出："每一历史时代的经济生产以及必然由此产生的社会结构，是该时代政治的和精神的历史的基础，是社会存在的反映。"④新兴的网络雷语和网络批评如今已经深入社会的方方面面，你方唱罢我方登场，让人啼笑皆非、耳目一新。总而言之，人们总是在不断尝试着用一种更为恰当的方式来表达对时下日新月异的社会现状的思考，这对推动民族文化和社会进步起到的作用是显而易见的。

---

① ［美］阿尔温·托夫勒：《权力的转移》，中共中央党校出版社 1991 年版，第 465 页。
② （魏）王弼、（东晋）韩康伯、（唐）孔颖达：《周易正义》，中国致公出版社 2017 年版，第 204 页。
③ 范文澜：《文心雕龙注》（下册），人民文学出版社 1958 年版，第 675 页。
④ ［德］马克思：《马克思恩格斯文集》（第 2 卷），人民出版社 2009 年版，第 9 页。

第四章　普通网民与大 V：网络批评的博弈与兼和

关于创作主体，刘勰在《文心雕龙·体性》篇谈道："然才有庸俊，气有刚柔，学有浅深，习有雅郑；并情性所铄，陶染所凝，是以笔区云谲，文苑波诡者矣。故辞理庸俊，莫能翻其才；风趣刚柔，宁或改其气；事义浅深，未闻乖其学；体式雅郑，鲜有反其习。"①刘勰对于文学作品的独创性与多样性有着深刻的认识，并且十分尊重作家创作的独特个性与文学样式的多样性。在刘勰看来，每一篇文字就是一位作者性情的体现，每个人由于先天的天性与后天的习得各不相同，所以他们的作品风格也会各式各样。当下，网络赋予了网民极大的自由和权力，不论你是普通网民，还是大 V，不论你有啥古灵精怪的想法，或天马行空的构思，只要你有发声的意愿，下一秒你的思想就会在网络中广而告之。然而，文学创作的可贵之处也正在于此，每个人都有通过语言文字来抒发自己内心的情感，表现自己强烈的心灵感受与人生感悟的权利，而且这种权利也应该受到认可与尊重。文学如此，批评亦是如此，尤其是在当下的数智时代，网络赋予了每个网民极大的自由和权力，不论你是大众，还是精英大 V，只要你有发声的意愿，轻轻地拿起鼠标，托起键盘，下一秒你的思想就会变成文字，在网络上广而告之，无人可以阻挡。

2021 年春节后，一个看似简单的网络批评在豆瓣上掀起了一场数

---

① 范文澜：《文心雕龙注》，人民文学出版社 1958 年版，第 425 页。

万人的大争论,连新华网、腾讯网、搜狐网、《南方周末》等都先后加入其中。豆瓣用户高同学是北京某高校一名语言学专业的研究生,在阅读某大V学者韩某翻译的乌拉圭作家马里奥·贝内德蒂的《休战》后,给了此书两星的差评,并称此译本"糟蹋了作者的作品"。另一大V为韩某抱不平,主动联系高同学所读大学,称高同学以"毁谤和捏造事实的形式"攻击译者,要求学校介入。经学校"教导"后,高同学公开发表道歉声明。随后此事在豆瓣、微博等各大社交媒体引发热议,愤怒的网友认为这是学界大V仗势欺人,于是自发在该书的评分栏下掀起了"一星运动",导致该书评分迅速下降,相关学者的其他作品也遭到波及。一星还是五星,这是一个简单的批评现象吗?一时间引起热议。普通网民和大V这两大网络主体似乎也成了水火不容的对立群体,刷新了人们的认知。加拿大媒介理论家麦克卢汉曾指出:"一切传播媒介都在彻底地改造我们,它们对私人生活、政治、经济、美学、心理、道德、伦理和社会各方面影响是如此普遍深入,以致我们的一切都与之接触,受其影响,并且为其改变。"①当下网络文化的兴起、嬗变和冲突,无疑验证了麦克卢汉的先见之明。如今,网络已经"一网打尽天下",影响着人们生活的每一个细节,这也为文学创作与批评提供了新的发展空间。屌丝和大V这两大网络主体,或许正是当下文化转型最直接的见证者,也是网络话语权的博弈者与兼和者。

第一节 "大V"的基本概述及词义演变

"大V"是随着网络科技的发展而产生的新词汇,在古代和近代的字典或文献上都不曾有过这个词。其中,"V"是一个近代出现的舶来词,是英文单词"VIP"(Very Important Person)的缩写,其词性为名词,

---

① [加]马歇尔·麦克卢汉:《理解媒介——论人的延伸》,何道宽译,商务印书馆2000年版,第9-10页。

直译就是"非常重要的人""重要人物""大人物"等，一般指的是某个群体中的重要人物或贵宾客户。"大"字则历史相对久远很多，其甲骨文中写作"𣥐"，像张开双臂双腿、顶天立地的成年人。其造字本义为名词，表示顶天立地的成年人。其后金文"大"、篆文"大"都承续了甲骨文字形，隶书则改为了"大"。《说文解字》有曰："大，天大，地大，人亦大。故大象人形。古文才也。凡大之属皆从大。"在词性上，大在中华文化发展过程中，除了做名词外，还产生了动词、形容词、副词等词性：做动词，表示成长，由幼稚发展到成熟，如《世说新语·言语》有曰："小时了了，大未必佳。"①做形容词时，有表年岁高的，如汉乐府《孤儿行》："大兄言办饭，大嫂言视马。"有表规模、数量、体积、能力、程度等超常的，如《庄子·秋水》有曰："吾非至于子之门则殆矣，吾长见笑于大方之家。"②做副词时，表数量、程度、时间、空间等，如《论语·雍也》有曰："居简而行简，无乃大简乎？"③"大"在"大 V"一词中，做形容词用，表超过一般的、重要的，修饰"V"。

但是"大 V"这儿的"V"和一般网站或者 APP 的 VIP 有较大的区别，普通网站的 VIP 一般通过支付或赞助一定数额的人民币即可获得，比如起点中文网会员、腾讯会员等，大多只需要每月支付 10~20 元。但是网络界的"大 V"并不是靠钱就能轻易获得的，如新浪微博的认证要求中，最基本要符合以下几条："一、有一定知名度的明星；二、在公众熟悉的某领域内有一定知名度和影响力的人；三、知名企业、机构、媒体及其高管；四、重要新闻当事人；五、粉丝听众达到 10 万以上。对于普通的网民来说，这些条件显然不是轻易能达到的。"④

"大 V"在 2013 年被《咬文嚼字》评为网络十大流行语，并注释道：

---

① 徐震堮：《世说新语校笺》，中华书局 1984 年版，第 31 页。
② （清）郭庆藩：《庄子集释》，中华书局 2013 年版，第 498 页。
③ 杨伯峻译注：《论语译注》，中华书局 1980 年版，第 54 页。
④ 魏敏：《高校场域微博存在的必要性及其发展途径探究》，《广西警官高等专科学校学报》2011 年第 6 期。

"大 V 指的是在微博上十分活跃并有众多粉丝的公众人物，通常把粉丝超过 50 万的微博用户称为网络大 V，大 V 几乎都是网络上的意见领袖，有着不容小觑的号召力和影响力。"①除了新浪、网易、搜狐等微博设置"大 V"制度以外，其他社交服务平台例如博客、QQ 空间等也都有"大 V"制度。据不完全统计，新浪、腾讯等微博中，粉丝数 10 万以上的"大 V"用户数以万计，他们具有广泛的影响力和覆盖面，掌握着相当的话语权，在网络世界中发挥着不容小觑的作用。目前各大平台大 V 主要由明星、作家、评论家、政治家、企业界名人等构成，他们在现实社会中就是极具影响力并且曝光率很高的人群，如韩寒、郭敬明、薛蛮子、罗永浩、任泽平、李佳琪等。

福柯曾指出："人类一切知识都通过话语获得，任何脱离话语的事物都不存在。人与世界的联系是一种话语关系。"②在现实世界中有着较高社会地位和文化层次的大 V 接受信息能力强、渠道多、能量大，同时各大社交平台如新浪微博等，为了提高平台人气，还会免费给各类大 V 提供各种宣传上的福利、功能上的便利，因此与普通网民相比，他们一开始就具有不可比拟的优势。普通用户"被关注"量，大部分都是亲朋好友，即使有原创性的重要内容，如果没有"大 V"的转发，很难引起强烈的反响。因此在网络很多场域尤其是微博上，庞大的普通用户一般只是围观，需要意见领袖提供对象和意见。根据相关数据统计，新浪微博排名前 50 名的"大 V"中，在现实社会中占据优势地位的名人占据了总人数的 92%左右，可见微博场与现实社会场中的话语权呈现同构关系，普通的大众显然无法轻易进入这个圈子。

大 V 的形成包含以下几个因素：首先，网络科技的高速发展。与传统媒介相比，新媒体在信息传播上具有明显的即时性、开放性、互动

---

① 袁琦、杨安翔：《〈咬文嚼字〉2013 年十大流行语的修辞评析》，《现代语文》(学术综合版)，2014 年第 12 期。
② 转引自彭兰：《微博话语权力格局的现实图画》，《人民论坛》2013 年第 10 期。

性等优势，现实中的名流凭借其自身的影响力，再加以网络信息传播的高效、及时等特征，可以很容易地成为粉丝关注的领袖。其次，普通大众的局限性。网络世界信息含量无与伦比，但是在知识、经验、经历受限的前提下，丰富多彩的各种网络内容导致了许多网民在信息的有效选择上无所适从，因此被动地接受权威们的信息时常成为普通网民的最佳选择。再次，网络平台提高自身品牌效应的需要。大 V 们虽然都是网络名人，但他们的名声并不是网络成就的，反而是他们原有的名声成就了博客、微博等网络平台，因此各大网络平台纷纷利用明星效应提升自身品牌价值，吸引人气和流量。最后，社会发展的多元化。当下我国正处于一个急剧的社会转型期，经济的高速发展让人们的生活和精神压力迅速增长，各种社会矛盾也是层出不穷，网络作为一个虚拟的社交空间，其环境相对自由、轻松，社会名流凭借自己的人气、学识和口才，很容易产生聚焦效应，吸引粉丝，而大众也需要精神领袖来得到寄托和依赖。

福柯曾说："权力只有通过话语才能发挥作用，权力是在互动中形成的。"①如今，网络大 V 们不仅仅是那些只活跃在微博中的"重要人物"，他们更多的是在各种类型、相互融合的网络媒介平台拥有大量粉丝、掌握网络传播技术手段和网络话语权、对他人思想和行为具有较大影响力的网络意见领袖，是社会公知。客观来说，这些大 V 在网络传播中其实是现实社会知名度与影响力的公开化传播，而网络的即时互动性又让他们的影响力如虎添翼。勒庞曾指出："群体是用形象来思维的"②，普通用户作为一个群体，出自本能地选择那些社会形象较好的社会名人和明星等公众人物作为共同关注的用户，使他们成为"大 V"，而这些"大 V"在现实社会架构中拥有较高的社会地位，社交广泛，信

---

① ［法］米歇尔·福柯著，严锋译：《权力的眼睛：福柯访谈录》，上海人民出版社 1997 年版，第 213 页。

② ［法］古斯塔夫·勒庞著，冯克利译：《乌合之众：大众心理研究》，广西师范大学出版社 2007 年版，第 59 页。

息资源丰富，使他们占有话语表达规则的制定权，凸显出他们的话语权。当然，大 V 们的影响力具有两面性：发挥得好，就是正能量的"聚光灯"；发挥得不好，就是负面效应的"放大器"。

第二节　网络批评的主体构成

网络一旦成为人类生存所依赖的社会性虚拟空间，自然会产生与之相适应的艺术形式。网络文学作为一种大众化的艺术形式，就目前来看在各类网络艺术活动中影响最为广泛。在"文学生产——传播——消费"的过程中，人作为主体必然会贯穿始终，人的主体性地位也是其他元素无法替代的。主体的世界观、阶级地位、情感状况等主观因素都会影响到其对文学作品的认知和评价，这点无论是传统批评还是新兴的网络批评上都是一样的。网络批评相对于传统批评，所表现出的新环境、新特征和新方式，毋庸置疑，会对网络批评的主体造成重大影响，作为主体的人身处在全新的虚拟空间中，其思维、感知和交流方式必然产生重要变化，而这种变化的凸显，对研究新时代媒体批评具有重要的参考价值。

纵观各家言论，存在众多对网络文学及其批评的非议，并且有大量的议论指向网络文学的创作与批评主体的缺陷，对批评主体以"网民"一以概之，虽然这些意见之中不乏真知灼见，但是也体现了学术界对于网络批评主体身份的"认知误区"。在目前对于网络批评主体的研究视野内，对网络批评主体的看法有两个倾向，一是"人人都是批评家"，二是质疑大众化的批评，呼吁网络文学专业批评家的参与。其实这些都隐含了这样一个事实，即对网络批评主体存在的真实境遇缺乏更为深入而细致的思量与论证。文学活动是一种主体性活动，网络批评自然要面对主体性命题。研究网络批评，一个最重要的切入点就是剖析批评主体。本节试图通过对网络批评主体的有机构成、生存环境、具体特征以及社会影响等进行系统分析，来探讨当下网络批评的发展现状。

一、大众的自发批评成绝对主力

自古以来，文学的发展总是会从社会文化也就是民间文学中吸取养分，鲁迅在《门外文谈》中也曾经谈过这个问题："旧文学衰颓是因为摄取民间文学或外国文学而起一个新的转变，这例子常见于文学史。不识字的作家虽然不及文人的细腻，但它刚健、清新。"但是在网络时代之前，批评与民间文学也没有过多的交集，因为批评毕竟对于主体的文化修养要求比较高，并且批评本身比较理论化，这是传统文学的主体难以企及的。由于新媒体的兴起，网络作为一个包容、自由的空间，降低了文学及其批评的门槛，终于，在网络媒介的众声喧哗之中出现了来自民间的声音，大众的审美意识也开始得到了张扬。

一切大众文化活动的重要特点之一，在于它的群体的参与性。每一个人在这些文化活动中都是一名"观众"，但同时又都是一名积极的"演员"。① 网络文学的写作与批评联系非常紧密，写手们一边创作一边将自己已写完的作品发表在网上，由于网络通信的即时性，作品的评价当天就能够反馈给写手们，或好或坏或中肯的评语会督促写手们进入一种创作状态，甚至，有的写手还会根据读者的评论来调整自己的思路，这样使读者也参与到创作的过程中来。网络文学中甚至还有一种接龙小说，这种小说中每个人创作时都融汇着对于上一个人创作的理解与批评和自己的情思。每个人都是"观众"，每个人又都是"演员"。问卷调查中，在被问及对大众大规模融入批评是否认同时，有114人选择了十分认同，123人选择了还不错，41人选择了马马虎虎，而有22人选择了没关注，这也反映了广大网民对大众参与网络批评是基本认同的（如图4-1所示）。

可以说，在"人人都是批评家"的时代背景下，大众总算有了出头之日。与传统文学精英化、书院化的批评相比，网络批评更多的是一种

---

① 刘魁立：《民间文化的呼唤》，《民间文化》，2001年第1期。

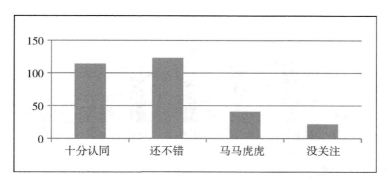

图 4-1　大众参与网络批评的认同程度

　　自发的批评、大众化的批评，其主体是一些文学爱好者和大众读者，尤其以年轻人为主，他们可能并不是文学科班出身，也不从事与文学相关职业，但是他们都表现出对于文学的热爱或是对文学消费的需求。依据问卷调查结果，中学生与大学生在受访人员之中占的比例最大，达到40%之多；其他依次是公司职员、教师、公务员、自由职业者、个体商人、工人等。从这个职业构成上来看，网络文学的读者几乎普遍存在于这个社会的各行各业之中，具有广泛的职业领域。同时根据中国互联网中心 2018 年发布的第 42 次《中国互联网络发展状况统计报告》的数据以及课题组进行的数据调查显示，从年纪上看，20~30 岁的年轻人占了网络批评的绝大多数；从职业结构上看，学生和自由职业者占比最高，分别占了 24.8%和 20.3%；从收入上看，月收入 5000 元以下的占了 75.2%，他们年轻，有活力，大多数是初入社会，少数还在高校读书，很显然，社会地位低、收入少、买不起房结不起婚是他们大多数人的状态，但是他们中的一部分人喜欢接触网络，乐于接触网络文学及批评，这是值得称道的（如图 4-2、4-3 所示）。

　　大众的自发批评是以读者为主体的一种批评。读者是文学接受的主体，不仅阅读作品，而且可通过作品与作者进行潜在的精神交流与沟通。伊格尔顿曾指出："文学作品并非存在于书架上；它们仅仅是在阅

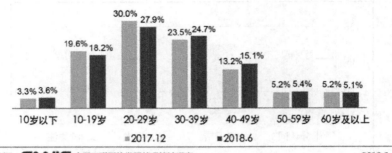

来源：CNNIC 中国互联网络发展状况统计调查   2018.6

图 4-2　中国网民年龄结构

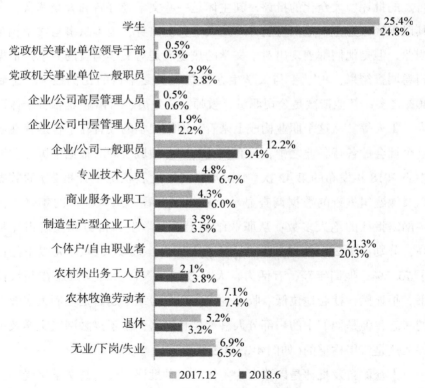

图 4-3　中国网民职业分布

读实践中具体化的意义过程，为了使文学发生，读者就像作者一样重要。"①姚斯认为，文学作品就是为了读者而创作的，读者已经不再是一个对文学被动地作出反应的人，而是一种可以能动地有创造性的反应的存在。费希更是认为："意义来自读者的接受过程，来自读者对文学作品的感知。"②读者反映批评注重读者的批评，并不同于本书所论及的自发批评这种把读者作为批评主体的批评，而且读者反映批评理论自身也存在一些问题，但是这并不妨碍对于读者作为文学活动的另一主体的重要地位的认知的形成。

大众自发批评的载体主要是相对自由的网络社区，这里有发表任何意见的自由。正是这种自由的空间，成全了自发批评的趣味性等一系列特征。中国古代文学史上，那些灿若星河的名篇都是通过书信这样的方式书写而成的，也正是因为书信体的自由性，才有了《报任安书》之类透露出司马迁们真情实感的契机。在现代社会，电子媒体的崛起破坏了这个中国文学史上伟大的传统，书信等基本绝迹。当然这并不代表着自由空间的大门从此紧闭，网络媒介反而塑造了一个庞大立体的更加自由的空间。在这个空间之中，广大网民可以随意对喜爱的作品发表自己的看法，或抒发喜爱之情，或直言不讳指出某部作品的不足。在自由包容的环境之中，网络文学作品里蕴含的感情很容易引起读者相应的感情活动，或者说是共鸣。读者的真实感情得到毫无压抑的释放，用感情来判断感情，这成了广大网民成为网络批评主体的因素之一。

大众的自发批评对网络文学的推送和传播作用也是明显的。在网络这个自由平等的世界之中，与传统纸质出版中的"权威效应"相比，目前少有极具权威的网络批评家。目前，网络文学作品的受欢迎程度主要是通过点击率和评论贴的多少来显示的，李寻欢曾表示："我可以根据

---

①　［英］伊格尔顿著，伍晓明译：《二十世纪西方文学理论》，陕西师范大学出版社 1986 年版，第 83 页。

②　李小海：《读者反应批评理论下的英语文学教学》，《河南职业技术师范学院学报》，2006 年第 8 期。

市场的眼光来判断，可以看文章被下载被点击了多少次……好不好大家都明白，可能十个人看我的东西形成不了观点，可是一百个人看的话就会有一个较强的势力，这会比一个著名评论家的评论更有效。"①

　　大众的自发批评是对话式的、即兴的，不是深思熟虑之后得出的意见。他们凭着自己的兴趣有感而发，针对的或是作者，或是作品，或是某个文学观点，所论及的大多是自己的偶感所得，但这并不是阻碍自发的批评得到认同的原因。历数中外经典，《论语》是语录体，其中记载的要么是圣人孔子的只言片语，要么就是圣人及其弟子们的对话；《孟子》记录孟子游说诸侯的谈话，通篇都是对话形式，我们能因为对话体而诟病《论语》《孟子》吗？被钟嵘赞为"建安之杰"的曹子建七步成诗，我们至今仍然津津乐道；王羲之《兰亭集序》记载的文人雅士聚会之中"九曲流觞"这样的即兴创作至今仍让人神往，更不用提诗仙李白的酒后即兴所作，可以说即兴乃是中国古已有之的文学传统。从文学传统的历史源流来看，大众的自发批评是能够屹立不倒的。王一川对此也曾指出："普通读者对文学的日常言谈，这种文学言谈虽然不如行业批评那么'权威'，也不如媒体批评具有媒介特有的魅惑力，但却自有其常识批评视野，反映出读者所处的日常生活境遇及时尚趣味。"②普通网民的自发批评不是系统性强的、论证逻辑严密的批评。比起那些厚重的充满学理性的大文章，自发批评更多体现的是主体的"小聪明"，那是一种对于现实的快乐的体验，一种生活的情趣，"倾向于有血有肉、有声有色的体味"。这是因为他们读书不是为了其他，只是为了求得精神上的满足与快乐。作为网络批评重要主体的读者正是怀着这样的心情来阅读、评论作品，他们会凭着自己的兴趣来挑选作品进行阅读，并在阅读的过程中将自己的感触坦率地说出来，以期获得其他读者们的共鸣与认同。读者也正是出于对自发批评真实可亲的信任，通常在寻找自己感兴

---

　　①　张英：《网上寻欢》，时代文艺出版社 2002 年版，第 54 页。
　　②　王一川：《批评的理论化——当前学理批评的一种新趋势》，《文艺争鸣》，2001 年第 2 期。

趣的作品时，就不仅仅是看作者的介绍，而更多的是去查看相关的读者
批评，若是能在读者批评之中发现于我心有戚戚之感，就会更加迫不及
待地去阅读这篇作品。根据调查统计，有三分之一的人关注读者的网络
批评是为了更好地了解作品，有将近 38% 的人是为了交流阅读后的情
感心得(如图 4-4 所示)。所以，在网络之中，我们经常可以看见大家激
烈地讨论，甚至争论。"争论是文学的灵魂"，争论也是批评的内核，
真正的批评就应该是洋溢着辩论味道的对话。

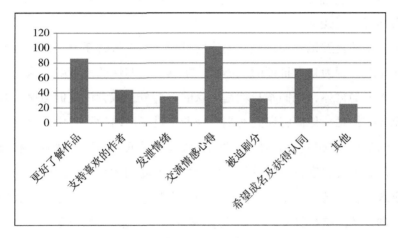

图 4-4　读者关注网络批评目的

　　大众的自发批评以当下浩如烟海的文学作品为对象，面对的是"文
学的现实"。何谓"文学的现实"呢？蒂博代曾这样解释："文学的历史，
是指残留到现在的几本书。文学的现实，是许多书，由书组成的滚滚流
淌的河流。"①为了有历史，就必须有现实，比如说，法国诞生了高乃依
与拉辛两位大师级的悲剧创作者，那么为了他们能在文学的历史中存
在，就必须有数以千计甚至更多的人投身悲剧创作之中，以此来维持悲

---

　　① ［法］蒂博代著，赵坚译：《六说文学批评》，生活·读书·新知三联书店
1989 年版，第 20 页。

剧这种体裁的生命力，同时也需要更多的对悲剧感兴趣的观众。但并不是只有经典和杰作才算得上文学。那什么是数智时代的文学现实呢？自然是网络文学的广泛流传。大众的自发批评就要针对当下的网络文学及其作品进行评论，运用当下的语言，表达当下的思想，"感受现实，理解现实，帮助现实自我表达"①，而不是要对当下纷杂的现实进行分类，因而自发批评具有别种批评所不可比拟的时效性。这也是因为读者的批评既然是自发的，在阅读到同自己产生共鸣的作品时，感情欲喷薄而出，自然是一吐为快，那么就断然没有过了很长一段时间再写出当初感受的道理。

大众的自发批评还是饶有趣味的批评，不仅带着新鲜气，还透着诙谐的味道。因为自发批评的主体是一个具有普遍性的读者群，这是一个非常庞大的群体，他们本身就是民众的一部分，或者说他们与民众有着最充分的接触，他们将民间的幽默诙谐带进了网络批评之中。他们有着自己的知识积淀与生活经验，他们在阅读作品或者浏览批评时，触及神经或是心灵的文字自会激发他们发挥自己的聪明才智，他们将各种心情化成幽默诙谐的话语呈现在网络之中。在问卷调查的过程之中，我们发现，幽默的网络批评更容易获得大家的青睐，根据统计数据，有44%的受访人员喜欢幽默诙谐的批评风格，占比最高(如图4-5所示)。

大众的自发批评还有一个非常特别的特征，就是议论之中穿插着浓厚的抒情意味，主体有着非常强烈的主观精神参与其中。在问卷调查中，我们就发现有将近47.6%的批评主体喜欢从作品与自身经历的契合处入手来写批评文字，有34%的批评主体喜欢带着自己的感情去重述作品的情节等，也就是说有81.6%的批评主体是从主观角度掺杂着个人情愫去评论作品的。论及原因，非常简单，这是互联网时代带来的权力分散的后果，也就是说，这是批评主体大众化的必然结果。与传统

---

① ［法］蒂博代著，赵坚译：《六说文学批评》，三联书店1989年版，第20页。

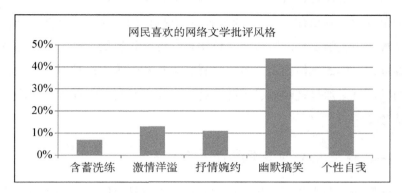

图 4-5　喜欢的网络批评风格调查

的批评家不同，网络文学的受众阅读作品和评论作品并非为了冷静科学地研究某一文学现象，只是为了谈谈自己阅读的感受，而这种感受与作品的表现手法、艺术特征、主题思想有没有特别紧密的关系，对于他们来说反而不是特别重要。从主体参与批评的目的上来看，自发批评的核心并不是客观地探究作品、作家，而是表现主体的主观感受。这种主观精神的积极参与表现在两个方面：一是在批评中融入自己的人生经历和情感经历，一是在批评中讲述自己与作品或者作家从接触到认识再到喜欢的过程。在批评之中融入个人生活经历与个人情感经历，是由于批评主体认为作品说出了自己心里一直以来就埋藏的话语，或者是批评主体感受到作品中的主人公的某些经历与自己的经历有某种程度上的契合。这就完全消弭了作品与现实之间的距离。在批评中讲述自己与作品或者作家从接触到认识再到喜欢的过程，就像与一个老朋友一起回忆彼此的相遇相识相知过程一样，这也是由于批评主体的评论目的是表现自己对作品、作家的共鸣和喜爱。批评主体不厌其烦地描述这样的过程，其实是具有双重含义的："它既是对'相识'过程的一种时间性、顺序性的叙述，同时又是对其体验的一种心灵过程的叙述。"①

① 谭德晶：《网络文学批评论》，中国文联出版社 2004 年版，第 143 页。

当然，上述种种自发批评令人欣喜的特质，只是普通网民自发批评的一个方面，其还存在着不少缺陷。自发批评的主体水平良莠不齐，而且纵观网络文学发展的过程，主体明显呈低龄化发展趋势。低龄化就意味着批评主体的生活阅历、审美情感、思想觉悟等方面都有待成熟，他们的批评就必然呈现喧嚣、浮躁的特征。这也是自发批评无法解决的一个难题。

二、精英大 V 的专业批评大有可为

根据问卷调查数据分析，在此我们可以将从事网络批评的精英大 V 大致分为三类，分别是职业评论员、传统批评家和作家，其中作家又包含传统文学作家和网络文学写手。依据当下网络批评的现状来说，职业评论员一般是网络文学的资深读者或者写手，他们大多有着多年的网络文学作品的阅读经历，对于作品的审美感受与领悟能力也超出一般的读者，其对网络批评在言说方式和表达技巧上的驾驭也相对较为成熟，其评论往往具有一定的公信力、影响力和权威性。

传统批评家大多是在文学领域具有一定地位的文化名人，但是由于种种原因，目前他们在网络批评之中大多处于失声状态，同时网络文学的发展离不开传统批评的指导，尽管他们当中很多人接纳了网络，加入网络博客、微博的大浪潮中，成为时尚的网络大 V（如图 4-6 所示），但是他们仍然不愿意面对网络文学，他们的关注点依然以传统文学和传统文化为主，他们暂时的缺席并不代表网络文学不需要传统批评者的介入，任何一种文学样式的发展与批评都是分不开的，传统的批评家具有更深厚的理论修养与更广阔的视野，对于网络文学的发展无疑有着重要的推进作用。

作家可分为网络文学作者和传统作家，在目前网络批评的实践之中，这两者都是薄弱的，但是基于对网络批评的正常发展生态考虑，当下作家批评虽然薄弱，但仍然是促进网络批评进步的不可或缺的一部分，纵观中国古代批评的实践，对于批评家，罗根泽曾指出："大都是

作家的反串，并没有多少批评专家"①，写出了《论诗诗三十首》的元好问便是个极好的例子。从西方来看，朱光潜认为："最好的文艺批评家往往是文艺创作者本人"②，比如歌德在诗歌与戏剧领域的真知灼见、妙语连珠。同时，得益于网络的巨大影响力所带来的诸多利益，以及国家政府近些年对网络环境的加强管控，这些大 V 们对自己平素的言谈举止是十分看重的，所以他们的批评一般也都是经过深思熟虑的，其针对性和影响力与一般大众的批评相比，显得更为专业、更为正式、更能一针见血，对读者和作者的引导性也明显更强。

图 4-6　专业大 V 示意

专业大 V 的批评重视的多是逻辑性、系统化、科学化的研究方法，与大众自发的批评注重当下的文学相比，专业大 V 批评更关注的是各类经典作品，对于浩如烟海的网络文学作品，他们一般也不轻易涉猎，只有那些确实有文学价值、有一定影响力的作品才能进入他们的评论视

---

① 罗根泽：《中国文学批评史（第一卷）》，上海古籍出版社 1984 年版，第 14 页。

② 朱光潜：《西方美学史（上）》，人民文学出版社 1979 年版，第 5 页。

野。他们主要是依据学术积累所形成的规范进行有章可循的鉴赏、阐释与评判活动，这就要求批评主体必须博学、饱读。当然，过分注重规范就有可能导致教条化的后果，以致在内容、形式上僵化进而脱离广大网民，在网络这个自由喧嚣的空间之中，专业大Ⅴ也有必要从自发批评之中吸收养分，做到既注重学术规范，也要注重趣味性。此外，在现实世界中作为以批评为职业的传统批评家在网络文学之中地位如何呢？虽然他们在网络文学世界之中患上了一定程度的失语症，但通过调查显示，仍有37%的受访者期待优秀的传统文学作家和批评者来指导网络文学，推动其健康发展（如图4-7所示）。

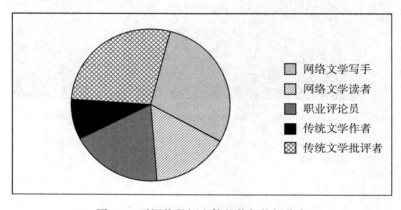

图4-7　对网络批评主体的信任偏好分布

　　为什么有这么多受访者坚持这样的信念呢？这无疑跟他们的文学观与批评观有很大的关系。网络文学从出现便高举着"我手写我心"的大旗，注重文学的自娱且娱人的功能，认为文学应该是独抒性灵的，这显然不是完全符合传统批评的立场的。很多网民对网络文学的期待，不仅仅是为了娱乐，他们希望网络批评能够对网络文学起到有效引导，根据调查问卷统计结果，约有5%的受访者认为应该要培养人的审美情趣；有31%的受访者认为批评必须指导作家的写作；22%的受访者选择推动文学传播和接受；33%的受访者坚持批评应负担一定的社会责任，有价值观导向作用(如图 4-8 所示)。

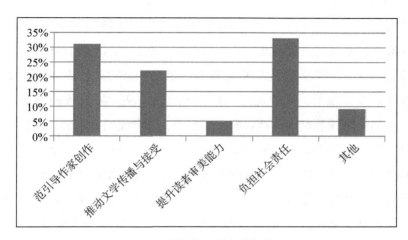

图 4-8　对网络批评主体的信任偏好分布

从网络文学及其批评的发展来看，也需要精英大 V 尤其是传统批评家的介入。根据调查问卷的统计结果，有 22% 的受访者认为网络批评太多太滥，有 55% 的受访者认为网络批评的现状是鱼龙混杂，网络批评的发展现状不是令人特别满意(如图 4-9 所示)。

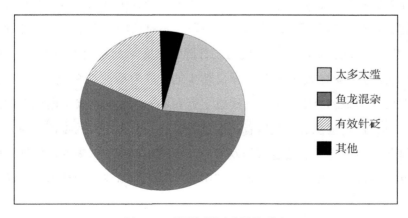

图 4-9　对网络批评质量的看法

网络批评的诞生是自发的，目前还是自发批评占据大半江山，自发批评的主体多是大众，并且呈低龄化发展趋势，虽有众多优点，但是还有自身无法去除的缺点。而传统批评家介入网络批评有诸如网络技术、精英观念等带来的现实困难。从发展阶段上来看，网络批评还存在很多不成熟的地方，需要精英大 V 尤其是传统批评家的理性引导。正常的文学生态是分层的，批评也是一样，所以网络文学需要各种形态的批评。网络文学作品呈现井喷式的发展态势，默默无闻者居多，现实中成名的可以说是凤毛麟角，网络文学的质量可谓鱼龙混杂，但是这并不是网络文学得不到传统文学承认的理由。如果不是由那些默默无闻的数以万计的平凡的写手来维持网络文学的生命，便根本没有那些已经得到作协肯定的如当年明月、笑看云起这样有名气的作者了。网络批评已经打破了传统文学的秩序，人们需要更新思想，重新审视目前的文学观念与体系，做出适当的调整，以适应网络文学及其批评的实际情况。

目前精英大 V 中的传统批评家和职业评论员已经在日渐增多，如中国作协名誉副主席丹增，著名评论家北京大学中文系教授张颐武，央视《百家讲坛》主讲人蒙曼等，但这显然还是不够的。要介入网络批评，首先需要的便是精英大 V 们正视网络文学及其现存的批评形态。网络文学及其批评不过诞生了二十多年，作为一种新生事物，当然会有很多缺陷，传统文学发展到现在的成熟阶段，不是已经历经了几千年的发展历程吗？因此，要用宽容的眼光去看待网络文学及其批评。葛红兵说："正是这些欠缺在表明这个事物是新生的，它有着光明的前途，相反，那些无所欠缺的事物大都是已经过了青春期的，它们正在走向成熟的路上。真正值得重视的不是后者，而是前者。一个有眼光的批评家应当有发展的视野，应当能透过事物发展的点滴迹象窥见它未来的可能性。网络文学目前正需要这样的批评家。"①不要再争论网络文学是不是文学这

————————

① 宋炳辉：《网络时代的文学批评与人文学术》，《上海文学》，2003 年第 1 期。

样的问题，因为网络文学虽然表现出很多本身新的特质，但是文学本质没有改变，网络文学只是载体改变了、品质有所降低而已。其次，精英大 V 们尤其是传统批评家要参与网络文学发展的过程，熟悉作品，方能妙悟。谙熟文学传统方能将作品放入传统之中去比对、去定位；批评是建立在阅读经验的基础之上的。否则，只是用传统的思想与评判规则去批评网络文学，岂不是故步自封、闭门造车，成为门外汉的批评? 再次，精英大 V 们尤其是传统批评家要考虑到网络文学的特殊情况，调整自己的批评风格，成为一种具有趣味的个性化批评，这并不是让传统批评家放弃自己的理论构建，而只是希望批评家在深入探究作品时，能发掘并再现自己对于作品的独特体验。也就是王一川所说的"注重学理阐释，体现新的个性化的批评眼光，直接满足文化大众的理解或自我理解需要"。[1]

　　与职业评论员和传统批评家相比，网络大 V 中的作家批评又具有特殊的特点和优势。他们从事文学创作，经历文学创作的整个过程，并且有一双一眼便能发现美的眼睛。作家批评的一个重要特征便是直觉感悟。[2] 直觉感悟的特点在于，感官直接与审美对象进行勾连，在这个过程中不需要逻辑的发生，也不需要各种技巧的运行，只是随着形象性与情感性的流动而自然联系即可。由于作家的直觉感悟能力非常强，作家在解读作品时基本不用理论论证，而是从作品的整体出发，把握作品整体的情感、意境等。这种思维方式上的直觉感悟，表现在语言上，便是论证式的理论话语基本上不可见，而往往是透着沉甸甸的感性与淡淡的理性的描述性话语充斥着整篇批评文章。由于作家批评是面对读者的，向读者传递审美感受，因此在描述性语言之中，经常可以见到第二人称。这两点使得作家批评不同于职业批评从理论论证的角度去征服读

---

　　[1]　王一川：《批评的理论化——当前学理批评的一种新趋势》，《文艺争鸣》，2001 年第 2 期。

　　[2]　邵滢：《"第七天的批评"：试论作家批评》，《华中师范大学学报》〈人文社会科学版〉，2003 年第 2 期。

者，而是通过感性的力量去打动读者。

作家批评同自发批评一样，主体都带着强烈的主观情感去审视作品，因而，作家批评也是一种个性化的审美经验，从批评的语言到批评的内容，都是打着批评主体的烙印。安意如是网络文学知名写手，也是网络大 V，她的作品最初是在博客上更新，博客访问量已超过 590 万人次。安意如曾为江觉迟的《酥油》这篇小说写过一篇长评，名为《世间安得双全法，不负如来不负卿》①（如图 4-10 所示）。《酥油》这篇小说讲述的是一个入藏支教的汉族女孩梅朵如何变成酥油女子的故事，其中穿插着她与藏地少年月光的悲剧爱情故事。这一篇评论应该算得上是网络文学作者所创作的作家批评的上乘之作，很好地体现了作家批评的特

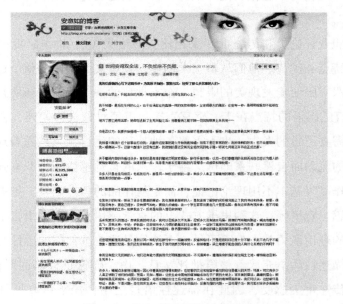

图 4-10　安如意对《酥油》的评论

---

① 安如意：《世间安得双全法，不负如来不负卿》［OL］．（2010-6-30）．http：//blog. sina. com. cn/s/blog_580074810100kdhk. html。

征。但在目前网络批评的实践之中，无论是网络文学作者的批评还是传统作家的批评都是薄弱的。但薄弱的原因并不相同。前面提到过，网络批评的主体存在交叉现象，并且职业化程度低，水平良莠不齐，因此网络文学作者的批评从总体上看沾染了比较多的自发批评的特征。传统作家的批评在网络之中绝迹的原因与前文所说传统批评家失声的原因比较相似，是由于网络技术、精英观念等因素的阻碍。传统作家诸如王朔、陈村、赵丽华等人已参与到网络文学中，连第五届鲁迅文学奖也首次将网络文学作品纳入候选名单，这是传统文学与网络文学融合的信号，这种趋势是值得让人高兴的。

第三节　网络批评的主体特征

当今中国社会进入一个急剧转型的时期。在这一转型时期，中国文化领域内部出现急剧分化的态势，多元文化交织发展。大众文化不可一世，凭借着大众传媒、消费社会的出现建立起属于社会多数的文化霸权，由此冲击着代表崇高与责任的精英文化，让启蒙的精神日益萎靡。在这样复杂的文化语境之中，数智时代来临，网络媒体所蕴含的能力正在喷发和释放，互联网的巨大影响正在慢慢渗透社会的各个领域。传统的文学观念与批评思维随之产生了新变化，网络批评应运而生。网络媒介凭借着自由与包容的特性，成为上述这些文化形态的冲突、交流和协商的场域。网络批评身上就带着这冲突、交流与协商的印记。但是不论这种冲突如何演变，人作为主体，其起到的决定性作用是毋庸置疑的。结合上节的数据和理论分析，目前网络批评主体主要有以下三个特征：

一、批评主体参与的大众化

回顾中华文明发展史，不难发现，中国批评的主体随着社会文化的发展以及传播媒介的改进而日趋壮大复杂。早在两千年前左右的魏晋时期，中国批评家就实现了身份和人格上的独立，他们能够指点江山、畅所欲言。但是在西方现代传媒技术流入之前，中国真正意义上的批评家只有刘勰、钟嵘、司空图、李渔等少数文人，并且他们所谓的批评基本是自评自话、自娱自乐，他们既不需要面对读者和市场，也不需要关注社会现实。现代报刊的出现让中国批评向前跨越了一大步，其参与性、时效性、互动性等较之前相比有了很大的起色，但是即便如此，普通大众也很难参与其中，各大报刊为了发行量和权威性，都设立了不同的专业门槛，很多都不是一个普通的文学爱好者能够跨越的。如谭德晶所说："在媒体的贫困时代和媒体的消费时代，文学及其批评作为一种意识形态或者文化的一个组成部分，它也总是处于被宰制和被操纵的地位。这里的被宰制和操纵是双重意义上的，一个所有权意义上的被宰制和操纵，即文学，尤其是批评的机制，载体实际上被社会顶端的极少数人所控制着，文学尤其是批评只能按照他们规定的轨道运行，平民实际上没有多少插足的余地。"①

福柯曾指出："话语意味着一个社会团体依据某些成规将其意义传播于社会之中，以此确立社会地位，并为其他团体所认识的过程。"②可以说，在互联网时代之前，批评只是极少数批评家的特权，或者说是统治阶级的发声器，对于普通的大众，鲜有点评和发声的机会。互联网最大的好处，就是其自由性、开放性和平等性让每个网民都可以成为时代的主人，他们不仅仅是信息的接受者，更是信息的制造者和传播者。在这个虚拟的世界里，没有时空的限制，也没有权威、阶级的束缚，没有高低贵贱之分，只要你有点评的欲望和冲动，就可以随时随地地表达自己的想法和观点。根据中国互联网络信息中心（CNNIC）在京发布的《第54 次中国互联网络发展状况统计报告》显示，截至 2024 年 6 月底，我国网民规模达 11 亿人，网络文学用户规模达 5.2 亿。如此庞大的人口基数，为网络批评主体的规模奠定了坚实的基础。

---

① 宋婷：《网络批评特征论》，广西师范大学 2011 年硕士学位论文。
② 王治河：《福柯》，湖南教育出版社 1999 年版，第 159 页。

二、批评主体身份的年轻化

与传统文学的精英化、书院化的批评相比，网络批评更多的是一种自发的批评，大众化的批评，其主体是一些文学爱好者和大众读者，尤其以年轻人为主，他们可能并不是文学科班出身，也不是从事文学相关职业，但是他们都表现出对于文学的热爱或是对文学消费的需求。依据问卷调查结果，中学生与大学生在受访人员之中占的比例最大，达到40%之多。虽然精英大 V 们加入网络批评的人数日趋增多，但是从总体当量上看，目前仍是微不足道的。

根据中国互联网络信息中心（CNNIC）在京发布的《第 42 次中国互联网络发展状况统计报告》显示，中国网民中，40 岁以下的年轻人占了74.4%。网络文学接受主体的年轻化特征极为明显，这与网络文学作品轻松、无厘头、恶搞等特征也有关。作为一种在数字技术和相对开放的网络空间中所产生的新时代文化现象，网络文学所带来的即时性、恶搞性和交互性，对所有参与者来说都是全新的体验，这对于追求新鲜和时尚的年轻人来说，无疑是王八看绿豆——对上了眼。可以说，网络为这些从小生活在应试教育环境中的年轻人，提供了超越于日常平淡生活之上的特殊体验，无疑是具有极大的诱惑力。网络文学及网络批评的繁荣，体现了年轻一代对主流文化的解构与重建。

此外，在当前社会高速发展的时代背景下，中国社会压力和竞争力急剧增大，让广大年轻人对生活充满了迷茫。阶层的固化、生活成本的空前提高，让他们纷纷感慨："生活就像游戏，生存模式早已不复存在，因为我选择了地狱模式。"①在现下的中国，强者云集，能人辈出，你以为你是最棒的，其实你是最胖的，你以为你是最努力的，其实很多人比你还不要命。所以有时不得不用一些鸡汤来鼓励自己，留一些闲暇

---

① 搜狐教育：《生活就像游戏，生存模式早已不复存在，因为我选择地狱模式》[OL].（2017-7-7）. http://www.sohu.com/a/155279697_656537。

来放松自己，发一些牢骚来宣泄自己，很显然，网络就是最好不过的平台了。你可以通过在看文学作品的过程中，将真实的自我反映出来，表达出来，和网友们一起吐吐槽、聊聊天，或许就发现生活会好很多。

三、批评主体个性的凸显化

人的表现欲一定程度上是一个人的存在证明，有表现欲是相当正常的一件事。但是现实生活中，因为各种限制，以及中国社交讲究低调的传统，表现欲强烈的人很容易给人留下不好的印象，如谚语说的"枪打出头鸟"，即使大家身怀绝技，在平常的生活中也很少有机会去展示。这样的生活就像是给整个世界蒙上了厚厚的一层灰，每个人都不得不隐忍。互联网平台的诞生，让人们找到了发泄口。网络的世界缤纷多彩，人们可以在各种社交平台上展示自己、发表言论，往往表现得越突出，别人就对你越关注。如百度贴吧上出来的各种神奇段子、微信朋友圈的各种灵感，让网民们的智慧得到了充分体现。

与现实中的交往相比，网络交往有如下好处：首先，可以减轻"第一印象"的压力。你大可不必为你的服装、外貌、声音或者见面时的握手而操心。没有人看见、听见或者触摸你。他们只能根据你说什么写什么来对你作出判断。你只需把精力集中于你所写的帖子，或者所说的话语就行了。其次，更快更广地建立起人际联系。网上讨论组的参与者身份不一，有兴趣所至的业余人士，也有公认的专家，在聊天室和聊天工具上，更是什么样的人都有。你可以从各色人等那里学到东西，而你在现实生活中不会有太多机会碰到这些人。

批评主体的"表现欲"可以通过网络批评得到充分满足。如果你对某个领域了解至深，只要与讨论的话题有关，你可以随意将你的观点张贴到网上，展示你的才华，并且征求他人的评论，在别人的评论中享受属于你的骄傲。你如果没有时间整理你的想法，也不必马上作出回应，不会像在现实生活中必须现场表现，否则就会显得能力不足。

同时，在"文学生产—传播—消费"的过程中，普通读者的存在感和实际作用比在传统文学中的分量要大得多。每一个读者都可以随时随地对自己感兴趣的作品进行点评、投票，而这份看起来微不足道的点评对作品的阅读量以及作者的收益能起到重要的作用。与传统文学相比，一篇网络作品的好坏，不是由专家或者权威机构说了算的，众多网民的投票、打分和点击率才是影响作品排行的关键。网络把批评的权利，真正交到了读者的手中，让读者有了存在感，有了表达观点、展现自我的平台。他们阅读之后，将自己的真情实感附在文后的点评区，并与其他读者进行即时的跟帖和交流。虽然这些支离破碎的即兴之语没有完整的逻辑体系和理论支撑，但是却颇为真挚可贵，而且它们与传统的批评相比，更能反作用于作品，推动作品的完善和改进。这对读者而言、对作者而言乃至对整个文学市场和生态而言，都是一个多赢的局面。

第四节　网络批评的博弈与兼和

中国这片拥有五千年历史的古老的黄土地，随着改革开放的进程，焕发出了青春的光芒。社会主义市场经济确立，经济得到极大发展，教育普及率大大提高，科学技术水平也迅速提高，大众传媒全面介入日常生活，商业大都市如雨后春笋般建立，消费社会逐渐形成，就这样，散发着浓重消费主义味道的大众文化的滚滚浪潮吞没了人们，全面深入地影响着人们的一言一行。王一川对此指出："大众文化是以大众传播媒介（机械媒介和电子媒介）为手段、按商品市场规律去运作的、旨在使大量普通市民获得感性愉悦的日常文化形态。在这个意义上，通俗诗、报刊连载小说、畅销书、流行音乐、电视剧、电影和广告等无疑属于大众文化。"[1]

在商品浪潮席卷中国的时候，文学在 20 世纪 90 年代开始，失去了

---

[1]　王一川：《当代大众文化与中国大众文化学》，《艺术广角》，2001 年第 2 期。

从前那种轰动社会的效应，日益边缘化，这已经是众所周知的事实。文学与生活之间的界限逐渐淡化，日常生活审美化使得文学与生活"零距离"，德国著名的思想家彼得·科斯洛夫斯基指出："经济与科技的后现代发展导致艺术脉搏与生活现实性强烈的一致。""后现代社会是创造性的社会，是创造文化的社会，每个人都可以成为艺术家，成为创造性、艺术性地从事自己职业活动的人。"①大众传媒的兴起，尤其是网络媒体深入人心，文学已经成为没有门槛的活动，文学的主体与受众都大众化了。批评也走下神坛，再也不是一副不食人间烟火的姿态，展现出了一副温和可亲的面容，与人民大众有了更广泛的联系。在这个意义上来说，在大众文化的语境之中，批评又焕发了新的光彩，这不得不说是批评寻求自我发展的重要契机，也是大众的福音。

但是，网络文学话语权的下移蕴含着大众对精英大 V 的僭越；他们之间存在着"区隔""对峙""分立"与"同构"等不同的关系，他们的评价立场、持论标准和批评方式各有不同。② 20 世纪末期，在市场经济的大潮之中，在大众文化的强势崛起的影响之下，精英文化开始沉沦，面临困境。尤其是面对这个急剧变化的网络世界，学院派表现出极度不适应之感，"对他们来说，或许从来没像今天这样感觉到金钱的巨大压力，也从来没像今天这样意识到自身的无足轻重。此前的那种先知先觉的导师心态，真理在手的优越感，以及因遭受政治迫害而产生的悲壮情怀，在商品流通中变得一文不值"。③

当然，精英文化虽然受到严重的冲击，但并不意味着精英文化对社会没有影响力。文化精英们所具有的理性审视力和所倡导的人文精神、社会责任等依然犹如磐石蒲苇般坚韧。网络文学之中玄幻、武侠、言情

---

① ［德］彼得·科斯洛夫斯基著，毛怡红译：《后现代文化——技术发展的社会文化后果》，中央编译出版社 1999 年版，第 65 页。

② 欧阳友权，喻蕾：《网络批评史的问题论域》，《中南大学学报》（社会科学版），2017 年第 5 期。

③ 陈平原：《当代中国人文观察》，人民文学出版社 2002 年版，第 2 页。

等题材的小说大行其道，还有一些过于颓废和阴暗的作品也有人追捧，传统的文化精英们更多地坚持文学应该关注社会，关注人生的态度，体现出人文主义精神，而不应娱乐化、平面化，文学的历史长河中，唯有有着崇高的人文精神与审美品位的作品才是经典。显然，在共建社会主义和谐社会的号召下，这样的人才批评梯队是不可或缺的，这样的网络批评也是弥足珍贵的。

网络给了大众平等、自由的露脸机会，但也不乏在这种众声喧哗下出现"一片狼藉"，或者说是"鸡零狗碎"。网络的多元和包容，一方面让大众充分发挥了主观能动性和创造性，为文学的发展开辟了一片新的天地；但另一方面，社会各界尤其是精英大 V 们必须警惕在这种极度自由下文学可能陷入无序化、享乐化、低级趣味化，网络文学作者也有必要保持自己的操守，不能因为利益化和娱乐化让文学作品失去了其自身的价值。

通过数据调查显示和前文分析，我们可以很清楚地知晓，当下网络批评者的队伍，主要由大众和专业大 V 构成，但大众占了绝对主力，占了 95%以上。但是这两者之间也并不是绝对对立、分割的，他们存在着明显的交叉现象，从网络文学的发展模式看，大部分作者都是由读者发展而来，专业批评员很多也是各个网站在资深读者或是作者之中挑选的水平比较高的人。在调查报告中显示，有 19.6%的作者同时也是读者，所以网络写手、评论员职业化程度比较低，与读者有着千丝万缕的联系。需要说明的是，网络批评发展的时间不过二十来年，有很多不完备的地方，自发批评是当下网络批评的主要组成部分，专业批评是目前网络批评中比较薄弱的环节，需要在今后的发展之中不断增强。同时网络文学的发展离不开传统批评的指导，尽管目前不少精英大 V 们尤其是传统批评家仍把网络评论看得一文不值，尽管他们接纳了网络，加入网络博客、微博中，但是他们仍然不愿意面对网络文学。

网络批评就像改革开放前的中国，充满了可供挖掘的潜力，但目前其利用率显然是欠缺的，如何在利益至上的市场经济浪潮下，保持批评

的独立性和学术性，让批评与学术、大众、市场等有机地结合，值得每
一个人深思。习近平总书记在十九大报告中指出："发展中国特色社会
主义文化，就是以马克思主义为指导，坚守中华文化立场，立足当代中
国现实，结合当今时代条件，发展面向现代化、面向世界、面向未来
的，民族的科学的大众的社会主义文化，推动社会主义精神文明和物质
文明协调发展。"①网络大 V，尤其是传统批评家和作家，应调整好心
态，以积极向上的风貌投身到网络批评的大浪潮中来，不能孤芳自赏、
故步自封；而活跃于网络的文学爱好者、自发批评者和作者，应提高自
己的文学素养并加强自己的社会责任感，对自己的行为负责，对自己的
文字负责。

　　毋庸置疑，大众的自发批评和精英大 V 的专业批评必将共同构成
网络批评未来的生态景观。两种批评具有各自的优点与缺陷，应该互相
借鉴互相弥补，以期使得网络批评更健康地发展下去。比如，面对自发
的批评的喧嚣与浮躁，专业批评可以用自己的理性精神与更加规范自身
的发展来去影响自发批评的主体，如同作协与文学网站联手开办网络文
学作者培训班一样，也可以去培养自发批评的主体。传统文学评论家白
烨芮也认为网络批评的发展还有赖于与网络文学一同成长起来的那些读
者、评论者，因此自发批评将在未来的网络批评之中依然延续主体地
位。但是随着网络文学的商业化进程，网络文学无论是作者还是评论员
都会更加职业化。职业化、高素质化显然也是解决目前网络批评和网络
文化先天不足的一个重要途径。

---

　　①　张三元：《论文化自信与文化创新》，《思想理论教育》，2019 年第 1 期。

第五章　破"囧"：网络批评的生态发展

早在 2000 多年前的春秋时代，《礼记·乐记》有曰："凡音之起，由人心生也；人心之动，物使之然也。感于物而动，故形于声，声相应，故生变……音之所由生也，其本在人心之感于物也。"①其意指的是音乐的创作是由心生的，而人心之动又是社会生活所赋予的。音乐是这样，批评也是这样，批评文体、主体以及风格等，是与社会的大环境密不可分的。

20 世纪末，中国传统的计划经济向市场经济转型基本完成。随着市场经济制度的确立，中国的社会环境日趋复杂多样，社会矛盾也产生了一系列新的变化。在文化领域里，大众文化异军突起，消费主义肆意横行，批评在众声喧哗、多元发展的社会之中，遇到了前所未有的新的机遇和挑战。随着 21 世纪的到来，互联网的巨大影响迅速渗透社会的各个领域，网络文学及批评，作为数智时代的新产物，自然而然地也被卷入历史的车轮之中，不论是乐意还是被逼，它都不得不面对随之而来的各种"囧"况。

第一节　"囧"的基本概述及词义演变

"囧"并不是一个常见字，在数智时代来临之前，除了专家学者，估计没有几个老百姓认识它，《新华字典》《现代汉语词典》等常规工具

---

① 王文锦译解：《礼记译解》，中华书局 2001 年版，第 525-527 页。

书也无法查到它的身影。但是在网络这个神奇的平台上，因为某个契机，它一下子成为"十大网络流行语"，更成为广大网民喜欢用的汉字和表情包之一。许多论坛、贴吧、博客、微博等网络社交平台还专门开辟了聊"囧"频道，各类聊天室它的身影更是随处可见，2012 年大卖的贺岁片也取名叫《泰囧》，一时间可谓大红大紫、风头无二，人们聊天不打个囧字，不发个囧的表情，都觉得跟不上时代。

一、囧的历史源流

从目前的文献看，囧有非常悠久的历史，其在《古文字诂林》《甲骨文编》和《金文编》等古籍文献中均有记载。① 囧字起源于甲骨文，在甲骨文中写为"⊛"，金文中略有变化，写作了"⊛"，小篆上的写法与当下流行的网络表情包甚为相似"囧"，像一张人脸，表情略微无奈、尴尬。

囧的本义主要有两说：一为"窗户"说，这是目前得到认可最广泛的说法，在几大重要辞书中都有印证，如：《说文解字·囧部》："囧，窗牖丽廔，闿明也。象形，凡囧之属皆从囧，读若犷。贾侍中说，读与明同。"《段注》："丽廔双声。读如离娄，谓交疏玲珑也。""象形"下注曰："谓象窗牖玲珑形。""读若犷"下注曰："犷古音如广，囧音同也。弜读若诳，弜声之霬为古文囧字，可以证矣。古音在十部。今音俱永切。""贾侍中说，读与明同"下注曰："贾侍中说读若芒也。"②《康熙字典》有曰："囧，《唐韵》《集韵》《韵会》俱永切，音憬。《说文》：窗牖丽廔闿明，象形。又伯囧，人名，周太仆。正本作囧，俗讹作冏，见

---

① 参见蒋美云：《"囧"的认知语义阐释》，《湖南师范大学社会科学学报》，2014 年第 5 期。

② （汉）许慎撰、（宋）徐铉校订：《说文解字》，中华书局 1963 年版，第 142 页。

《书·囧命》。"①

　　二为"光明"说，在篆体中，最早的"日"字写法就是"囧"，即："囧"。在甲骨文中，"明"字左边是一个圆形太阳，到了金文时期，"太阳"变成车轮形状。秦朝统一六国后，推行小篆，很多字都发生了装饰性变化，《峄山碑》中的"明"变成了"朙"。魏晋时期，小篆渐渐演变为楷书，装饰性的笔画也逐步消失了，"明"字由此开始被大规模使用，而"朙"则只在碑文、书法中能看到，唐代的著名书法家颜真卿对"朙"字颇为热衷，时常在楷书中运用篆书的写法，把"明"字写成"朙"，如在《多宝塔碑》《颜勤礼碑》等碑文中多有体现（如图 5-1 所示）。宋代后，"明"字被官方定为正体字，推广使用，"朙"变成了异体字，很少见到。

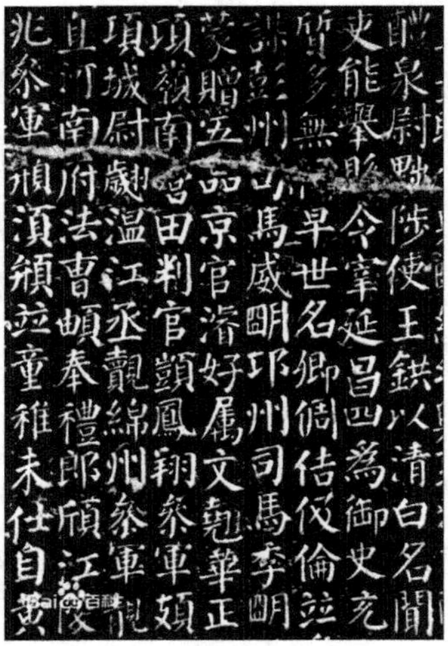

图 5-1 《多宝塔碑》

　　此外，也有不同学者提出了自己的看法，如"仓廪说"，屈万里指出："囧字，当为仓廪一类之物，于此则作动词用，'米囧'，意谓新米

---

　　① 词典网：《囧》[OL].（2018-5-22）. http：//www.cidianwang.com/shuowen-jiezi/jiong6258.htm。

已入仓廪也。"①祭名说。于省吾指出："囧为祭名，契名亦作盈，通盟。即《周礼》诅祝盟诅之盟……囧米连文，盟谓要誓于鬼神。"②地名说。姚孝遂、肖丁："卜辞囧字正象窗储丽凄阁明玲珑之形，而均用为地名，无例外。"③

从先秦到现代，囧字在文献和日常的使用频率并不高，在词性和语义方面也一直变化不大，词性多为名词或者形容词，做名词时一般指窗户；做形容词一般指明亮、光明的意思，如江淹在其《杂体诗三十首之孙廷尉绰杂述》中写道："囧囧秋月明，凭轩咏尧老。"韩愈《秋怀诗十一首》有曰："虫鸣室幽幽，月吐窗囧囧。"④直至进入数智时代，囧字才异军突起，频频进入网民的视野。

二、囧的别出机杼

"囧"的流行，好似"忽如一夜春风来，千树万树梨花开"：突然间，它的网络引擎搜索量达到百万级；突然间，百度贴吧出现了"囧吧"，冒出了好几万吧员；还不乏很多人开设"囧"名博客，如"越来越囧"。甚至有人开始用它做生意，⑤比如大牌文具品牌商晨光文具专门卖起了"囧"字形的笔；运动界名牌李宁出了"囧"款运动鞋；还有"囧"字扑克，等等不一而足。

"囧"从造字法来看，它是一个象形字，它的流行显然也与它的特殊的字体形象有关，很多人看到这个字的时候，第一感觉都会以为它是

---

① 李孝定：《甲骨文字集释汇》，中央研究院历史语言研究所 1970 年版，第 3412 页。

② 张秀娟：《互联网下的视觉语言符号探索》，大连工业大学 2009 年硕士学位论文。

③ 姚孝遂、肖丁：《小屯南地申骨考释》，中华书局 1985 年版，第 47 页。

④ 参见曾海清、周根飞：《网络语词"囧"的功能与认知考察》，《贵州教育学院学报》，2009 年第 7 期。

⑤ 百度百科：《囧》[OL]．（2018-6-12）．https：//baike.baidu.com/item/%E5%9B%A7．

一个图像符号：如果大家把"囧"字当作"人脸"的话，那么上面的"八"刚好就是两道因郁闷而垂下来的眉毛，下面的"口"就是平素大家因惊讶而久久无法闭合的嘴巴。当一个人或尴尬、或郁闷想表达"囧"时，那副苦瓜脸的模样同"囧"太相像了，而且"囧"的发音和"窘"又一样。由"囧"的造字形状联想到"一个人郁郁寡欢、愁眉不展的样子"，再联想到"郁闷、悲伤、无奈、尴尬、无法言说"等，十分符合人的发散联想思维。

当下"囧"的词义有以下三种：

其一，作为形容词，常用作谓语或者定语，表示悲伤、尴尬、无奈、困顿等，如："人们一般在现实中的处境越囧，就越喜欢虚拟的网络世界，因为在那里更容易实现梦想。"此外，形容词还可以表示形象、行为、语言等怪异、奇特，如："小家伙在舞台上又萌又可爱的搞笑动作，雷坏了观众，囧倒了一片。"

其二，作为动词，表示无恶意地打败、打倒，使别人尴尬。如："当我和夫人吃完正准备离开时，服务员走过来问：'你们付钱了吗？'顿时把我俩囧得无地自容。"

其三，作为名词，一般多为形容词临时活用为名词，表示使人惊惧或无可奈何的事情，如："小王最近开了个博客空间，取名为'一日一囧'。"

三、囧的吐故纳新

"囧"作为网络热词，其流行显然与特定的时代背景是分不开的，它是语言和网络的结合体，是新时期的一种特定的文化现象。"囧"文化的走红，不仅反映了网络科技如今与人民生活已紧紧绑定在一起，同时也反映了新时期广大百姓的心理变化与价值取向，是社会主义文化建设的重要表现：

首先，它是广大网民宣泄压力、放飞自我的集中体现。当今社会生活节奏日趋加快，人们面对的竞争压力也日益激烈，工作、学习、买房、结婚、生育、养老等各方面的生活压力让很多人喘不过气来，大家迫切需要一种方便的、有效的渠道来排解压力、舒缓节奏，传统那套温柔含蓄的社交模式不能满足他们的需求。

其次，它是网民们展现个性、表达诉求的体现。根据马斯洛需求层次理论，人们在生理需求和安全需求等基本需求后，会有更高的社交需求、尊重需求和自我实现的需求。随着现代生活水平的提高，老百姓们的注意力已经不再仅仅集中在柴米油盐酱醋茶上，尤其是年轻人，他们在生理和心理的成长过程中，迫切地需要被关注、被重视，德国心理学家斯普兰格指出："在人的一生中，再没有像青少年时期那样强烈地渴望被理解的时期了，没有任何人会像青少年那样深陷于孤独之中，渴望着被人接近与理解，没有任何人会像青少年那样站在遥远的地方呼唤。"①但是在日常生活中，父母亲人可能忙于工作无法顾及他们，加上他们又大多是独生子女，于是，网络给他们提供了最好的平台，他们可以在上面无所顾忌地我行我素，标新立异。人们通过"囧"文化来进行情感交流、情绪输出，并以此获得归属感、认同感和轻松感。

再次，它是中华语言文化适应时代发展的必然表现。一时代有一时代之语言，数智时代的来临，必然需要有与之相适应、相匹配的语言文化。各种网络热词的层出不穷，"囧"文化、"萌"文化等的大行其道，无疑是语言文化发展的必然。网络科技为中华语言文化的发展和繁盛开启了一扇新的大门，营造了一个与生活交融的新文化世界，在这里，网民们可以充分发挥想象力和创造力，把汉字、字母、符号和数字任意结合起来，不受传统所羁绊。各类网络文化的繁荣，正是语言发展到一定阶段的必然结果。

"囧"这么一个看上去怪怪的汉字，随着它的广泛应用，时下它涵盖的语义正以惊人的速度扩张，上可以代表"沉重的思想"，下可以形容一个人的"变态猥琐"，日常生活中的一切几乎可以无一不"囧"。"囧"字意义的新变，体现了网民们的相似性联想思维，同时也与萌新

---

① 转引自马建青：《大学生心理卫生》，浙江大学出版社 1992 年版，第 212 页。

们在网络中表现出来的求新求异心理和追求简洁明快的语言风格分不开。"囧"字目前主要是网民在广泛使用，还没有大量出现在传媒出版物上，可把它看作一种社团网络语言现象。它是否能成为下一版《现代汉语词典》中的新成员，还有待于进一步的观察。

对于各种网络语言文化的流行，语言学家李宇明予以了肯定，他指出："语言需要增添活跃因素，它有自我调节的机制，有用的吸收，没用的就自我淘汰掉了。语言是最坚强的，就像我们的民族一样坚强，语言会经历大浪淘沙的过程。"①聂志平对此也充满了信心："各式各样的网络语言带有很大的娱乐性质，网络语言是展示人的智慧、新颖、独特和与众不同的地方，这也说明了我们社会在进步，社会更加民主化。网友用这种异化的生活用语进行交流，在网络这个环境中交流会有一种参与感和被认同感，同时也能感受到这种语言所带来的娱乐感。这也是语言功能的一种发挥，无非是在网络上体现得更充分一些。"②

当然，也有专家对此持有保留意见，如殷昱谈道："今天有些文字里的信息已经被渐渐丢掉，汉字的原生态思维也在一点点被丢掉了，这种返璞归真的趋势值得肯定。至于说古文字这种流行方式，是利于其健康发展，还是糟蹋了古人智慧，下结论还为时过早。"③

第二节 网络批评的当下困状

歌德曾指出："艺术家对于自然有着双重关系：他既是自然的主宰，又是自然的奴隶。他是自然的奴隶，因为他必须用人世间的材料来进行工作，才能使人理解；同时他又是自然的主宰，因为他使这种人世

---

① 百度百科：《囧》[OL].（2018-6-12）. https：//baike. baidu. com/item/%E5%9B%A7。
② 张静：《大语无疆——语文范围初探》，《汉字文化》，2018年第12期。
③ 路艳霞：《古文字网络流行不必大惊小怪》，《北京日报》，2008年5月12日。

间的材料服从他的较高的意旨，并且为这较高的意旨服务。"①毋庸置疑，网络批评发展至今，取得的成绩有目共睹，但在其高速发展的同时，其各方面的问题也日益凸显，其发展面临的困境也是客观存在的，其存在的问题也不少，其发展面临的困境也是客观存在的，具体可以从以下几个方面看：

第一，理论构建发展缓慢，批评质量欠缺。网络文学及批评的诞生始于20世纪末，如今已有二十多个年头，时间说长不长，说短也不短。在这个过程中，网络批评伴随着网络文化市场的壮大而壮大，发展速度之快让人瞠目结舌。但在这个过程中，关于网络批评的理论建设却一直举步不前，由于长期缺乏系统的专业理论指导，网络批评的"质"与"量"无法匹配，相当多的批评都是一些鸡零狗碎的肤浅之见，无法对网络文学进行深入、科学、系统地指导。通过问卷调查，在被问及对当今网络批评的质量的看法时，在本次调查问卷涉及的300人当中，其中有66人认为网络批评太多太滥，有166人认为网络批评在质量上是鱼龙混杂，仅有54人选择了能有效针砭（如图5-2所示）。

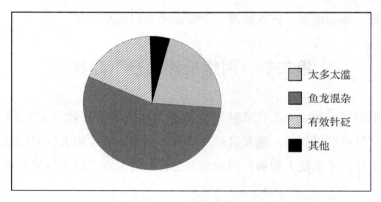

图5-2　对网络批评质量的看法

①　［德］爱克曼辑录，朱光潜译：《歌德谈话录》，人民文学出版社2018年版，第13页。

　　第二，娱乐性强、担当意识差。在市场经济模式下和网络固有的开放性特点的影响下，网络批评甫一诞生，就不可避免地存在先天不足，一方面，它必须受市场经济规律和拜金主义影响，通过各种噱头来吸引读者的眼球并赚取利益；另一方面，网络的开放性、匿名性，导致了其自娱自乐的狂欢精神非常强，各种批评的随意性必然导致批评的质量不高、泥沙俱下，当然，正如王山所说："也有很多东西正处在生成和成长当中，现在做出判断为时过早。"①在我们的问卷调查中，当被问及如果您关注网络批评，您对目前其发展状态是否满意时，300 人中仅有 22人表示十分满意，而 217 人选择了马马虎虎（如图 5-3 所示）。

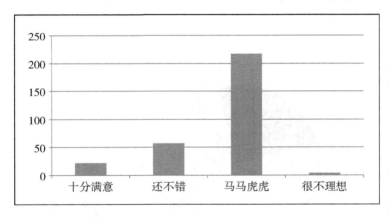

图 5-3　对网络批评发展状况的满意度

　　第三，批评主体大量缺位，专业批评介入迟缓。21 世纪的中国，网络文学作品的发展可谓世界的又一大奇迹，其规模之大，更新速度之快，远远超过了人类文明发展的任何一个时期，每天数百万章节和数以亿计的更新量让前人无法想象。但是在这种急遽的发展和壮大过程中，批评的主体却大量缺失，尤其是专业的批评家队伍，不仅长期失声，甚

①　王山：《"网络批评、媒体批评与主流批评"研讨会述评》，《文艺报》，2001 年 8 月 7 日。

至颇有不屑一顾的态度，无疑对批评的长远发展是不利的。同时，网络文学的即时更新性，使得批评主体无法对作品进行全方位的分析、整理和研究，这对批评主体的综合素质又提出了更高的要求。在此情况下，大众的临时补位，固然一定程度上对网络文学的发展具有一定的指导性，但是不可避免地也暴露了这支临时队伍在实践能力上、专业技术上、知识储备上的不足和匮乏，使其批评缺乏精准度和判断力，对广大读者和作者的指导作用有限。在我们的问卷调查中，当被问及对当下网络批评主体的素养是否认同时，在被调查人员的 300 人中，有 37 人选择了十分认同，101 人选择了还不错，118 人选择了马马虎虎，而有 44 人选择了没关注，十分认同率仅有 10%（如图 5-4 所示）。

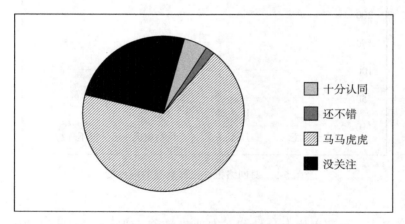

图 5-4　对网络批评主体素养的看法

第四，缺乏科学监管，自说自话的无序状态长期存在。在网络空间里，畅所欲言的自由式对话与传统的纸媒相比，固然有着无可比拟的优势和吸引力。但是，这种长期的监管缺位和放任自流，导致了一定程度上的放纵化、平面化，其所谓的自由也成为一种缺乏精神向度的肤浅的自由，很难担当得起指导网络文学健康有序发展的重任。

第三节 网络批评的困状探析

当今世界已然是被网络所统治，网络媒体的出现以及它对于世界文明的意义，绝不亚于几千年前老祖宗发明纸张的意义。生活在这个全新的时代里，当我们面对一个社会新现象或者新问题时，必须既要站在现代文明和思想的理论高度，又要面对现代社会错综复杂的文化问题。网络批评自其诞生之日起，就面临着各式各样的困境和挑战，而通过历史源流学，把握其发展脉搏，对其困状进行精准的定位和分析，正是对症下药，推动其日后更快更好发展的基础。究其原因，笔者认为可以从以下几个方面进行分析：

一、网络技术因素

网络文学及网络批评的产生、发展与壮大，归根到底，都是时代的产物，是网络科技发展到一定阶段而产生的。网络科技为文学爱好者提供了一个自由、平等、便捷的多媒体交互平台，让他们有了自娱自乐、展现自我风采的机会，无疑是值得肯定的。但是网络科技的种种弊端，在一定程度上也制约了网络文学及批评的纵深发展：

首先，碎片化阅读让批评失去深度思考。碎片化的阅读方式并非一无是处，因为其能够给人们带来大量的信息，同时碎片化阅读还有快速、及时、交互以及充分利用零碎时间的优点，这些都是传统的深阅读所不具备的优势。① 但是，碎片化阅读，短片文章让人产生快感，容易阅读，在信息爆炸时代成为趋势，并不能成就个人的知识体系，更不能让人深度思考。短文章的专业知识不完善，解剖和分析也不全面，所以用处不大。所以这是碎片化阅读的缺点。久而久之，这就会让人慢慢失

---

① 李萌：《社会阅读推广与发展的策略研究》，《劳动保障世界》（理论版），2013 年第 9 期。

去了深度思考和深度学习的能力，产生懒散性。当下，大部分网络批评篇幅极为简短，有的甚至只有一两个字或者符号，在这种碎片化的批评体系下，不仅批评所能达到的理论深度极为有限，给读者或者说作品本身带来的实际指导效果也是极为有限的。

其次，即时的爆炸式的更新让批评无所适从。网络文学作品的最大特点就是创作速度快、体量大，同时它还是即时在线式更新的，给读者展现的并不是完本。这就导致了批评家很难去认真研读作品、把握作品的全局、特色和风貌。现在网络小说作者为了吸引读者，提高经济收益，往往无下限地注水来提高篇幅，推迟完结时间。如雷云风暴的《从零开始》，作者写了 11 年还没完结，篇幅已达 2000 万字；步千帆的《超级兵王》也写了 7 年，字数超过了 2000 万；鱼人二代的《校花贴身高手》写了 8 年，字数达到了 1500 万。① 而中国的传统文学经典作品，如《西游记》《红楼梦》等四大名著，字数都没有超过 100 万字，这跟当下网文的巨无霸篇幅比起来，实在是相形见绌。写得越长，订阅越高，收入越高，这已经成了网文界的共识。在这种创作背景下，无论是大众还是专业批评家，如果想要对作品展开深刻、全面地剖析和点评，需要投入的时间和精力可想而知。于是，不需要经过大脑过多思考的即时性发言在网络批评界反而更受欢迎，虽然这种想到哪说到哪的感性批评并不是一无是处，但逻辑、理性的专业批评的长期缺位，显然是不利于批评长期有利发展的。

二、社会文化因素

改革开放已经过去四十多年了，四十余年的励精图治，让国家面貌和人民生活产生了翻天覆地的变化。市场经济的高速发展，科技水平和教育水平的急剧提升，人民物质生活的极大满足，让人们的思想和社会

---

① 搜狐文化：《5 本数字总和破亿的网络小说，有人全部看了算我输》[OL].（2018-5-2）. http：//www. sohu. com/a/230196647_620113。

文化也产生了重要变化。消费主义和大众文化日趋流行了起来。大众文化有着迥异于其他文化的特质：它消解中心，解构崇高，与权威性相抗衡；它追求文化的愉悦性，满足大众的娱乐放松的心理诉求；它强调文化的商品性质，注重消费性；它引导文化的世俗化，期待大众的参与；它张扬个性，抒发个性情趣，追求个体生命的享乐。大众文化带着自己的独特价值观冲击着文学的阵地，用一种强硬的姿态介入批评，让批评匍匐在商业精神与娱乐氛围的面前，迷失了自己的人文价值判断和理性精神。

欧阳友权在其《网络文学概论》中写道：网络批评呈现出颠覆历史理性、削平深度模式、反对权威主义、拒斥中心话语、主体零散化、距离感消失等特点①，而这些，无不打上了大众文化的烙印。费瑟斯通曾在《消费文化与后现代主义》中指出"艺术与日常生活之间的界限被消解了，高雅文化与大众文化之间层次分明的差异消弭了"。② 也恰到好处地描述了当下网络文学与网络批评的发展与现状。

网络文学及批评所崇尚的大胆创新、自由平等、即时互动等特点，无疑对打破传统桎梏，推动中华文化和文学市场的发展有着极大的帮助和促进。但是，过度地倡导娱乐至上、狂欢颠覆，忽视文学生产与创作的本身规律、观念、范式，必然会导致传统与现在的割裂。

三、市场消费因素

自 20 世纪 90 年代，在科学技术推动下的市场经济飞速地发展起来以后，消费社会逐渐形成。法国理论家波德里亚提出了引人深思的洞见："今天，在我们的周围，存在着一种由不断增长的物质、服务和物质财富所构成的惊人的消费和丰盛现象。它构成了人类自然环境中的一种根本变化。恰当地说，富裕的人们不再像过去那样受到人的包围，而

---

① 欧阳友权：《网络文学概论》，北京大学出版社 2008 年版，第 119-124 页。

② ［英］迈克·费瑟斯通，刘精明译：《消费文化与后现代主义》，译林出版社 2000 年版，第 11 页。

是受到物的包围。"①消费社会在根本上是一个由"大众"构成的社会，它尝试着不遗余力地把每一个人都纳入消费大众的群体之中。在这样的时代之中，从很大程度上来说，文学以其敏锐的感受力本能地表达着这个时代最生动鲜活的景象，文学也被卷进了消费社会之中，无论是生产、传播还是接受，都无一例外地打上了消费社会的烙印。

现代社会物质极大丰富，在一切物质的需要都似乎能够得到轻易地满足之后，人们好像一下子都感受到了价值的虚空，崇高、理想、英雄等都成为被解构的对象，似乎都成为明日黄花。在这个消费社会之中，人们在日常生活之中承受着种种压力，在闲暇之时，消费文学便是休闲娱乐。在这个意义上来说，一部文学作品能否得到人们的喜欢，并不完全取决于它具有的审美内涵的层次，而是被一个很重要的因素所左右，那就是是否迎合了消费者的心理。英国著名的社会学与传播学教授迈克·费瑟通斯认为："遵循享乐主义，追逐眼前的快感，培养自我表现的生活方式，发展自恋和自私的人格类型，这一切，都是消费文化所强调的内容。"②所以网络文学之中崇高的宏大叙事等创作渐渐淡出人们的视野，网络文学以及网络批评给予玄幻修仙、同人穿越、都市言情等题材的小说更多的注意力那就不足为奇了，痞子蔡、安妮宝贝、卫慧等人能迅速成名并有了忠实于自己的粉丝就更是水到渠成的事情了。

里斯曼曾指出："流行文化实质上是消费的导师，民众是购买者、游玩者或者业余的观察者。"③市场消费文化既然是经济的产物，占有市场并获取商业利润的最大化无疑是它的终极目的，网络文学及批评也无

---

① [法]让·波德里亚著，刘成富、全志钢译：《消费社会》，南京大学出版社2006年版，第1页。

② 王先霈、王又平主编：《文学理论批评术语汇释》，高等教育出版社2006年版，第835页。

③ 参考[美]大卫·里斯曼等著，刘翔平译：《孤独的人群》，辽宁人民出版社1989年版，第197页。

可避免。在市场规律的无形调控下，网络批评无论是创作形式、思想立场还是生存发展模式都不得不做出调整。各种"点击率"、排行榜、月票榜、VIP 制等大行其道，无疑都是迎合市场需求、吸引大众消费的举措。这种市场化营销，融入了大量资金，吸引大批管理人才，对推动网络文学及批评的发展壮大，无疑有着促进作用，但是过度导致的负面作用也是明显的。

四、批评主体因素

21 世纪的头 20 年，网络文学的飞跃式发展振兴了整个中国网络文化产业，带来了消费市场的急剧扩张，也为传统文化融入了新的元素。这样的发展势头，对推动我国文化产业的繁荣乃至中华文明的伟大复兴无疑带来了新的机遇。根据中国互联网中心的最新统计报告显示，越来越多的文学爱好者投身到网络文学事业中，贡献着自己的应有之力。

但另一方面，这种滚雪球式的高速发展，也导致了各种问题频发，文学作品质量良莠不齐，批评主体队伍构建严重不足。从队任发展规模和结构上看，根据互联网中心发布的数据，截至 2018 年 6 月底，网络文学用户数高达 4.06 亿，占全体网民的 50.6%。① 大众积极参与网络批评固然是可喜的，但是与网络文学日以亿计的更新量相比，无论是质还是量都显得不足。根据新闻出版广电报统计，网络文学的日更新量达到了 1.5 亿字，显然，要想做到全方位的、细致入微的批评，这个难度可想而知，让很多批评家们都望而却步。

同时，在这个队伍的构成中，存在着严重的结构问题，广大网民的年龄结构以 30 岁以下的年轻群体为主，低龄网民无论从生理上还是心理上都不够成熟，学识储备也堪忧，他们很难真正地承担批评的重任。

① 中国互联网络信息中心：《第 42 次中国互联网络发展状况统计报告》[OL].（2018-1-31）. http://www.cac.gov.cn/2018-01/31/c_1122347026.htm。

而专业批评家们的集体失声，甚至排斥网络文学，更加导致了网络批评的混乱无序，并让网络批评队伍的健康发展难上加难。

此外，网络空间的匿名化、泛娱乐化，以及网络文学的市场化，让批评者的责任意识明显不足，正如欧阳友权所说："匿名批评面对的是一个众声喧哗的网络世界，由于批评者身份的虚拟和游移不定，使得许多网络批评在无我与真我的双重游戏中逃避了自身所应该承担的艺术使命，回避了应有的社会责任——他无须为人民代言、为社会立心，也无须对审美承担予以艺术进取的承诺，更不会作文学传统的赓续和艺术规范的遵循，只需要快意而悦心、自娱以娱人。"①

第四节 破囧：网络批评的生态发展

文学和文化的健康发展离不开批评的指导，可是近二十年来，与网络文学一日千里的进步相比，网络批评还显得不尽如人意(如图 5-5 所示)。相对于大量存在的网络文学作品，网络批评力量的缺失十分严重。

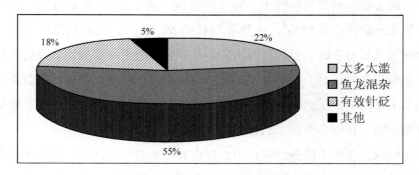

图 5-5　网络批评发展质量示意

① 欧阳友权、吴英文：《网络批评的价值和局限》，《探索与争鸣》，2011 年第 11 期。

我们在网络批评发展质量的调查分析中发现，有 55% 的人选择了
鱼龙混杂，有 22% 的人选择了太多太滥，真正对网络批评质量满意的
人只有 18%。可见，广大网民对当前网络批评基本保持在爱与痛的边
缘。一方面，在"人人都是批评家"的口号影响下，网络批评者自身素
质良莠不齐，同时根据"匿名性原则"，网络的假面具固然会给人们带
来心灵的自由与舒张，但同时，当人们处于一种没有社会约束力的匿名
状态时，会失去社会的责任感和约束力。① 于是乎，网络文坛随意回
复、拼凑的情况愈演愈烈，有些批评的帖子完全属于肆意的笑谑、无意
义的攻讦，且不时有粗俗、流氓的话语出现，真正能对作品起到有效指
导的并不多。另一方面，在商业化氛围日趋浓厚的生存环境下，越来越
多的批评者以及网站专心于利益最大化，在追求点击率的步步攀升中，
公平公正的价值尺度、至诚至善的人伦情感等日益缺失。学者杨竞对此
表达了这样的忧虑："当时代竞相对钞票鞠躬尽瘁，当人们开始对浮华
顶礼膜拜，失守的心灵百鸟朝凤般簇拥这些纸糊的偶像，哀鸿遍野、百
旗蔽地，人性气息艳艳，自尊断了脊梁。"②许多网络批评最终沦为缺乏
审美品格和精神内涵的文字垃圾，批评者的道德意识和社会责任感的高
低悬殊也堪忧。

当然，缺点固然是有，但网上文坛的最大优势之一，在于它有无所
不包的广阔胸怀，容得下任何有兴趣或有志从事文学事业的人，共同迈
入了这历来被视为圣殿的领域。正因为如此，它的读者群体最广泛；而
人们的参与性、互动性也是任何纸质媒体、电视广播无法比肩的。尽管
林子大了，什么鸟也就都有了，他们之间文学修养、思想情操都良莠不
齐，但这是全民批评时代的一种必然。水至清则无鱼，那样会使文坛沉
闷孤寂，寥无生气。

为此，笔者觉得有必要提些许建议，一来希望能够将近年来的一些

---

① 参考郭庆光：《传播学教程》，中国人民大学出版社 1999 年版，第 98 页。
② 杨竞：《林中响箭》，中国电影出版社 2000 年版，第 23-24 页。

经验与文学爱好者交流分享,二来对网络文学以及网络批评日后的发展道路能有所帮助(如图5-6所示)。网络批评究竟该走怎样的路,究竟在这风云变化之际应该怎样促进网络文学发展,并形成自己独有的风格和魅力,笔者通过一系列调查发现,最重要的莫过于以下几点:

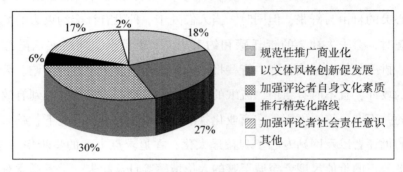

图5-6 网络批评发展建议调查示意

一、文化市场运作的规范和管理

著名的社会学家默顿提出:"并不是所有的社会单位都对体系的整合有正功能和贡献的。某些单位可能对系统内的一部分有正功能,但同时却对其他部分有反功能。"①在市场经济条件下,商品性是网络文化的重要特征。大量资金的投入和市场化运作,无疑在最初为网络文学及批评的发展做出了重要的贡献,但是过分强调商业化,追求投入和回报率,以及利润的最大化,必然会导致文学失去其本身的意义。文学,毕竟应该是源于现实而高于现实的,早在春秋时期,孔子就提出了"诗言志";中唐时期韩愈倡导古文运动,主张"文以载道";近代以来,新文化运动提出了德先生和赛先生,掀开了历史新的篇章。可以说,文学对时代的发展起着至关重要的作用。

---

① [美]戴维·波普诺著,李强译:《社会学》,中国人民大学出版社1999年版,第258页。

改革开放的文化与市场带来的社会期待，一是经济的发展，二是心灵的解放，这种解放无可避免地要触动旧的文化霸权，推动新的文化形成。目前，纯文学的生产机制仍然是由文学期刊、文学评论家、文学史家等精英权威严格把守，而网络文学初露端倪就显示了其强大的民间意识与市场亲和力。市场就像是一个巨大的驱动器，启动着社会的每一个角落，所有的人仿佛都看到了自己疯长的希望，于是，他们怀揣着热切的希望，投向了网络文化这个市场。

可以说，网络社会、网络文化被无数的人寄予了各式各样的梦想与期待。但是，网络社会不仅是意气风发的虚拟社会，也是问题不断的灰色地带。网媒在开放互动、传播共享上的巨大优越性，使网络文学一时间的发展速度大大超过纸媒，成为未来民族审美的引导者，但现存的一个问题就是其质量良莠不齐，并在商业化的浪潮中这种差异有越演越烈之势。如何建立良好的网络文体批评氛围？如何建立起更适应时代需要又能担当起批评重任的网络文艺批评？仅仅靠市场化本身是不行的，我们必须加强对其监督和管理。

2003年以来，网络文学以及相应的批评开始了市场化、规模化、规范化，具有鲜明的商业运作特征。网络文学的生存依靠大量资金投入，依靠众声喧哗，依靠各大排行榜、点击率、推荐票等，这些商业化的运作，固然能在极短的时间内让一本或者一部分相对优秀的文学作品脱颖而出，但其弊端也是明显的，它使整个文学的氛围都浮躁了。网络文学之所以时常被传统批评家不屑一顾，被认为是垃圾快餐式的，是极度消费主义的，正是由于它的过度娱乐化和商业化。网文圈曾经一度出现过"末世论"，好的作品越来越少，读者喜欢的书越来越少，甚至出现了新的网络热词——"横扫"。"横扫"是指出于商业或者其他目的，扫荡一切排行榜单的作品，这往往导致第一名是第二名票数的数倍，差距之大令人瞠目结舌。"横扫"之势看起来是很爽，但看完之后呢？便是又一个新的网络热词——"书荒"，书迷们在横扫完作品之后，突然发现已经找不到值得看的高质量作品了，这不得不说是网络文学市场过度自我商业化的致命创伤。

这里究其一点，在商业化的社会氛围下，网络批评对网络文学发展起的指导作用还远远不够。在批评者之中，相当多的人都处于无序的狂欢和娱乐状态。当然，他们有一部分人是有文学理想的，只是没有规范的模式供他们借鉴，没有正确的思想加以引导，没有人帮助他们把能量通过合理的形式释放出来。于是，他们所承担的社会责任日趋减弱，道德感也在降低，其存在一种自由任意的心态。因此，在市场化运行的同时，加强网络批评的规范化管理，提高批评者社会责任已经是迫在眉睫。

二、理论引导和素养提升

批评有批评的艺术，批评者需要有批评者的素质，批评者自身素质的高低，往往决定了他能看到的这部文学作品能有多深远。英国唯美主义作家、评论家王尔德在《批评家就是艺术家》这篇长文中断言："批评本身就是一种艺术。艺术创造暗含着批评能力的作用，没有后者就谈不上前者的存在。因此，批评在这一字眼的最高意义上说，恰恰是创造性。"①

在我们的问卷调查中，"如果您关注网络文学评论，您大约一年会对多少部作品予以批评？"选择一部及以上的人占了 67%。而在 33% 不会给予评论的人群中，40 岁以上的人群占据了 85%，可见，网络批评的参与者，主要以 40 岁以下的年轻人为主（如图 5-7 所示）。

从总体上看，网络批评者主要都是大众组成，与精英大 V 尤其是和传统批评家相比，他们的批评浅显，内容平面单薄，缺乏关注人类命运的意识，在艺术体悟和思想深度上还远未成熟，缺乏深邃的社会意义、人生感悟和深层次的文化积淀，缺乏责任与理性。因此，目前的网

---

① ［英］王尔德：《作为艺术家的批评家》，转引自《唯美主义》，中国人民大学出版社 1988 年版，第 159 页。

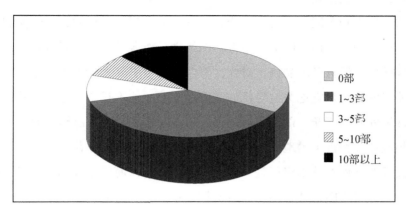

图 5-7　网络批评参与度分析

络批评是难以满足更多年龄段的读者深层次的审美需求的。这当然和网
络文学以及网络批评所追求的情绪化、随意化、即兴化的创作方式有
关。无拘无束、随心所欲的自由表达，这为批评回到天真、本色创造了
条件，同时也为滥用自由、膨胀个性、批评失范打开了方便之门。

　　同时，由于网络固有的交互性和大众性，网络批评与传统批评相比
本身就具有更多的内涵和外延，也更容易被普通读者所接受。但是并不
能就此武断地说前者终将取代后者。事实上，网络批评过于强盛的娱乐
作用，决定了它无法传承传统批评的历史使命。形象地说，网络批评成
长至今，既"先天不足"又后天失调，有点像一个有宽度没有高度和厚
度的畸形人，还不具备向传统批评攻城略地的能力。

　　因此，网络批评者必须加强理论引导，向精英大 V 尤其是传统批
评家虚心求教，提高自身素质。但是如今在相当多的精英大 V 眼里，
网络批评是不值得介入的，他们对网络批评也往往是不屑一顾、一笑了
之。即便他们某天真的屈尊对某篇网络文学进行分析批评，他们好像也
不是在进行分析和引导，而是用教训的口气、如临大敌的神色让读者对
网络文学，甚至网络敬而远之，哪里还顾得上指导之职责。在传统文学
评论家眼里看来，批评创作是一项十分艰苦而神圣的事业，是"吟安一

个字，捻断数茎须"的精神劳动，他们自己就是这样一步步艰苦地走过来的，怎么到了网上，文学评论就成了春天田野里疯长的野草？他们不肯将自己的作品搬到网上，不肯与网络文学作者及批评家同流合污，认为这样会降低自己的品格。对此，哲学家邓晓芒说过这样的话："一个批评家就必须自觉地关注时代的需要和前途，他不只是一个对作品文本作常规处理的工匠，而必须有内在的历史激情和冲动，能够与时代的冲突相应和，积极主动地充当一个时代的思想潮流的弄潮儿。一个具有时代关怀的批评家就不仅仅是一个书斋里的学者，而且还是那个时代最锋锐、最有眼力的精神导师，是对腐朽思想摧枯拉朽的勇士，是新时代和新思想的预言者和培植者。"①无可厚非，网络评论者很多都是"80后""90后"甚至"00后"一代，知名者如韩寒、徐静蕾、安妮宝贝等，他们性如烈马，纵横无疆，不受束缚。虽然他们当中的很多人文笔略显稚嫩，思想颇显单纯，但初生牛犊不怕虎，他们贵在敢于挑战传统，勇于自我创新，这是值得学习的。

尽管网络批评拥有传统文学所不具有的优越性，但是其缺陷也是明显的，毕竟姜还是老的辣，网络批评与传统批评的差距还是挺大的，传统批评的精粹是网络批评目前无法达到的高度。网络文学评论者有必要虚心学习、夯实基础，后来居上；精英大V们也要放下成见，虚怀若谷，在热情指导年轻一代的同时，自身投入网络文学的浪潮之中。青年与老年互学，高手与拙手比肩，只有这样，我们的文学评论市场才能越做越好，越做越大。

三、以文体创新推动网络批评

网络批评的文体衍变同语言一样是社会的产物，不但客观存在于信息社会，而且在虚拟世界衍生了许多所谓的"网络新文体"。诸如：知

---

① 参见邓晓芒：《文学批评家的四大素质》，《中国政法大学学报》，2008年第6期。

音体、梨花体、蜜糖体、咆哮体、校内体……它们以星火燎原之势，不断推陈出新，显示出了极其强盛的发展势头。

这些时代的产物，不胜枚举，这种极富娱乐和创新精神的新文体，常常诙谐幽默令人忍俊不禁。不但能考究出其来源，且一旦言俏，就像一个莫名其妙的热词儿，往往一夜之间，在网上流行开去。于是乎，莫名其妙的文体，蔚然成风，皆追捧模仿。这种创新无疑对网络批评的发展空间是有推动作用的：新思潮催生了新文体；反之，新文体促使新的思潮向纵深发展。

可以说，网络批评因网络而产生，有的文体又因网络商业利益而产生而活跃。网络批评的商业性和娱乐性很容易导致"媚俗"倾向，为取悦对象而扭曲自我。网络文学的商业化道路，催生了某些网络批评文体的极端活跃（如：点击体）。同时，一些批评者为了吸引大众，哗众取宠，不断推出一些恶搞型文体（如脑残体）。这些文体上的创新，对网络文学的影响可想而知。米兰·昆德拉说："对媚俗的需要，是这样一种需要：即需要凝视美丽谎言的镜子，对某人自己的印象流下心满意足的泪水。"①应当说，这是网络批评家的失责与自我放纵，也是社会的大环境使然，造成了网络批评的整体水准低下。

因此，网络批评在文体上的发展和创新，也必须建立在一定的标准之上。没有一定的标准做指导，批评就犹如空中楼阁，批评也就没有什么力量，自然也就不能达到提高作者文学水平的作用，也就不会让读者有所裨益。无论是从批评本身的内在需求来看，还是从古今中外世纪存在着的各种不同的批评标准来看，批评都是具有一定审美性与功利性的，尤其在当今商业化的时代背景下。但是如何处理好审美性与功利性的关系呢？对此，鲁迅曾这样分析道："在一切人类所以为美的东西，就是于他有用——于为了生存而和自然以及别的社会人生的斗争上有着

————————

① 转引自李冰雪：《现代性语境下审丑问题研究》，陕西师范大学 2012 年硕士学位论文。

意义的东西。功用由理性而被认识，但是美则凭直感的能力而被认识。享受着美的时候，虽然几乎并不想到功用，但可由科学的分析而被发现。所有的享乐的特殊性，即在那直接性，然而美的愉乐的根底里，倘不伏着功用，那事物也就不见得美了。"①可见网络文学的批评也应当本着相对公正的原则，批评是真心的和善意的，能够有效地指导网络文学的发展，同时又能够不断地完善自我，适应时代与市场经济的发展需要。

---

① 转引自李国华：《文学批评学》，河北大学出版社 2001 年版，第 87 页。

第六章 展"网"：网络文化和
思政的双向奔赴

人的活动领域延伸到哪里，思想、观念、意识就在哪里生成、传播、扩散。根据国际电信联盟统计，2022 年全球约有 53 亿人使用互联网，约占世界总人口的 66%。① 显然，互联网已成为当今人类社会必不可少的一部分，与人们的生活水乳交融。网络的力量已经不再局限于传播学研究的领域，而是与政治、经济与文化的构建深度结合，成为推动信息社会塑造的动力之源。②

第一节 数智时代的机遇与挑战

信息技术革命日新月异，互联网为人民群众生产生活、交流交往、创新创造提供了新平台、新空间，也为推动文明继承和发展、促进文化弘扬与繁荣提供了新载体、新机遇。回望过去的 30 年，网络批评和文化能发展到今天这一步，绝不是偶然的。在互联网、人工智能、大数据等高科技的加持下，网络文化与批评在极短的时间内成为一种世界性的文化现象，影响着数十亿网民的日常生活。其时间之短、影响之剧烈，是人类几千年的文明史中都不曾有过的；其势头之迅猛，用星火燎原来

① 国际电信联盟 Measuring digital development：Facts and figures 2022［EB/OL］https：//www. itu. int/itu-d/reports/statistics/facts-figures-2022/。
② 王承哲：《意识形态与网络综合治理体系建设》，人民出版社 2018 年版，第 86 页。

描画亦毫不为过。过去那些对网络文化和批评嗤之以鼻，认为其不过是丰墙峭址、空中楼阁的旁观者们，如今留下的必然是一脸的懵和尴尬。

网络、网民、网红、网络游戏、网络视频、网络批评、网络文学等交相辉映，由此衍生的网络文化市场和网络信息产业亦大行其道，得到了中国政府和全球各界的高度重视。习近平总书记对中国网络文化和信息产业的发展寄予厚望，并多次在公开场合中强调："我们要加快推动媒体融合发展，使主流媒体具有强大传播力、引导力、影响力、公信力、形成网上网下同心圆，使全体人民在理想信念、价值信念、道德观念上紧紧团结在一起，让正能量更强劲、主旋律更高昂。"①

如前文所述，网络文化、文学以及批评的形成和发展，不是某一个元素单独作用的结果，是科学技术、信息媒介、社会环境等诸多因素共同作用而催生的。其既具有传统的一般性特征，又被烙下了独特的时代印记，向世人展示了与传统截然不同的形态、风貌和价值。当然，作为新生事物，其在萌芽和发展过程中不可避免地会遇到各种困难，尤其是与广大网民特别是青少年群体的学习生活深度融合之后，面对的挑战更为严峻。

一、虚拟与现实：网络成瘾如何救赎？

网络世界是一个与真实的物理世界相对应的新空间，其交互性通过物理世界的交往而延伸，具体反映在对物理世界的复制和模仿，根据人在现实世界的体验，仿造出一个虚拟的世界，这就是网络的虚拟性。在这个数智化的时代，虚拟世界已成为我们生活中不可或缺的一部分，根据中国互联网信息中心（CNNIC）发布的 2024 年中国互联网发展报告显示，截至 2024 年底，我国网民规模近 11 亿人，互联网普及率达 78.0%。按照这样的网民人数比例来看，如果撤去婴幼儿和超大龄老人，中国几

_____

① 习近平：《迈出建设网络强国的坚实步伐》，《人民日报》2019 年 10 月 19 日。

乎人人都离不开网络，网络世界与现实世界的边界已经在虚化。同时，我们网络文化产业也得到了高速发展，根据国家版权局发布的数据显示："2020 年，我国网络版权产业市场规模达到 1.18 万亿元，同比增长 23.6%。"①

从社交媒体到在线直播，从网络游戏到各种在线娱乐，人们可以轻松地在屏幕前找到一种逃离现实的方法，虽然这种逃离对大多数人来说并不持久。处于虚拟与现实相结合的世界中的人，构成了网络文化的主体。

从人的个人发展来看，人的主体意识和创作才能在这个虚拟与现实结合的世界得到前所未有的张扬，不少网民的天赋和才华也在有无限机遇的网络虚拟世界里得到充分的展示和发挥，比如直播带货的董宇辉、李佳琪、辛巴等网红主播，早已是身家上亿的富翁级人物，现实世界里大多数靠工资打拼的普通上班族，即使从大唐盛世开始打工，到现在也未必能赚到这个数；以网络文学为主营业务的阅文集团里，唐家三少、辰东、我吃西红柿等白金网络写手，也凭借自身出色的创作能力，年收入达到了百万、千万乃至上亿元，让年轻的他们早早地实现了财富自由，很多优秀的传统作家难以望其项背，靠文学写作致富不再是小说里虚幻的梦想。在 2018 年公布的第 12 届网络作家榜中，唐家三少以年收入一亿三千万高居榜首，他的幕后团队将其热门的文学作品与网络游戏、网络动画等有机地结合起来，大幅提升了其吸金能力和渠道。而根据中国作家协会发布的《2021 年中国网络文学蓝皮书》显示，这一年全国 45 家主要网络文学网站全年营收超 200 亿元；网络文学海外市场规模突破 30 亿元，共向海外输出网文作品 1 万余部（如图 6-1 所示）。②

---

① 我国网络版权产业市场规模首次破万亿元[EB/OL]. 新华网，http：// www.xinhuanet.com/info/ 2021-06/11/ c_1310002130.htm，2021-06-11.

② CNNIC 发布第 50 次《中国互联网络发展状况统计报告》[EB/OL]. 中国互联网络信息中心，http：//www.cnnic.net.cn/n4/2022/0916/c38-10594.html，2022-08-31.

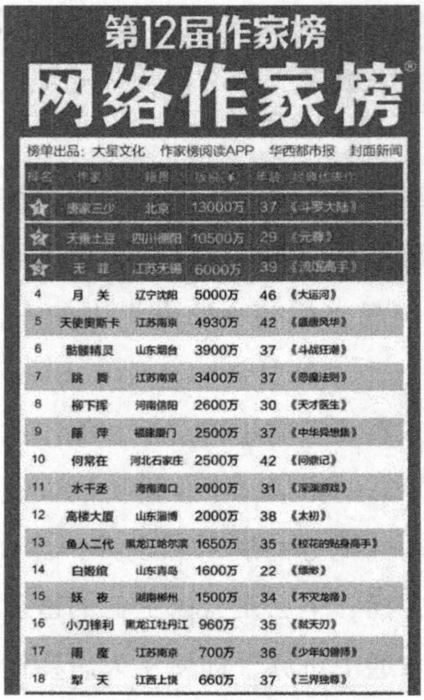

排名	作家	籍贯	版税收入	年龄	经典代表作
1	唐家三少	北京	13000万	37	《斗罗大陆》
2	天蚕土豆	四川绵阳	10500万	29	《元尊》
3	无 罪	江苏无锡	6000万	39	《流氓高手》
4	月 关	辽宁沈阳	5000万	46	《大运河》
5	天使奥斯卡	江苏南京	4930万	42	《盛唐风华》
6	骷髅精灵	山东烟台	3900万	37	《斗战狂潮》
7	跳 舞	江苏南京	3400万	37	《恶魔法则》
8	柳下挥	河南信阳	2600万	30	《天才医生》
9	滕 萍	福建厦门	2500万	37	《中华异想集》
10	何常在	河北石家庄	2500万	42	《问鼎记》
11	水千丞	海南海口	2000万	31	《深渊游戏》
12	高楼大厦	山东淄博	2000万	38	《太初》
13	鱼人二代	黑龙江哈尔滨	1650万	35	《校花的贴身高手》
14	白姬绾	山东青岛	1600万	22	《缥缈》
15	妖 夜	湖南郴州	1500万	34	《不灭龙帝》
16	小刀锋利	黑龙江牡丹江	960万	35	《弑天刃》
17	雨 魔	江苏南京	700万	36	《少年幻兽师》
18	犁 天	江西上饶	660万	37	《三界独尊》

图 6-1 第 12 届网络作家榜

从人的精神层面来看，根据马斯洛需求层次理论分析，人们高层次的需求，如尊重、被爱、自我实现等，在虚拟的网络世界往往比在现实世界里更容易满足。在我们的问卷调查中，“与现实生活相比，你对于虚拟世界中的接触和生活体验的满意度是”这一问题，选择满意和非常满意的占了 72%，并且选择这两项的调查者年纪在 40 岁以下的比例占 77%。而在选择不满意和不确定的 10%的人群中，50 岁以上的人占据了 81%(如图 6-2 所示)。从数据分析来看，绝大多数网民对网络虚拟世界的接受度比较高，年轻人更是对其格外青睐(如图 6-7 所示)。

然而，过度依赖虚拟世界可能会给网民带来心理和生理的健康问题，特别是当它演变成瘾时，它会影响到网民的日常学习、工作和生活。尤其是对于处于青春发育期、自控力比较差的青少年来说，其危害性更大。网络信息技术越发达，虚拟和现实就会结合得越深，对人们的

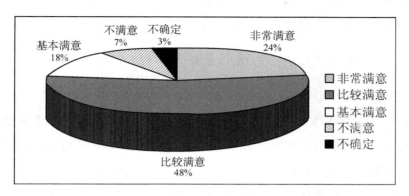

图 6-2　虚拟世界接触体验满意分析

吸引力也就越大，个人想脱离或反抗这种新型社会的难度也越大。在我们的日常生活中，经常可以看到关于青年网民沉湎于网游、网娱无法自拔，甚至荒废学业的新闻报道（如图 6-3 所示），在惋惜伤痛之余，社会各界有必要加强关注和引导。

图 6-3　如何救助网瘾少年

作为学者，我们必须清晰地看到，当网络世界的虚拟性过分地掩盖现实，将导致广大网民尤其是年轻人沉溺于虚拟中无法自拔，这不可避免地将对现有社会的正常运行构成威胁。不论是作为文化主体还是政府

管理者，如何去面对网络世界的虚拟与现实、结合与分离，已成为当前
网络文化发展中不可回避的研究命题。

二、有序和无序：网络引导如何加强？

2022年1月，17岁的河北寻亲男孩刘学州在微博上发布了一篇"生
来即轻，还时亦净"的长文后，结束了自己年轻的生命。他一出生就被
父母卖了出去，从二年级就开始寄宿生活，读书期间一直被同学欺负，
命途坎坷的刘学州怀揣着对未来美好的期待，在网络世界开启了寻亲之
旅。但是令人遗憾的是，他在网上并没有找到心灵寄托的港湾，尽管他
见到了自己的亲生父母。他的寻亲道路艰难而波折，中国有句古话叫
"看戏不怕台子高"，因为网民们冷漠的看客心理，让舆情一度恶化成
了网络暴力。不少道德沦丧的键盘侠对其人身攻击和恶意诋毁，这让年
仅17岁的他充满了无助甚至绝望。无序而残忍的网络暴力，成为压倒
他年轻生命的最后一根稻草（如图6-4所示）。

图6-4　刘学州网暴致死案

"每个字都像是射出的子弹"，有人用这句话形象地揭示了网络暴
力的杀伤力。网暴无声却致命，施暴者如幽灵般，常常被互联网隐匿身
形，进而逃避法律的制裁，但受害者所承受的伤痛却是真真切切、难以

弥合的。不仅仅是网络暴力，网络水军、网络谣言、网络诈骗等网络无序行为也对网络文化的健康发展带来了严重的威胁。

网络文化的无序性可以从网络信息的"质"和"量"来分析。从"质"来看，网络文化信息发布具有高度的自由性和随意性，质量良莠不齐，既存在高质量的网络文化信息资源，促进主体的发展，也存在大量的"垃圾"信息，阻碍主体的自身发展。从"量"来看，网络世界之于现实世界的无限性，让网络文化的产出也具有无限性，即网络文化主体能够随意制造网络信息以供其他主体传播和使用，造成网络信息扩展的无序性。

同时，网络信息技术的储存和管理工具同样赋予了网络文化有序性。一方面，网络信息所储存的网站、网页随着网络信息技术的发展将会产生新的变化，而网络信息自身的更新使其形式、内容等都得到不同程度的革新，显示出网络文化极强的动态发展模式；而作为网络文化主体的人根据自身想象力和创造力随意编排这些网络信息，形成新的网络文化，凸显出网络文化的无序性特征。另一方面，网络信息管理工具的发展，如网络信息用户界面的更迭、信息检索方式的改变，都在一定程度上体现网络文化的无序性。

网络文化的无序性还通过网络文化主体参与网络文化的行为时体现。网络世界纷繁复杂，每一个网络文化主体既是这个世界的受众，也是这个世界的"主宰"，每个网络文化主体可以拥有高度的自由权利，具有行为上的不可操纵性和无序性。同时，网络赋予网络文化主体的这种高度自由在一定程度上会影响个人、现代社会和网络本体的发展，完全无序性造成了网络文化的肆意传播和主体的肆意放纵，会给现实有序的文化生产、传播造成巨大负面效应，也会阻碍网络世界的向好发展。

在我们的问卷调查中，"与现实生活相比，你对虚拟世界中的接触和生活体验的满意度是"选择满意和非常满意的占了72%，并且选择这两项的调查者年纪在40岁以下的比例在77%。而在选择不满意和不确定的 10% 的人群中，50 岁以上的人群占据了 81%。从数据分析来看，绝大多数网民对网络虚拟世界的接受度比较高，年轻人更是对其格外青睐（如图 6-5 所示）。

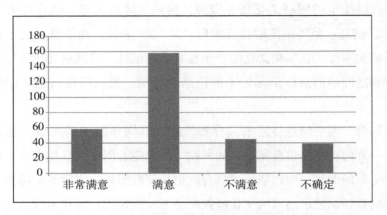

图 6-5　对虚拟世界中的接触和生活体验的满意度分布

　　如何对网络的无序性加强引导，使其走向有序和正轨，提升广大网民网络体验的满意度，这个时代性的话题值得政府和社会各界的去做深入思考。笔者认为，一方面，我们有必要提升网络文化主体的自我管控、约束能力和道德修养。强化主体对网络文化的认识，既要明晰网络文化的无序性对自身发展的促进作用，如创造力、想象力等，又要清楚这种无序性应该是建立在网络文化的有序性基础上的，"绝对的自由"并不等于肆无忌惮地放纵自我，甚至走向违法犯罪的道路。

　　另一方面，政府和社会各界要通力合作，通过完善法律法规体系、加强技术研发和应用、建立多方参与的治理和监控机制、加强网络安全意识法制教育等方式方法，强化对网络虚拟世界的监管和引导。此外，我们还要清晰地认识到，基于网络全球化的大背景，仅仅一个国家或一个地区有意加强网络文化的有序性管理，无疑是力度不够的，这种将网络文化从无序发展到有序的引导和治理活动，必须要有国际合作和交流。

三、思想与冲突：如何加强主流意识形态教育？

党的十八大以来，习近平总书记就"意识形态"问题在多个场合发表了一系列重要讲话，并多次强调意识形态工作的极端重要性。网络作为意识形态工作的重要阵地，既是信息资源传播的主要场所，也是不同价值观念碰撞的主要战场。大学生作为使用网络的重要主体，其思想观念不可避免地受到网络文化的冲击。

网络作为一种高度开放的虚拟世界，多元的思想和观念在网络文化中能够得到充分的凸显，碰撞比 20 世纪 90 年代亨廷顿在《文明的冲突》中所描绘的现实世界里显得更为激烈。所以，网络文化不仅是一种对资源的开放，也是对思想观念的开放。这种开放性有助于大学生突破地域和时空的界限，形成开放的观念和多维思维方式。同时，由于网络文化的规范性较低，不良的观念和思想也在一定程度冲击着大学生的价值观，西方一些国家通过网络对我国进行价值渗透正在深刻影响着当代大学生(如图 6-6 所示)。

图 6-6　价值观渗透

在我们的问卷调查中，"自身价值观在上网过程中是否会受到影响和冲击"，选择满意和非常满意的占了72%，并且选择这两项的调查者年纪在40岁以下的人比例在77%。而在选择不满意和不确定的10%的人群中，50岁以上的人群占据了81%。从数据分析来看，绝大多数网民对网络虚拟世界的接受度比较高，年轻人更是对其格外青睐（如图6-7所示）。

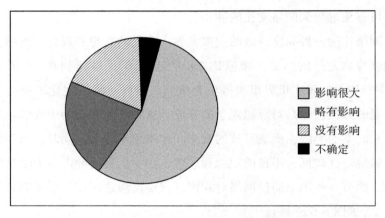

图6-7　自身价值观在上网过程中受到的影响分布

当前，人类正处于"百年未有之大变局"之中，时代的动荡和冲突日益加深，网络的即时性、交互性、前沿性等特征，为部分西方国家推行"颜色革命"打开了方便之门。诚如骆郁廷教授所说："西方通过网络文化浸染、网络舆论抹黑、网络社交渗透、网络利益输送和网络勾连策动等手法在我国网络空间进行价值渗透，造成了严重的危害。"[1]基于这些危机和挑战，习近平总书记在党的二十大讲话中强调："意识形态工作是为国家立心，为民族立魂的工作"，要"加强全媒体传播体系建设，塑造主流舆论新格局。健全网络综合治理体系，推动形成良

---

[1]　骆郁廷，李恩：《网络空间西方价值渗透及其应对》，《思想教育研究》2021年第2期。

好网络生态"。① 作为高校教育工作者，我们必须牢牢把控网络意识形态的主导权，强化网络环境治理，引导大学生树立正确的价值观念，建设具有强大凝聚力和引领力的社会主义主流意识形态。

第二节 网络文化对思政的双重构建

2018 年，习近平总书记在全国宣传思想文化工作会议上强调："我们必须科学认识网络传播规律，提高用网治网水平，使互联网这个最大变量变成事业发展的最大增量。"②新时代网络是最大的变量，高校在进行大学生网络思想政治教育工作过程中要利用好这个最大变量，让网络文化成为推进大学生网络思想政治教育工作的最大增量。网络文化是人类社会发展到一定阶段的产物，这是我们无法回避的。它伴随网络的出现而出现，在很短的时间内发展成为一种世界性的文化现象，其特点必然离不开网络所赋予的特性。③

但是随着网络科技的日益发展，网络文化对大学生思想影响也日益显现。习近平总书记提出"谁赢得了互联网，谁就赢得了青年"④，强调互联网与青年之间的密切联系。网络文化快速发展为大学生提供了更丰富的生活方式和新奇观念，同时也为高校大学生思想政治教育工作中的意识形态、价值观等层面带来了安全问题。因此，系统地、科学地分析网络文化对大学生网络思想政治教育工作的影响，有利于为高校大学生网络思想政治教育工作的推进提供机遇。

---

① 习近平：《高举中国特色社会主义伟大旗帜 为全面建设社会主义现代化国家而团结奋斗》，《人民日报》2022 年 10 月 16 日。
② 习近平：《全国宣传思想工作会议上的讲话》，《人民日报》2018 年 8 月 23 日。
③ 张羽程等：《融合视域下网络文化育人研究》，江苏人民出版社 2019 年版，第 49 页。
④ 习近平：《全国高校思想政治工作会议上的讲话》，《人民日报》2016 年 12 月 9 日。

一、网络文化对思政的积极构建

2004 年，中共中央、国务院发布的《关于进一步加强和改进大学生网络思想政治教育的意见》中明确指出："加强和改进大学生思想政治教育要以促进大学生全面发展为目标。"该文件高瞻远瞩体现了马克思主义关于人的全面发展理论的预见性和科学性。

二十年后，正如文件制定者中所考量的，网络文化已渗透大学生学习生活的各方面，在给大学生带来社会物质生活方式和日常交往方式的变化的同时，也深刻影响着大学生的价值观念。就政府和高校而言，面对社会发展的新形势、新变化精准施策，如何客观地认识网络文化这个新生事物，利用好网络平台交互功能、大数据分析、AI 智能导学等科技手段，结合学生心理、行为特征做好思政工作，是摆在我们面前的现实问题。必须客观、准确和全面地认识网络文化，才能推动大学生网络思想政治教育的健康发展。

第一，网络文化的传承功能丰富了思政内容。传统的文化传承多以物的形式保存，或是言传身教式的道德教育。随着社会的发展和人类的进步，网络信息技术的出现在文化传承方面起到了巨大的作用，突破了以往传统文化传承载体的局限性，这主要体现有两个方面：一是网络文化突破了文化传承的保存方式的界限。以网络信息技术为依托的网络文化，能够用先进的数字化产品保存人类社会的进步过程中留下的思想、道德、习俗、信仰等文化，并且网络文化的这种保存形式既完全保留了原始的文化因素，又能够以迅捷的传播方式、灵活的语言表达方式突破传统界限。二是网络文化极大地促进了人类文化的创新发展。传统的文化发展总是基于品德高尚、知识渊博、文化层次较高的少数人为代表，而在网络文化世界里，每个网络文化主体都是创造者，可以随心所欲地创造，这就极大地扩展了网络文化的范畴，推动了文化的发展和创新。网络文化当中的观念、价值追求等，虽然一定时期会有滞后和偏差，但是与人类需求和社会进步的总体趋势是一致的。

第二，网络文化的渗透功能提升了思政效果。网络文化不同于传统文化的直观性，其具有即时性、交互性和渗透性等特点，在影响和改造人的思想观念时往往是让人不知不觉的。这主要体现在，处于网络世界的人们可以根据自己的需求无限地、自由地获取海量网络信息，也可以随自己的想法是否接受新的道德认知和情感认知，一切行为都是自愿的。同时，网络信息的资源共享让每个网络文化主体都是参与者，不同于以往那种被动接受模式，而是主动地以交互模式与其他网络文化主体进行文化沟通和交流。从文化传播影响力来看，相较于传统文化模式，网络文化的文化传播影响力要强得多。网络空间的无限性造就了网络文化数量的无限性，以及网络文化主体数量的无限性，因此，网络文化主体可以无限在网络世界和现实世界传播各式各类的网络文化；同时，这种传播模式也打破了时间的限制，快速发展的网络信息技术让网络文化传播速度大幅提升，网络文化热点随时可能被新的热点替代，网络文化中心某种程度来说已不复存在，这在很大程度上提升了网络文化传播和渗透的有效性，也有利于在学生群体里润物细无声地开展思政工作（如图 6-8 所示）。

第三，网络文化的价值引领强化网络思政导向。在互联网的作用下，网络文化与大学生紧密连接在了一起。一方面，网络文化为大学生提供资源丰富的网络信息，提升了大学生学习的效率和生活的质量；另一方面，大学生在摄取、传播和消费网络文化的过程中，只有遵守网络文化制定的一系列规则才能够与其发生相互性的交换，于是不知不觉中就接受了网络文化带来的价值观的传递。此外，网络文化的互动性和流动性强化了高校大学生的价值追求和价值理念。纷繁复杂的网络世界，各类信息不绝于耳，网络文化高效的互动性和流动性，能够在很大程度上将诸如政治理想、经济格局、文化思潮等价值形态构建成形，并通过耳濡目染来影响大学生的主流价值观，通过网络来宣传社会主义核心价值观显然比传统意义上的宣传方式事半功倍。

第四，网络文化的实践特性完善了网络思政结构。网络世界跟现实

图 6-8　网络文化的渗透功能

世界本就是贯通、密切联系的。网络文化的育人功能最终在现实世界得以体现，一方面取决于网络的全球化。这让大家足不出户就可以了解并体验不同国家、民族的风土文化和社会行情，与千里之外的人聊天交友、分享人生的喜怒哀乐，岂不快哉？另一方面取决于网络文化是现实世界的映照。网络文化是网络文化主体意识思维开放性的体现，网络文化的生成、发展和传播等打破了原有的地域限制，打破了种族界限，也打破了人们思维的界限，让更多人根据自己的意愿获取所需要的网络文化信息，愿意分享心得和观点看法。同时，网络文化赋予人们交流的平等性。处于网络文化中的主体不存在阶级之分，每个人都是自由而平等的，每个人都能创造和选择自己的网络文化。此外，网络文化的育人选择是多元化的，可以根据不同情况选择不同的实践方案。由于网络文化的包容性，网络世界的多元文化形态总是共存共生共融的状态；执行实践育人只要根据实际需要自由地选择相应的、合适的网络文化即可，网络文化的多样性也就造就了实践教育育人的多样性。这些为通过网络来开展思政工作提供了便利的基础。

二、网络文化对思政的消极影响

美国学者马尔库塞指出："技术本身也已经成为一种意识形态。"①
2014 年，习近平总书记在主持召开中央网络安全和信息化领导小组第
一次会议时强调："当今世界，信息技术革命日新月异，对国际政治、
经济、文化、社会、军事等领域发展产生了深刻影响。信息化和经济全
球化相互促进，互联网已经融入社会生活方方面面，深刻改变了人们的
生产和生活方式。我国正处于这个大潮之中，受到的影响越来越深。"②
网络信息技术的发展推动了网络文化的普及，为大学生提供丰富的信息
来源，也为大学生的成长发展和成才打造了良好的生态环境；但是，网
络文化渗透大学生学习和生活各层面，在改变大学生学习模式、生活方
式和思维模式，提供积极效用的同时，对高校网络思想政治教育工作也
产生了消极影响，主要体现在：

（一）网络文化对受教育主体意识形态的影响。新时代，高校大学
生具有积极上进、思想开放、个性鲜明等特点。不同于现实世界中被动
式的课堂灌输，在网络世界中他们常常主动地寻找、接收信息。在网络
文化与大学生交互的过程中，大学生潜移默化地遵循了网络文化赋予的
意识形态。但由于大学生自我认知能力、自我控制能力有限，面对庞杂
多变的网络世界，他们往往会受到较大的冲击。网络文化非主流意识形
态，比如历史虚无主义、享乐主义、躺平主义、无政府主义等，都在弱
化大学生的爱国意识和判断能力，如某些自媒体平台曾炮制出类似于
"中国共产党领导中国抗战走向胜利纯属侥幸""黄继光舍身堵枪眼纯属
编造""长征只走了 6000 里""红军战士用茅台酒洗脚"等完全与历史不
符的错误言论，并以此来吸引大学生的眼球，可见网络文化背景下意识

---

① ［美］赫伯特·马尔库塞：《单向度的人——发达工业社会意识形态研究》，
张峰译，重庆出版社 1998 年版，第 116 页。
② 习近平：《迈出建设网络强国的坚实步伐》，《人民日报》2019 年 10 月 19
日。

形态领域的斗争正在不断地更新着内容和形式。

当前，西方一些国家利用网络技术大力推行自己的价值观念、文化传统和生活方式，在很大程度上冲击着大学生的意识形态领域。大学生容易受到隐晦的新媒体传播事件影响，对非主流意识形态产生好感或依附感，最终产生认同感，甚至抛弃原有的主流意识形态与对国家、民族的信任。长此以往，大学生的国家意识和民族意识势必受到重大影响。而且一些邪恶势力通过网络文化向大学生宣传无政府主义，处于价值观念养成的大学生群体，具有较强的反叛心理，他们渴望独立、开放和自主选择，网络文化空间正好就给予他们这样一个平台，甚至可以说是投其所好。但是，无穷无尽、随心所欲的虚拟网络让大学生极易进行一些有悖现实原则和道德规范，甚至触犯法律的行为，网络的隐蔽特性又给了大学生畅所欲言的权利，原本是代表着自由言论的特性，有可能又被用来恶意制造舆论和混乱。尤其是当大学生在现实生活遭遇挫折或困难时，就容易在网络上发表一些过激和违法言论，这实质上就是一种受非主流意识形态影响的无政府主义的表现。

2015年，山东威海市出现一起意识形态领域的网络舆情案件，称为"侯聚森被围殴"案件。事情缘由是，侯聚森与网络上一些人产生语言冲突，由于意见不合，其他几名人员在校门口围堵侯聚森，对其进行殴打。通过调查研究，侯聚森经常发表坚持爱国、爱党等评论，其他几名网络人员就盯上了侯聚森，对其进行错误思想引导和非主流意识形态灌输，但是侯聚森政治立场坚定，敢于反抗与斗争，最终双方意见不合，发生斗殴。"侯聚森被围殴"案件反映了网络上意识形态的斗争、爱国爱党爱社会主义与反华反共反社会主义的斗争相当激烈，出现了从网上思想斗争向网下现实斗争，网络暴力转化为现实暴力的苗头和趋势（如图6-9所示）。①

----

① 民族复兴网：《当前意识形态领域的网络舆情对当代青年理想信念的影响——以"侯聚森被围殴"案件为例》[OL]．（2015-08-05）https：//www.mzfxw.com/e/action/ShowInfo.php？classid＝15&id＝44989。

图 6-9　"侯聚森被围殴"事件图

网络文化信息的传播渗透大学生学习生活的各个层面，对其整体素质尤其是思想素质造成较大影响。一项调查显示，我国 2300 多万在校大学生中，有超过三分之二的大学生玩网络游戏，其中超过 7% 的大学生对网络游戏有依赖性。① 网络文化让大学生以为找到了"自由的天空"，在虚拟的网络世界中无法自拔，甚至引发人际交往障碍问题，让学生在人际交往中变得越来越不适应，越来越逃避现实。大学生的人文和科学素养也因此受到消极影响。早在 2006 年，国务院就印发了《全民科学素质行动计划纲要（2006—2010—2020）》，对全面实施全民科学素质行动计划和提升全体公民的科学素养提出了具体的要求和方案。但网络文化的丰富多彩和网络世界的巨大诱惑，常常让大学生无所适从，乐于沉湎于虚拟之中，进而失去对人文和科学知识的获取欲望。这正如美国著名学者西奥多·罗斯扎克所说："信息，到处是信息，唯独没有思考的头脑……信息太多，反而会排挤思想，使人在空洞零散的一堆事实面前眼花缭乱、六神无主、无所适从。"大学阶段是大学生道德品质养

① 黄浦林，崔燃：《警惕大学生"网游"成瘾》，《光明日报》2006 年 9 月 3 日。

成的重要阶段，也是对新鲜事物包容、接受的重要时期，如果迷失在这种自由、多元而碎片化的网络文化之中，不仅不利于系统化的知识的获取，更容易使道德观念和价值取向错位。

在一项针对大学生群体的问卷调查中，"网络文化对学习、生活和价值观构建的影响"，选择"影响很大"的占了18%，选择"影响较大"的占了46%，两者占比为64%。从统计的数据直接来看，网络文化对大学生的直接影响已经是非常大了。值得注意的是，由于网络文化影响常常是无意识的，很多时候主体对其的认知具有滞后性。所以在学生进行问卷调查中，不少选择"影响不大"或者"没影响"的学生，或许并没有意识到自己其实已经受到了网络文化的影响。如果算上这一部分潜在的受影响的大学生群体，那这个数据反映的情况就显得更为严峻(如图6-10所示)。

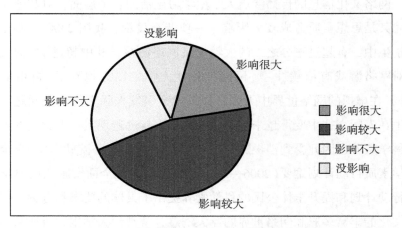

图 6-10 网络对学习、生活和价值观构建的影响

(二)网络文化对高校传统教育的冲击。思想政治教育相较于其他专业性教育，具有针对性强、共性与个性交融等特性，针对不同的对象和问题，如初中生群体和高中生群体，思想政治教育必然会采用不同的教育方法。在高校教育过程中，传统的思想政治教育为大学生树立正确

的价值观念起过很大推动作用。

　　但随着网络文化深入高校思想政治教育，传统的思想政治教育工作受到了较大冲击，尤其是教育模式。传统的思想政治教育以课堂为主要阵地，采取的是灌输式、说教式的教育方法。而新兴的网络文化给思想政治教育注入了新的动能，对教育空间和教育信息的开放性等观念提出了挑战，对教师队伍也提出了新的要求。BBS、微信、小红书、微博、抖音等这些，都成了开展思想政治教育的新阵地。如果教育工作者们还仅仅拘泥于课堂中的填鸭式说教，那效果显然是不会好的。这种教育模式的调整，必然要求高校教育工作者在教育理念上做出调整，并积极地去适应这些新的变化(如图 6-11 所示)。

图 6-11　思想政治教育新阵地图

　　在教育过程中，传统的思想政治教育呈现出简单、线性的特点，是师生面对面直接沟通的过程，在传递思想观念过程中，思想政治教育内容在被传授给大学生之前，一些不正确、不恰当的内容几乎已经被过滤。在网络文化背景下，受网络技术和其他因素影响，一些信息内容已经很难全面掌握，高校对思想政治教育过程的把控难度明显增加。加之网络信息的隐蔽性，大学生所能接触到的网络不良信息概率就大大加强了。同时，网络弱化大学生自我约束能力造成的一系列问题，也加大了大学生网络思想政治教育工作的难度，一定程度上削弱了传统思想政治教育的功能与成效。

在一项针对大学生群体的问卷调查中，关于对"当前高校开展思想政治教育的满意度"，选择"十分认同"的占了 12%，选择"还不错"的占了 31%，两者占比为 43%，不到一半。这显示出当前形势下，大学生对高校思政工作的满意度并不高（如图 6-12 所示）。

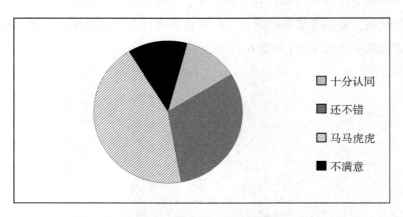

图 6-12 对"当前高校思想政治教育工作"满意度

第三节　网络文化与思政的相待而成

"明者因时而变，知者随事而制。"早在 2015 年，习近平就在第二届世界互联网大会开幕式上发表主旨演讲时谈道："每一次产业技术革命，都给人类生产生活带来巨大而深刻的影响。现在，以互联网为代表的信息技术日新月异，引领了社会生产新变革，创造了人类生活新空间，拓展了国家治理新领域，极大提高了人类认识世界、改造世界的能力。"①

---

①　习近平：《迈出建设网络强国的坚实步伐》，《人民日报》2019 年 10 月 19 日。

世界因互联网而更多彩，生活因互联网而更丰富。网络文化的发展为大学生思想政治教育工作的开展提供了千载难逢的机遇，也带来了始料不及的挑战。为此，政府以及社会各界，尤其是高校教育工作者们，必须加强警惕，调整认知，提出合理、可行的教育和管理方案，净化网络空间环境，强化意识形态引导，实现网络文化与大学生思想政治教育的双向奔赴。

一、强化网络文化意识形态阵地建设

随着现代化进程的推进，网络文化的内涵也在不断丰富和发展。网络文化作为新兴文化，在给大学生带来多样的信息文化资源的同时，其蕴含的不同理念、道德思想也在冲击大学生原本的观念，潜濡默被地改变其思想认知。这对高校思想政治教育和现有的文化建设及管理工作，带来了极大的风险和挑战。

故而在当前的时代大背景下，要增强思想政治教育工作的实施效果，提升大学生对思想政治教育工作的满意度，就必须与时俱进，在尊重网络文化的发展规律的同时，注重网络文化的特质、特点，以有效的管理推动网络文化的发展进程，以科学的工作思路优化思想政治教育的方式方法。2017年，中共中央、国务院印发的《关于加强和改进新形势下高校思想政治工作的意见》中，对高校的校园文化和校园网络建设提出了指导方案，对如何打造高校风清气正的网络环境做了具体要求。结合文件精神，如何加强高校思想文化的规范管理，充分发挥好思想教育工作的育人作用，笔者认为，高校和社会各界可以从以下几个方面着手：

（一）深化网络管理建设，规范大学生网络行为

党的二十大报告对网络建设提出明确的要求，必须加强网络的内容建设，建立网络综合治理体系。网络文化不仅有利于价值观念的承载和传播，也有利于大学生学习和生活的需求，是一种拥有复杂功能的文化形态。网络文化的开放性、共享性、互动性、便捷性等特点，在丰富大

学生学习、生活方式的同时，也为低俗、不良的信息接触大学生提供了便捷的渠道。正如美国知名互联网专家 P. W. 辛格和艾伦·弗里德曼所说的："没有任何问题能像网络安全问题一样得到如此之快的重视。当然也没有任何问题，像网络安全问题一样让人们知之甚少。"①进行大学生网络思想政治教育，必须打造清朗的网络空间环境，高度重视网络文化安全问题。

要科学制定校园网络的使用规范。随着我国网络现代化进程的推进，我国在网络使用方面也制定了许多法律法规，如《中华人民共和国网络安全法》《互联网群租信息服务管理规定》，2024 年刚刚实施的《未成年人网络保护条例》等。这些法律法规的制定在很大程度上规范了网民的行为，为预防网络犯罪，推进网络信息技术发展的有关立法和执法，提供了强有力的依据，同时也为我国校园网络开展网络文化管理、推动大学生网络思想政治教育、规范大学生网络行为，以及进行高校网络使用规范工作提供了方向。高校要以国家制定的法律法规为主体，制定适合学校的相关规则，如《校园网建设与管理工作条例》《校园网管理规定》《大学生网络文明公约》等，规范大学生的上网行为；要以网络信息监察为对象，保持对高校网络的警觉，一旦发现校园网络有非法信息或有人进入不良网站等，立刻进行信息删除和禁止访问等操作；以校园BBS、微博、公众号等为目标对象，积极主动地融入大学生的交流圈，用积极正面的声音引导大学生，并适时对其提供帮助教育和心理关怀；要以校园网络文化活动为工具，对大学生的优秀表现予以表彰。作为网络文化的受益者，大学生群体在享受各项权利的同时，也应该规范自己的行为，为打造健康向上的网络空间和文化氛围贡献应有之力（如图 6-13 所示）。

要打造全方位校园网络管理体系。要以当地公安、国家安全部门依

---

① [美]P. W. 辛格，艾伦·弗里德曼：《网络安全：输不起的互联网战争》，电子工业出版社 2015 年版，第 6 页。

图 6-13 大学生网络保护机制

法监控为基础，建立高校网络监控制度，主要通过网络媒体审查和监控，来规范大学生的网络行为；对于网络上的"好人好事"应加大宣传力度，引导良好的舆论风向，帮助大学生树立正确的是非观念；对于网络上不良或反动的相关内容，要依法清理，并通过网络渠道发现信息源头，对大学生进行正面引导，若问题较为严重，应该及时联系相关部门，形成网络舆论疏导机制，以免产生更大的舆情。要充分发挥高校学生会、社团等学生组织的带头作用，发挥优秀典型人物的朋辈影响力。可以通过讲座、网络文化活动、经验交流会等多种方式，强化大学生的法律意识、安全意识、自律意识等。

(二)优化教师队伍建设，提升大学生育人成效

高校教师队伍建设既是加强和改进大学生网络思想政治教育的组织保障，也是构建和谐校园的一项重要工作内容。作为教育工作者不仅要走在信息时代前列，将网络思想政治教育融入网络文化整合和思考，同时也要极力地提升自身的能力水平，与大学生一道，共同进步与发展。习近平总书记指出："要实施教育家精神铸魂强师行动，加强师德师风

建设，提高教师培养培训质量，培养造就新时代高水平教师队伍。"①高校思政体系的完善离不开一支素质过硬、品德修养良好的师资队伍。这支队伍作为思想政治教育活动的主要组织者和实施者，对于传承优秀的中华文化和弘扬先进的网络文化，科学地引导大学生树立正确的价值观，担有重要的责任。

要优化高校思政教师队伍的配置。2021 年，中共中央、国务院印发的《关于新时代加强和改进思想政治工作的意见》中明确指出："打造专兼结合的工作队伍，配齐配强思想政治工作骨干队伍，充实优化兼职工作队伍，不断壮大志愿服务工作队伍，有计划有步骤地开展全员培训，深化思想政治工作人员专业技术职务评聘制度改革，培养思想政治工作的行家里手。"②建设高素质的师资队伍是大学建设的基础性工作。加强新时代高校思政工作队伍建设，应在教师培育、选拔、使用等各个环节做好做实。

要提升思政教师队伍的自身素养。"要始终坚持马克思主义指导地位，以中国特色社会主义取得的举世瞩目成就为内容支撑，以中华优秀传统文化、革命文化和社会主义先进文化为力量根基，把道理讲深讲透讲活，守正创新推动思政课建设内涵式发展，不断提高思政课的针对性和吸引力。"③这对高校思政工作者提出了更高的要求，其包括：一是具有过硬的政治素质。高校教师必须坚持正确的政治方向、政治立场和政治观点。二是具有高尚的道德素质。"其身正，不令而行；其身不正，虽令不从"④，教师只有以身作则才能够让学生信服。社会主义核心价值观是建设和谐文化的根本，也是教育工作者应该遵循的基本道德。坚

---

① 习近平：《紧紧围绕立德树人根本任务朝着建成教育强国战略目标扎实迈进》，《人民日报》2024 年 9 月 11 日。

② 习近平：《关于新时代加强和改进思想政治工作的意见》，《人民日报》2021 年 7 月 13 日。

③ 习近平：《不断开创新时代思政教育新局面 努力培养更多让党放心爱国奉献担当民族复兴重任的时代新人》，《人民日报》2024 年 5 月 12 日。

④ 冯国超译：《论语》，商务印书馆 2021 年版，第 437 页。

持社会主义核心价值体系的高校教育工作者，必须首先培育自我的爱国主义精神和改革创新精神。

要改进思政教师队伍的教育理念和方法。对大学生的德育工作，邓小平曾强调："时代不同了、条件不同、对象不同了，因此解决问题的方法也不同。"①网络文化常常是带着"面具"接近大学生，传统的灌输式教育已无法满足当前复杂形势下的教育需求。面对非主流意识形态与主流意识形态的文化矛盾，大学生极易出现思想上的动摇。高校思想政治教育必须改变传统的教育模式，帮助大学生提升分辨能力，树立正确的价值观。同时，要充分考虑大学生的心理特征。互动性作为网络文化的重要特点，让教师和大学生地位平等变为可能，传统的居高临下式的说教往往会被学生嫌弃。而通过我们的走访调查显示，这种平等、即时的对话式教育模式往往更受大学生欢迎，也更能促使大学生积极发挥学习的自主性、创造性。

二、丰富网络文化的体系化建设

网络空间是亿万民众共同的精神家园。网络空间天朗气清、生态良好，符合人民利益。网络空间乌烟瘴气、生态恶化，不符合社会发展需求。身处信息技术快速发展的数智时代，大学生教育环境的开放性、互动性、主体性都发生了改变，这对推动大学生思想政治教育提出了新的挑战，也对如何构建社会主义网络文明、发展积极健康的网络文化提出了更高的要求。

(一)构建全方位的思想政治教育体系

恩格斯指出："我们当中的每一个人或多或少地受着我们主要在其中活动的精神环境的影响。"②恩格斯的话强调了环境对于人的成长的重要性。教育的过程是使人接受社会文化、逐渐社会化的过程。人的社会化分为两个部分，一部分是人个体自身的社会化，另一部分是外在环境

---

① 邓小平：《邓小平文选》第 2 卷，人民出版社 1994 年版，第 119 页。
② 《马克思恩格斯选集》第四卷，人民出版社 1995 年版，第 622 页。

给予的社会化；其中外在环境的社会化是人的社会化的外部因素，它向个人提出明确的社会期望，引导着个人社会化的方向，为个人社会化的实现提供特定的氛围和情景。① 教育是长期的、系统性的过程，并非一蹴而就，外部环境对于人的社会化如此重要，那么不论是政府还是社会，不论是高校还是家庭，都必须认真落实"三全育人"的育人理念，为大学生创造良好的教育环境，帮助大学生提升各方面的能力，实现 1+1+1+1+1>4(如图 6-14 所示)。

图 6-14 在大学生思想教育中坚持全员育人

要充分发挥政府的主导作用。从党的政策层面来看，网络文明建设已被提升至国家战略高度。党的十九届五中全会和二十届三中全会均对此作出重要部署，特别是《关于加强网络文明建设的意见》的出台，为新时代网络文明建设绘制了清晰的蓝图。在此基础上，政府更要充分发挥宏观调控能力和监督管理职能，创造利于大学生全方位发展的网络环境。网络空间不是法外之地，必须依法依规进行治理。打造积极、健康、向上的网络文化环境不能仅仅依靠高校，更要通过法律法规的制定，网警、网民的监督，社会主旋律的宣传和弘扬，把充满正能量的网

---

① 高鸣等：《网络文化与大学生思想政治教育新论》，江苏大学出版社 2007 年版，第 86 页。

络思想政治教育悄无声息地融入大学生的日常生活中。政府要依法加强网络空间治理，加强网络内容建设，做强网上正面宣传，培育积极健康、向上向善的网络文化，用社会主义核心价值观和人类优秀文明成果滋养人心、滋养社会，做到正能量充沛、主旋律高昂，为广大网民特别是青少年营造一个风清气正的网络空间。① 各级政府既要注重社会主义意识形态的建设，又要注重新闻舆论的导向把控，要把握网络媒体的交互性、平等性、即时性等特征，实现弘扬主旋律与提倡多样性的统一。对于社会出现的热点、疑点问题，应第一时间消除公众的猜测与疑虑，掌握舆论主动权。2024 年年初，国家网信办开展"清朗"系列专项行动，重拳整治"自媒体"乱象、网络戾气、网络水军、网络谣言、直播和短视频乱象等网络生态突出问题，从严处置违规平台和账号，取得显著成效，形成有力震慑，推动网络生态持续向好。国家的专项整治，为传递优良和谐的网络文化，帮助大学生树立正确的价值观起了极大的推动作用。

要构建学校与社会的协同引导机制。2018 年全国教育大会上，习近平总书记对"社会主义建设者和接班人"应该具有什么样的基本素养和精神状态提出了具体的工作意见，提出培养"社会主义建设者和接班人""要在坚定理想信念上下功夫""要在厚植爱国主义情怀上下功夫""要在加强品德修养上下功夫""要在增长知识见识上下功夫""要在培养奋斗精神上下功夫""要在增强综合素质上下功夫"②六个层面的具体工作思路。这是新时代教育强国战略的应有之义。但是，实现这个目标仅靠高校对大学生进行教育是不够的，还应该发动全社会的力量。要充分利用社会资源，要加强社会与高校的联动，有效利用社会教育资源，通过社会法规、社会思想道德、社会引导等多方面、深层次的方式，强化

---

① 习近平：《迈出建设网络强国的坚实步伐》，《人民日报》，2019 年 10 月 19 日。

② 习近平：《培养德智体美劳全面发展的社会主义建设者和接班人》，《求是》，2024 年第 17 期。

社会对大学生网络思想政治教育的意识；要积极引入社会力量，实现高校内部和社会共同发力，最大限度地促进大学生网络思想政治教育的有效性；要强化校企、校地合作创新，让学生更好地走向社会，开展一线实践，提升自身的综合素养。

要构建学校与家庭的协同促进机制。苏联教育家苏霍姆林斯基对家庭教育和学校教育作出过分析，他认为家庭教育和学校教育对于学生而言，缺少其中任意一个，都不可能让学生全面发展。构建学校与家庭协同引导机制，必须找到家庭教育与学校教育相同的着力点，即家庭教育与学校教育的思想观念要同向同行，为大学生的思想政治教育共同助力。应以学校教育为中心点，协同社会教育与家庭教育，形成家庭教育——学校教育——社会教育"三位一体"的协和教育模式，为做好思想政治教育工作提供坚实的力量和保障。

要发挥好高校对网络文化的正向引导作用。习近平 2024 年在全国教育大会上强调："要坚持不懈用习近平新时代中国特色社会主义思想铸魂育人，实施新时代立德树人工程。不断加强和改革新时代学校思想政治教育，教育引导青少年学生坚定马克思主义信仰、中国特色社会主义信念、中华民族伟大复兴信心，立报国强国大志向、做挺膺担当奋斗者。"[1]这为新时代高校紧紧围绕立德树人，积极引导大学生树立正确的观念提供了工作指南。一般而言，专业知识的传授是高校工作的重点，但随着社会的复杂变化，高校对于大学生的思想引导作用应进一步加强。要提升大学生思想政治素养，强化大学生社会化能力技能，帮助大学生明辨是非，更好地适应社会。要鼓励大学生学习优秀的传统文化，汲取先进的现代文化，抵制"三俗"风气的作品，要以"润物细无声"的方式，提升大学生的精神生活和道德境界，如开展"何以中国""网络中国节"等主题活动，让中华优秀传统文化在网络空间焕发新生；举办

---

[1] 习近平：《紧紧围绕立德树人根本任务朝着建成教育强国战略目标扎实迈进》，《人民日报》2024 年 9 月 11 日。

"中国人的故事""中国好网民"等网络活动，树立网络文明标杆，引导大学生崇德向善、见贤思齐。2024 年，以"弘扬时代精神共建网络文明"为主题的中国网络文明大会在四川成都举办，这场网络文明领域的盛会，凝聚了亿万网民团结奋进的磅礴力量，把网络空间打造成为有价值认同、有人文关怀、有情感归属的美好精神家园。这些活动既丰富了大学生的精神文化生活，也促进了网络文化的繁荣发展（如图6-15 所示）。

图 6-15　首届中国网络文明大会

（二）充分发挥和利用大学生的主观能动性

"没有自我教育，就没有真正的教育。"①这是苏霍姆林斯基对自我教育的看法，体现出自我教育对人本身的重要性。随着网络时代的到来，网络信息技术为大学生自我教育提供了新的载体。以网络为媒介的自我教育，在网络的全球化与网络信息的无限性加持下，大学生的自我教育将更加充满多样化和持久性。

要将大学生作为教育主体，强化人本教育理念。开放性和主体选择

---

①　[苏联]苏霍姆利斯基著，赵伟等译：《帕夫雷什中学》，教育科学出版社1983 年版，第 23 页。

性是网络思想政治教育与传统思想政治教育的主要区别。网络信息时代的到来，使大学生的自我意识和主体意识前所未有地加强。传统的思想政治教育以说教式的方法已经无法满足大学生思想政治教育的需求性，在一定程度上来说，甚至使大学生产生了逆反心理。进行思想政治教育始终坚持"以人民为中心"，要将学生的利益放在第一位，充分考虑到学生的心理特征和年龄特征，始终以学生的发展为首要任务。一方面强化学生在教育层面的主体地位，将"人本"观念深入学生心里，提升大学生自我认知能力，能够在网络的虚拟社会中拨开层层迷雾看清世界的本质；另一方面，以网络文化为依托，推动教育者施行"人本"理念的教学，改造传统的授课模式，即从课程内容为主体，变为学生为主体。结合教育者与受教育者双方，更好地、更有成效地推动大学生网络思想政治教育的"人本"理念发展。具体实施方案有：用好网络信息技术这个媒介，充分尊重和倾听大学生的心声，用耐心和爱心强化大学生对网络思想政治教育的认同感；坚持以大学生为中心，就要尊重学生的主体地位，发挥学生的主体作用，以平等、民主的形式实现教育的互动；通过强化大学生的主体性，培养大学生的独立意识、自律意识、责任意识等。

要注重大学生的自我意识，坚持把握需要原则。网络文化在很大程度上为大学生的学习和生活提供了许多便利，比如大学生能够方便快捷地对文化信息进行摄取和使用，以最快的效率提升对文化的了解程度。在这个过程中，大学生的个性以及自我意识也得到了极大的张扬，让大学生了解自身既是一个"消费者"，也是一个"建设者"。为了更好地适应大学生的这种需要，推进思想政治教育必须坚持把握需要原则，去满足大学生对网络文化摄取和使用的需要，满足大学生成长、强化自我意识的需要。其中，构建新型的、互动的师生关系能够有力地提升效果。这种师生关系首先体现的是教师与学生既是信息的传播者，也是信息的接受者，既是过程的主体，也是过程的客体；是一种主客体协同双向发展、相互促进的关系。这种关系不仅有利于教师在思想政治教育中得到更多教育经验和领悟，也有利于大学生自我认知和综合素养的提升，满足双方的需求。

要注重培养大学生的自律意识，坚持适度原则。网络文化以多样的信息和方式吸引着大学生，若大学生没有足够的自律能力，随时可能步入网络"陷阱"而无法自拔，这将对大学生的身体健康和身心健康带来极大的损害。因此，推进大学生网络思想政治教育的过程中，要注重培养大学生的自律意识，在提高自律能力方面下功夫。养成良好的自律习惯，既有利于大学生健康发展，也有利于坚持正确的价值取向。

要注重培养大学生的实践能力，坚持社会导向。在我国的大学生教育发展过程中，由于偏重理论知识的学习，忽视实践能力的培养，导致培养出来的大学生适应社会和创新的能力不强，与复合型、实用型和创新型人才的培养目标相去甚远，不能满足社会经济发展和国际竞争的要求。尤其是当前社会发展节奏日趋加速，仅仅从书本上获取知识显然跟不上时代的变化。根据《国家中长期教育改革和发展规划纲要》《教育部等部门关于进一步加强高校实践育人工作的若干意见》等相关文件要求，通过开展实习实践活动，增加大学生接触社会的广度、深度和频率，提升大学生的社会适应能力，引导大学生在与社会互动的过程中了解国情民意，学习社会规范，不断自我完善，提高人文素养，坚定理想信念，并努力践行社会主义核心价值观，肩负起社会责任和历史使命。

(三) 推动网络文化助力思政创新

文化兴则国运兴，文化强则民族强。网络文化的建设和管理不仅关系到社会主义文化事业的蓬勃发展，还关系到国家网络信息安全和国家长久治安，也关系到中国特色社会主义和谐社会的发展与创建。习近平总书记多次强调："加强网络文明建设，促进优质网络文化产品传播，充分展示人类优秀文明成果，积极推动文明传承发展，共同建设网上精

图 6-16　去祖国最需要的地方

神家园。"①紧紧围绕党和国家的指导方针，从社会对高校人才培养的需求出发，从大学生自身的全面发展出发，必须积极推动网络文化对网络思想政治教育工作的创新。

一是高举思想旗帜，弘扬时代主旋律。1994 年，互联网正式全功能接入我国，网络时代从此揭开帷幕。网络文化通过网络媒介进入大学生的学习和生活当中，为大学生获取信息、线上交流等带来极大便利。但网络文化复杂的信息介质深刻冲击和影响着大学生的思想观念，造成的负面效应不断显现。只有利于大学生发展和社会进步的网络文化才是新时期所需要的。为此，必须结合学习贯彻党的二十届三中全会精神，坚持利用正确的、积极健康的思想文化去主导网络文化的发展，帮助大学生树立社会主义核心价值观；要加强网络文化道德建设、制度建设、

① 习近平：《习近平向 2023 年世界互联网大会乌镇峰会开幕式发表视频致辞》，《人民日报》2023 年 11 月 9 日。

法治建设等,注重提升大学生辨别"是非""对错"的能力;要坚持引导大学生在纷繁复杂的网络文化中坚定理想信念、增强工作本领,敢于和错误的意识形态作斗争;要加强中华优秀传统文化丰富内涵和时代价值的宣传和阐释,以中华优秀传统文化滋养网络空间。

二是打造教育新模式,增进教育实效性。当前,仅仅依靠高校传统的思想政治教育已经无法满足社会对全面发展的人才要求和大学生自身发展的需要。网络文化给大学生思想观念带来的冲击和影响越大,大学生网络思想政治教育工作难度就越大,这是现实教育工作者必须清楚的事实。新的网络时代背景下,教育工作者必须把握习近平总书记关于"培养什么人""怎样培养人""为谁培养人"等一系列重要讲话的深刻内涵,将其落到工作实处。在具体的实践中,要将"硬管理"与"软教育"结合起来,不断创新教育管理新模式;要以网络信息技术和网络终端为媒介,凸显网络的优势,创新网络思想政治教育新模式,满足社会对大学生思想政治教育的期待;要研究网络传播规律,创新话语表达模式,合理地运用网络语言、网络热词、网络表达方式,拉近大学生与政府、高校的心理距离。

三是结合教育新势态,运用科学新方法。当前,新一轮科技革命方兴未艾,信息技术迅猛发展,深刻重塑媒体形态、舆论生态和文化业态。深刻把握数字化、网络化、智能化深入发展的时代大势,推动科技、思想、教育等在大学生思想政治教育过程中创新,是党和国家给我们的时代课题。网络文化的介入让教育工作变得更加错综复杂,这要求我们必须注重研究网络文化传播规律和大学生网络思想政治教育特点,以科学的方法和理论,把控大学生网络思想政治教育的主动权。同时,将网络文化与大学生网络思想政治教育同向发展,坚持网络文化教育与管理相结合、网络信息技术与思想政治教育相结合,以及传统与现代相结合,在理论与实践中不断扩展大学生网络思想政治教育的新渠道、新方法,提升大学生网络思想政治教育的效果,展现其促进大学生自身、社会发展的强大威力,如:加强教育重点研究以及跟踪调查研究;开展基础性研究，需要系统梳理网络思想政治教育的历程以及走向；深入研究网络思想政治教育对现代思想政治教育理论的丰富及发展；注重教材建设，"教材要坚持马克思主义指导地位，体现马克思主义中国化要求，体现中国和中华民族风格，体现人类文化知识积累和创新成果"①；加强个性化、可视化、互动化传播，打造一批网络精品栏目和重点专题，提升网络传播实效；提升网络国际传播效能，讲好中国故事，传播好中国声音，展现可信、可爱、可敬的中国形象。

当前，中华民族伟大复兴战略全局、世界百年未有之大变局与信息革命时代潮流发生历史性交汇。实现中华民族伟大复兴已经进入了不可逆转的历史进程，这更加需要 14 亿多中国人民坚定信仰、信念、信心，一起努力奋斗。大学生作为社会主义事业的建设者和接班人，其健康成长对党、对国家、对民族来说都至关重要。在这个信息科技高速发展的数智时代，推动网络文化建设和以网络文化为信息媒介，将网络文化融入大学生思想政治教育全过程，提升思想政治教育工作的针对性、科学性和实效性，这是社会发展的必然，也是时代赋予我们的使命和任务。

---

① 习近平：《培养德智体美劳全面发展的社会主义建设者和接班人》，《求是》，2024 年第 17 期。

结　语

　　互联网科技的发展和时代的变迁，刺激了当代中国文化和文学形式的空前解放。科技对每个人的生活方式产生直接影响的成果，最重要者在于电子信息技术的媒介化。文化是一个民族的精神象征，文字和语言则一直以来被视作人类文明的直接证据，文学又是一个民族精神和心理人格的标高。而如今，文化被数智化，汉字和语言被电子化，语言被网络化，形成新的文学和文化生态，并对意识形态和思政工作的展开也产生了深远影响。而在这些大变动的背后，是我们对新的生活方式的创造和认同。网络语言、网络热词、网络批评、网络文化的发展史因此也是一部时代精神的变化史，它的崛起体现了自 20 世纪 90 年代起整个中国社会方方面面的变化，跳出了权威化、中心化的特征，向着解构权威与多元化方向发展。同时这种变化也反映了整个文学和文化格局的变动。网络批评不仅打破了传统学术精英大 V 作为自律性主体的身份，同时也解构了他们长期以来所建构的权威性，在严肃的精英文学批评尚不能适应变动之时，新的表达方式和批评方式的出现使大众从形式到内容上全方位地通俗易懂地了解网络文学这种新的文化形态，丰富了人们的精神和生活。

　　从无到有，从被不屑一顾到今天被众多资本大鳄竞相争捧，网络文化及批评已然在风雨兼程中走过 20 多年的历程，其势头之猛让人瞠目结舌。如果只是从规模和效应上看，每日更新的网络文学已经代表了这个时代的主流文学样式，传统文学反倒是被边缘化了，缘何如此？无非是它与当今时代人们的阅读习惯深深契合。这种发展趋势必然会拉动与其紧紧捆绑在一起的文学批评的成长。可以预见，在未来相当长的一段时间里，网络批评、网络文学和网络文化的生命力都会如春天的"萌芽"般茁壮成长。在这种社会背景下，适时地加强其相关方面的研究是一项十分必要的任务。

网络文学较之传统纸质文学的优越之处在于，它以极低的平民化姿态彻底拆除了横亘于普通人与文学之间的门槛，只要愿意，你只需要一台联网的电脑或手机就可以编织自己的作家梦。但是，也恰恰就是因为这一点，20多年来的网络文学造就的其实就是一场狂欢的盛宴。狂欢是诱人的、震撼的，但是，狂欢过后呢？还是狂欢？如果说这场狂欢的最大意义就是撼动了传统纸质文学一统天下的格局，使网络文学及批评占据了文坛的半壁江山，那么，接下来的任务恐怕就是如何经营自己的这半壁江山了。

在不久的将来，随着中国社会经济、文化等全方位的发展，老百姓的生活水平会越来越高，文学鉴赏能力也会不断增强，网民们对优秀作品的定义门槛会设置得越来越高，个人的需求也将变得更加多元化和复杂化，整个网络文化产业都将处于并长期处于一个消费升级的阶段。到那时，网络文学及批评该路向何方？网络文学读者、批评家、作家等又该何去何从呢？

在今天这个数智化的全球化时代（或曰新轴心时代），中国文化面临与异域文化的冲突、对话、交流和融通，面临对传统文化的重释和阐扬。

20多年来，网络文化以及随其伴生的文学和批评的发展是有目共睹的，但其在发展壮大的过程中呈现出的各式各样的问题也是非常明显的。故而，用关键词的研究方法，通过对网络热词词根性、坐标性和再生性的考察和阐释，为中华文化的现代传承与创新提供词语学依据，将中华传统文化与新媒体时代的网络文化有机结合起来，提升网络时代中华文化的创新力和生命力，正是本书的目的所在。同时结合当下网络文化背景，以网络热词为切入点，以网络文化为媒介，采用问卷调查的形式，将文学批评与网络语言文化及调查数据相结合，通过网络热词、网络文化的特点和变化，来揭示网络批评的源变、特征以及发展趋势，进而对网络文化、网络思政等网络时代的新文学、文化、生活、教育模式进行探析，以期增强世界文化多元格局下中国文化的软实力及国际影响力。

尽管网络这个虚拟世界所诞生的文化、文学和批评有着显而易见的缺点，但既然网络已经"一网打尽世界"，那么，处于现代历史阶段的人，无论赞成或者反对都是毫无意义的。毕竟在网络技术的支持下，现代人的交流获得了辉煌的前景，人类科技、社会和文明都得到了空前的发展。面对网络、网络文化、网络文学和批评，我们只需要保持一种警觉：防止在技术的高速发展面前变成价值迷失的羔羊或者"思想的失踪者"，而这些，正是需要学界和思政工作者们努力的。而那种思想和行为的过度者，将与思想与行为的屠头一样，不免遭遇网民扔出的冷漠的板砖。

总之，一个时代有一个时代的文化，一个时代也有一个时代的文学和批评，尽管并非每个时代的文化都能在历史长河中站得住脚，但网络语言、热词、文学及文化萌发的 20 多年，正是中国社会改革开放和重大转型的 20 多年，丰富的生活变迁、情感体验和社会变化，让中国整个文化在内容、形式、体制等层面上发生了翻天覆地的变化，其无论从社会功能而言，还是从理论建树上，都应该是值得肯定的。在未来，如果政府、学界、资本和传媒等能给予其正确的引导，网络文化必然能走得更好，网络文学和网络思政定然也将熠熠生辉，在中华文明史中留下璀璨的一笔。它们如同正在驶向大海的巨轮，不忘初心，砥砺前行！

参考文献①

（一）专著

1. 班固：《汉书》，中华书局 1962 年版。

2. 包世臣：《艺舟双楫》，中国书店出版社 1983 年版。

3. 柏定国：《网络传播与文学》，中国文史出版社 2008 年版。

4. 曹道衡、刘跃进：《先秦两汉文学史料学》，中华书局 2005 年版。

5. 曹旭：《诗品集注》，上海古籍出版社 2011 年版。

6. 陈奇猷校释：《吕氏春秋校释上》，学林出版社 1984 年版。

7. 陈思和：《中国当代文学关键词十讲》，复旦大学出版社 2002 年版。

8. 陈平原：《当代中国人文观察》，人民文学出版社 2002 年版。

9. 陈廷焯：《白雨斋词话》，人民文学出版社 1959 年版。

10. 陈钟凡：《中国文学批评史》，江苏文艺出版社 2008 年版。

11. 程树德：《论语集释》，中华书局 1990 年版。

12. 程俊英撰：《诗经译注》，上海古籍出版社 2018 年版。

13. 崔海峰：《王夫之诗学范畴论》，中国社会科学出版社 2006 年版。

14. 戴鸿森：《薑斋诗话笺注》，人民文学出版社 1981 年版。

15. 戴锦华：《书写文化英雄》，江苏人民出版社 2000 年版。

16. 党圣元：《返本与开新：中国传统文论的当代阐释》，河南大学

---

① 著作、论文均按照作者姓名音序排列，作者相同者依据文献出版时间升序排列。

出版社 2011 年版。

17. 丁福保辑：《历代诗话续编》，中华书局 1983 年版。

18. 丁福保编纂：《说文解字诂林》，中华书局 1988 年版。

19. 范文澜：《文心雕龙注》，人民文学出版社 2006 年版。

20. 范晔：《后汉书》，中华书局 1965 年版。

21. 方孝岳：《中国文学批评·中国散文概论》，生活·读书·新知三联书店 2007 年版。

22. 方玉润：《诗经原始》，中华书局 1986 年版。

23. 方勇译注：《墨子》，中华书局 2015 年版。

24. 费孝通：《乡土中国》，北京出版社 2005 年版。

25. 冯黎明：《学科互涉与文学研究方法论革命》，武汉大学出版社 2014 年版。

26. 冯天瑜：《中华元典精神》，武汉大学出版社 2006 年版。

27. 冯天瑜：《中国元典文化十六讲》，郑州大学出版社 2006 年版。

28. 冯天瑜、刘建辉、聂长顺主编：《语义的文化变迁》，武汉大学出版社 2007 年版。

29. 房玄龄注：《管子》，上海古籍出版社 2017 年版。

30. 高亨：《周易大传今注》，齐鲁书社 2009 年版。

31. 高明：《中国古文字学通论》，北京大学出版社 1996 年版。

32. 高文强：《中国古代文论范畴发生史》，武汉大学出版社 2009 年版。

33. 葛洪：《西京杂记》，中华书局 1985 年版。

34. 葛兆光：《中国思想史》，复旦大学出版社 2001 年版。

35. 古风：《中国传统文论话语存活论》，社会科学文献出版社 2013 年版。

36. 谷衍奎编：《汉字源流字典》，语文出版社 2008 年版。

37. 郭齐勇、吴根友：《诸子学通论》，商务印书馆 2015 年版。

38. 郭绍虞主编：《中国历代文论选》，上海古籍出版社 1962 年版。

39. 郭绍虞：《诗品集解·续诗品注》，人民文学出版社 2005 年版。

40. 郭绍虞：《中国文学批评史》，商务印书馆 2010 年版。

41. 郭庆光：《传播学教程》，中国人民大学出版社 1999 年版。

42. 何文焕编：《历代诗话》，中华书局 2011 年版。

43. 洪湛侯：《诗经学史》，中华书局 2002 年版。

44. 洪子诚、孟繁华主编：《当代文学关键词》，广西师范大学出版社 2002 年版。

45. 胡建次、邱美琼：《中国古代文论承传研究》，中国社会科学出版社 2012 年版。

46. 胡亚敏主编：《西方文论关键词与当代中国》，中国社会科学出版社 2015 年版。

47. 黄卓越、叶廷芳：《二十世纪艺术精神》，河南人民出版社 1992 年版。

48. 黄寿祺、张善文：《周易译注》，上海古籍出版社 2007 年版。

49. 黄兴涛：《文化史的追寻：以近世中国为视域》，中国人民大学出版社 2011 年版。

50. 季旭昇：《说文新证》，福建人民出版社 2010 年版。

51. 贾奋然：《六朝文体批评研究》，北京大学出版社 2005 年版。

52. 蒋礼鸿：《商君书锥指》，中华书局 2014 年版。

53. 焦循：《孟子正义》，中华书局 1987 年版。

54. 金振邦：《新媒介视野中的网络文学》，东北师范大学出版社 2008 年版。

55. 金观涛、刘青峰：《观念史研究》，法律出版社 2009 年版。

56. 金良年：《孟子译注》，上海古籍出版社 2009 年版。

57. 蒋原伦、潘凯雄：《历史描述与逻辑演绎：文学批评文体论》，云南人民出版社 1994 年版。

58. 蒋原伦、潘凯雄：《文学批评与文体》，北京师范大学出版社 2006 年版。

59. 蒋荣昌：《消费社会的文学文本：广义大众传媒时代的文学文本形态》，北京广播学院出版社 2002 年版。

60. 匡文波：《网民分析》，北京大学出版社 2003 年版。

61. 黎翔凤：《管子校注》，中华书局 2004 年版。

62. 鲁迅：《鲁迅全集》(第一卷)，人民文学出版社 1981 年版。

63. 李昉：《太平御览》，中华书局 1998 年版。

64. 李孝定：《甲骨文字集释汇》，中央研究院历史语言研究 1970 年版。

65. 李宇明主编：《理论语言学教程》，华中师范大学出版社 1997 年版。

66. 李建中：《古代文论的诗性空间》，湖北人民出版社 2005 年版。

67. 李建中：《中国古代文论诗性特征研究》，武汉大学出版社 2007 年版。

68. 李建中：《阴阳之间：臣妾人格》，东方出版社 2009 年版。

69. 李建中、李小兰：《批评文体论纲》，武汉大学出版社 2013 年版。

70. 李建中：《體：中国文论元关键词解诠》，中国社会科学出版社 2014 年版。

71. 李建中，高文强主编：《文化关键词研究》第一辑，武汉大学出版社 2014 年版。

72. 李建中，高文强主编：《文化关键词研究》第二辑，武汉大学出版社 2016 年版。

73. 李建中主编：《中国文化：元典与要义》，北京师范大学出版社 2016 年版。

74. 李国华：《文学批评学》，河北大学出版社 2001 年版。

75. 李圃主编：《古文字诂林》，上海教育出版社 2003 年版。

76. 李学勤主编：《字源》，天津古籍出版社 2013 年版。

77. 李泽厚：《新版中国古代思想史论》，天津社会科学院出版社

2008 年版。

78. 李国华：《文学批评学》，河北大学出版社 1999 年版。

79. 陆海明：《中国文学批评方法探源》，中国社会科学出版社 1994 年版。

80. 陆扬：《精神分析文论》，山东教育出版社 1998 年版。

81. 廖群：《〈诗经〉与中国文化》，香港东方红书社 1997 年版。

82. 蓝爱国，何学威：《网络文学的民间视野》，中国文联出版社 2004 年版。

83. 林义光：《文源》，中西书局 2012 年版。

84. 杨红伟译：《吕氏春秋》，岳麓书社 2016 年版。

85. 刘安：《淮南子》，上海古籍出版社 2017 年版。

86. 刘沅：《十三经恒解》（卷五），巴蜀书社 2016 年版。

87. 刘吉，金吾伦等：《千年警醒：信息化与知识经济》，社会科学文献出版社 1998 年版。

88. 刘小枫：《现代性社会理论绪论——现代性与现代中国》，上海三联书店 1998 年版。

89. 刘烨原：《大众文艺学》，北京广播学院出版社 2002 年版。

90. 罗荣渠主编：《现代化理论与历史经验的再探讨》，上海译文出版社 1996 年版。

91. 罗根泽：《中国文学批评史》（第一卷），上海古籍出版社 1984 年版。

92. 孟繁华：《众神狂欢：世纪之交的中国文化现象》，中央编译出版社 2003 年版。

93. 梅红：《网络文学》，西南交通大学出版社 2010 年版。

94. 马建青：《大学生心理卫生》，浙江大学出版社 1992 年版。

95. 马清华：《文化语义学》，江西人民出版社 2006 年版。

96. 马季：《读屏时代的写作：网络文学 10 年史》，中国工人出版社 2008 年版。

97. 南帆：《二十世纪中国文学批评的 99 个词》，浙江文艺出版社 2003 年版。

98. 欧阳询：《艺文类聚》，上海古籍出版社 1999 年版。

99. 欧阳友权等：《网络文学论纲》，人民文学出版社 2003 年版。

100. 欧阳友权：《网络文学本体论》，中国文联出版社 2004 年版。

101. 欧阳友权等：《人文前沿——网络文学与数字文化》，中南大学出版社 2005 年版。

102. 欧阳友权：《网络文学概论》，北京大学出版社 2008 年版。

103. 潘知常、林玮著：《大众传媒与大众文化》，上海人民出版社 2002 年版。

104. 钱锺书：《管锥编》，生活·读书·新知三联书店 2007 年版。

105. 阮元校刻：《十三经注疏》，上海古籍出版社 1997 年版。

106. 商鞅著，张觉校注：《商君书校注》，岳麓出版社 2006 年版。

107. 十三经注疏整理委员会：《周礼注疏》，北京大学出版社 1999 年版。

108. 石声淮、唐玲玲选注：《苏轼文选》，上海古籍出版社 1989 年版。

109. 司马迁：《史记》，岳麓书社 2018 年版。

110. 申小龙等：《汉字思维》，山东教育出版社 2014 年版。

111. 孙琴安：《中国评点文学史》，上海社会科学出版社 1999 年版。

112. 孙立：《中国文学批评文献学》，广东人民出版社 2000 年版。

113. 孙钦善：《论语本解》，生活·读书·新知三联书店 2013 年版。

114. 孙星衍：《尚书今古文注疏》，中华书局 2004 年版。

115. 童庆炳：《文体与文体的创造》，云南人民出版社 1994 年版。

116. 童庆炳：《童庆炳谈文体创造》，河南大学出版社 2008 年版。

117. 陶东风：《文体演变及其文化意味》，云南人民出版社 1994

年版。

118. 谭德晶：《网络文学批评论》，中国文联出版社 2004 年版。

119. 谭学纯：《文学和语言：广义修辞学的学术空间》，上海三联书店 2008 年版。

120. 王弼、韩康伯、孔颖达：《周易正义》，中国致公出版社 2017 年版。

121. 张宗祥校注：《论衡校注》，上海古籍出版社 2017 年版。

122. 王夫之：《船山全书(第一册)》，岳麓书社 2011 年版。

123. 王国维：《宋元戏曲史》，中国书籍出版社 2016 年版。

124. 王筠：《说文句读》，北京市古籍书店 1983 年版。

125. 王先霈、王又平主编：《文学理论批评术语汇释》，高等教育出版社 2006 年版。

126. 王炎龙：《网络语言的传播与控制研究》，四川大学出版社 2009 年版。

127. 汪涌豪：《中国文学批评范畴十五讲》，华东师范大学出版社 2010 年版。

128. 王运熙、顾易生主编：《中国文学批评通史》，上海古籍出版社 1996 年版。

129. 王元骧：《文学原理》，广西师范大学出版社 2007 年版。

130. 王治河：《福柯》，湖南教育出版社 1999 年版。

131. 吴讷著，于北山校点；徐师曾著，罗根泽校点：《文章辨体序说，文体明辨序说》，人民文学出版社 1982 年版。

132. 吴承学：《中国古代文体形态研究》，中山大学出版社 2002 年版。

133. 徐复观：《中国艺术精神》，华东师范大学出版社 2001 年版。

134. 徐中舒主编：《甲骨文字典》，四川辞书出版社 1989 年版。

135. 许慎：《说文解字》，中华书局 1963 年版。

136. 许维遹：《吕氏春秋集释》，中华书局 2009 年版。

137. 许文郁，朱元忠，许苗苗：《大众文化批评》，首都师范大学出版社 2002 年版。

138. 谢有顺：《我们内心的冲突》，广州出版社 2000 年版。

139. 习近平：《中共十九大报告》，人民出版社 2017 年版。

140. 许苗苗：《性别视野中的网络文学》，九州出版社 2004 年版。

141. 杨伯峻：《论语译注》，中华书局 1980 年版。

142. 杨雅丽：《〈史记〉语言学与文化学阐释》，人民出版社 2011 年版。

143. 杨心强：《数据通信与计算机网络教程》，清华大学出版社 2013 年版。

144. 杨天宇撰：《礼记译注》，上海古籍出版社 2017 年版。

145. 姚孝遂、肖丁：《小屯南地甲骨考释》，中华书局 1985 年版。

146. 于洋、汤爱丽、李俊：《文学网景——网络文学的自由境界》，中央编译出版社 2004 年版。

147. 叶舒宪主编：《文学与治疗》，社会科学文献出版社 1999 年版。

148. 于省吾主编：《甲骨文字诂林》，中华书局 1996 年版。

149. 于省吾：《甲骨文字释林》，中华书局 2009 年版。

150. 曾枣庄：《中国古代文体学》，上海人民出版社 2012 年版。

151. 张伯伟：《中国古代文学批评方法研究》，中华书局 2002 年版。

152. 张英：《网上寻欢》，时代文艺出版 2002 年版。

153. 张岱年等：《中国观念史》，中州古籍出版社 2006 年版。

154. 张峰屹：《西汉文学思想史》，南开大学出版社 2001 年版。

155. 张皓：《中国美学范畴与传统文化》，湖北教育出版社 1996 年版。

156. 张柠：《文学与快乐：破解中国文化的快乐密码》，人民文学出版社 2015 年版。

157. 张荣翼：《阐释的魅力》，重庆出版社 2001 年版。

158. 张荣翼、李松：《文学史哲学》，武汉大学出版社 2014 年版。

159. 张舜徽：《说文解字约注》，中州书画社 1983 年版。

160. 祝鸿熹：《古代汉语词典》，辞书出版社 2005 年版。

161. 朱光潜：《西方美学史(上)》，人民文学出版社 1979 年版。

162. 赵宪章：《文体与形式》，人民文学出版社 2004 年版。

163. 朱熹：《周易本义》，九州出版社 2003 年版。

164. 詹锳：《文心雕龙义证》，上海古籍出版社 1989 年版。

165. 中共中央文献研究室：《江泽民思想年编(一九八九—二〇〇八)》，中央文献出版社 2010 年版。

166. 中共中央文献研究室：《十八大以来重要文献选编》，中央文献出版社 2014 年版。

167. 中共中央文献研究室：《习近平关于社会主义文化建设论述摘编》，中央文献出版社 2017 年版。

168. 王承哲：《意识形态与网络综合治理体系建设》，北京：人民出版社 2018 年版。

169. 张羽程等：《融合视域下网络文化育人研究》，江苏人民出版社 2019 年版。

170. 邓小平：《邓小平文选》第 2 卷，人民出版社 1994 年版。

171. 高鸣等：《网络文化与大学生思想政治教育新论》，苏州大学出版社 2007 年版。

(二)译著

1.［奥地利］弗洛伊德著，贺明明译：《弗洛伊德著作选》，上海译文出版社 1986 年版。

2.［德］彼得·科斯洛夫斯基著，毛怡红译：《后现代文化——技术发展的社会文化后果》，中央编译出版社 1999 年版。

3.［德］黑格尔著，贺麟译：《小逻辑》，商务印书馆 1982 年版。

4.［德］马克思：《马克思恩格斯文集(第 2 卷)》，人民出版社 2009

年版。

5. [德]姚斯，[美]霍拉勃著，周宁等译:《接受美学与接受理论》，辽宁人民出版社 1987 年版。

6. [德]马丁·海德格尔著，陈嘉映译:《存在与时间》，三联书店 2000 年版。

7. [德]马克斯·舍勒著，罗悌伦等译:《价值的颠覆》，生活·读书·新知三联书店 1997 年版。

8. [德]卡尔·曼海姆著，黎鸣译:《意识形态与乌托邦》，商务印书馆 2000 年版。

9. [法]雅克·德里达著，赵兴国译:《文学行动》，中国社会科学出版社 2001 年版。

10. [法]蒂博代著，赵坚译:《六说文学批评》，三联书店 1989 年版。

11. [法]让·波德里亚著，刘成富、全志钢译:《消费社会》，南京大学出版社 2006 年版。

12. [古希腊]亚里士多德、贺拉斯著，杨周翰译:《诗学·诗艺》人民文学出版社 2008 年版。

13. [加拿大]马歇尔·麦克卢汉著，何道宽译:《理解媒介——论人的延伸》，商务印书馆 2000 年版。

14. [美]大卫·里斯曼等著，刘翔平译:《孤独的人群》，辽宁人民出版社 1989 年版。

15. [美]大不列颠百科全书出版公司编，陈嘉映等译:《西方大观念》，华夏出版社 2008 年版。

16. [美]马斯洛:《动机与人格》，华夏出版社 1987 年版。

17. [美]阿尔温·托夫勒:《权力的转移》，中共中央党校出版社 1991 年版。

18. [美]尼葛洛·庞帝著，胡泳、范海燕译:《数字化生存》，海南出版社 1997 年版。

19. ［美］马克·波斯特著，范静哗译：《第二媒介时代》，南京大学出版社 2000 年版。

20. ［美］史蒂芬·平克著，欧阳明亮译：《语言本能》，浙江大学出版社 2015 年版。

21. ［美］戴维·波普诺著，李强译：《社会学（第十版）》，中国人民大学出版社 1999 年版。

22. ［美］韦勒克·沃伦等著，刘象愚等译：《文学理论》，三联书店 2017 年版。

23. ［美］斯坦利·费什著，文楚安译：《读者反应批评：理论与实践》，中国社会科学出版社 1998 年版。

24. ［美］弗雷德里克·詹姆逊著，唐小兵译：《后现代主义与文化理论》，北京大学出版社 2006 年版。

25. ［美］马克·波斯特著，范静哗译：《第二媒介时代》，南京大学出版社 2000 年版。

26. ［瑞士］费尔迪南·德·索绪尔著，高名凯译：《普通语言学教程》，商务印书馆 1980 年版。

27. ［瑞士］荣格著，冯川，苏克译：《心理学与文学》，三联书店 1987 年版。

28. ［日］宇文所安著，王柏华，陶庆梅译：《中国文论：英译与评论》，上海社会科学出版社 2003 年版。

29. ［匈］阿格尼丝·赫勒著，李瑞华译：《现代性理论》，商务印书馆 2005 年版。

30. ［意］威尔伯·施拉姆、威廉·波特著，陈亮等译，《传播学概论》，新华出版社 1984 年版。

31. ［英］伊格尔顿著，伍晓明译：《二十世纪西方文学理论》，陕西师大出版社 1986 年版。

32. ［英］戴维·克里斯特尔著，郭贵春等译：《语言与因特网》，上海科技教育出版社 2006 年版。

33. [英]T. S. 艾略特著，裘小龙译：《四个四重奏》，译林出版社2017年版。

34. [英]霭里士著，潘光旦译：《性心理学》，浙江文艺出版社2018年版。

35. [英]雷蒙·威廉斯：《文化与社会》，吴松江、张文定译，北京大学出版社1991年版。

36. [英]雷蒙·威廉斯：《关键词：文化与社会的词汇》，刘建基译，生活·读书·新知三联书店2005年版。

37. [英]王尔德：《作为艺术家的批评家》，转引自《唯美主义》，中国人民大学出版社1988年版。

38. [英]迈克·费瑟斯通，刘精明译：《消费文化与后现代主义》，译林出版社2000年版。

39. [瑞士]约万·库尔巴里贾，鲁传颖等译：《互联网治理》，清华大学出版社2019年版。

40. [美]赫伯特·马尔库塞，张峰译：《单向度的人——发达工业社会意识形态研究》，重庆出版社1998年版。

41. [德]马克思、恩格斯：《马克思恩格斯选集》第四卷，人民出版社1995年版。

42. [苏联]苏霍姆利斯基：《帕夫雷什中学》，译：赵玮等，教育科学出版社1983年版。

（三）期刊论文

1. 陈莉：《网络文学批评中的精神维度遗失——以何学威、蓝爱国〈网络文学的民间视野〉为例》，《当代文坛》2007年第1期。

2. 陈静：《作为一种"新"文学的传统回归——关于网络文学当代困境的文化解读》，《艺术百家》2009年第2期。

3. 陈泽星：《仰"浮云"之咏叹，观社会而长思——透过网络热词解读社会》，《文学界》2011年第3期。

4. 陈舒楠：《论"虚"的虚实相生性》，《华中学术》第13辑，华中师范大学出版社 2016 年版。

　　5. 陈燕侠：《试论网络热词的传播特征》，《郑州轻工业大学学报》
2016 年第 1 期。

　　6. 程光炜：《大众传媒中文学批评的身份确认》，《解放军艺术学
院学报》2007 年第 2 期。

　　7. 曹少森：《网络热词零翻译现象的阐释学视角》，《长春理工大
学学报(社会科学版)》2016 年第 1 期。

　　8. 邓晓芒：《文学批评家的四大素质》，《中国政法大学学报》2008
年第 6 期。

　　9. 傅毅飞：《新闻标题中的网络热词》，《传媒观察》2010 年第
10 期。

　　10. 高文强：《真理与方法：古代文论现代研究再反思》，《中国社
会科学院研究生院学报》2016 年第 1 期。

　　11. 黄鸣奋：《网络时代的许诺：人人都可以成为艺术家》，《文艺
评论》2000 年第 4 期。

　　12. 黄玉荣，吴楠：《中外网络流行语的对比研究》，《四川教育学
院学报》2011 年第 7 期。

　　13. 洪治纲：《信息时代：文学批评的挑战与选择》，《南方文坛》
2010 年第 6 期。

　　14. 胡璟：《网络环境中文学批评的重组与构建》，武汉理工大学学
报(社会科学版)2009 年第 8 期。

　　15. 胡晓君：《浅析网络热词的特点、消极影响与规范》，《雪莲》
2015 年第 3 期。

　　16. 胡远珍：《2014—2016 年度网络热词传播特征分析》，《武汉交
通职业技术学院学报》2017 年第 2 期。

　　17. 季水河：《传媒时代文学批评的激变》，《理论与创作》2009 年
第 2 期。

　　18. 江冰：《"80 后"与网络：文学批评的双重阻隔》，《南方文坛》

2010 年第 4 期。

19. 蒋美云：《"囧"的认知语义阐释》，《湖南师范大学社会科学学报》2014 年第 5 期。

20. 姜太军：《"人民的"批评标准与网络文学批评》，《湖南科技大学学报》2016 年第 6 期。

21. 李建中：《辨体明性：关于古代文论诗性特质的现代思考》，《华中师范大学学报（人文社会科学版）》2001 年第 2 期。

22. 李建中，阎霞：《从寄生到弥漫：中国文论批评文体原生形态考察》，《华中师范大学学（人文社会科学版）》2004 年第 5 期。

23. 李建中：《古代文论批评文体的文学性生成》，《三峡大学学报》2006 年第 4 期。

24. 李建中：《中国古代文论的叙事性言说》，《福建论坛》，2006 年第 10 期。

25. 李建中：《破体：中国文学批评的文体传统及演变规律》，《襄樊学院学报》，2007 年第 3 期。

26. 李建中：《论古代文论批评文体的无体之体》，《文学评论》，2009 年第 2 期。

27. 李建中：《尊体·破体·原体：重开古代文论现代转换的理论和诗径》，《文艺研究》2009 年第 1 期。

28. 李建中：《词以通道：轴心期中国文化关键词的创生路径》，《社会科学战线》2013 年第 4 期。

29. 李建中：《经学视域下中国文论关键词之词根性考察》，《武汉大学学报》2014 年第 1 期。

30. 李建中：《中华元典关键词的原创意蕴与现代价值——基于词根性、坐标性和转义性的语义考察》，《江海学刊》2014 年第 2 期。

31. 李建中、胡红梅：《关键词研究：困境与出路》，《长江学术》2014 年第 2 期。

32. 李建中：《键闭与开启：中国文论的关键词阐释法》，《甘肃社会科学》2016 年第 1 期。

33. 李建中：《洪范九畴，彝伦攸叙：批评史书写的新范式》，《北方论丛》2017 年第 1 期。

34. 李建中、熊均：《品而不论——试论〈二十四诗品〉的论诗特色》，《湖北民族学院学报》(哲学社会科学版)2017 年第 1 期。

35. 李建中、陈硕：《中华审美文化的四个元关键词》，《江西师范大学学报》(哲学社会科学版)2017 年第 1 期。

36. 李远国：《道教雷法沿革考》，《世界宗教研究》，2002 年第 9 期。

37. 李立：《在孔子与庄子之间：历史和伦理的辩证张力》，《武陵学刊》2013 年第 2 期。

38. 李立：《从"体"到"有机统一体"："体"的转义与回归》，《江海学刊》2014 年第 2 期。

39. 李立：《中国古代文论的平行性特征》，《武陵学刊》2016 年第 3 期。

40. 李超民：《"屌丝"现象的后现代话语检视》，《中国青年研究》2013 年第 1 期。

41. 李松：《文学研究的文化视角》，《新文学评论》2014 年第 3 期。

42. 李永艳：《专业批评家与网络文学批评》，《长江师范学院学报》2008 年第 5 期。

43. 李萌：《社会阅读推广与发展的策略研究》，《劳动保障世界（理论版)》2013 年第 9 期。

44. 李颖超：《汉语言的变迁及其改变的成因探讨》，《汉字文化》2018 年第 10 期。

45. 刘魁立：《民间文化的呼唤》，《民间文化》2001 年第 1 期。

46. 刘凌宇：《解析网络新词"屌丝"》，《边疆经济与文化》2017 年第 1 期。

47. 刘俐俐，李玉平：《网络文学对文学批评理论的挑战》，兰州大学学报(社会科学版)2004 年第 1 期。

48. [美]J. 希利斯．米勒：《论全球化对文学研究的影响》，《当代外国文学》1998 年第 1 期。

49. 摩斌：《〈文讯〉书评：传媒时代的文学领航与大众文艺批评》，《当代文坛》2009 年第 1 期。

50. 马季：《网络文学：直逼文学价值认同断裂的现实》，《南方文坛》2010 年第 4 期。

51. 孟繁华：《"游牧文化"与网络乌托邦》，《北京邮电大学学报（社会科学版）》2003 年第 12 期。

52. 孟召坤：《网络文学载体平台形式发展流变》，《才智》2010 年第 12 期。

53. 牟青：《社会语言学视角下网络热词的发展》，《广州电视大学学报》2017 年第 5 期。

54. 莫新均：《微文化背景下网络热词话语分析》，《当代教育实践与教学研究》2019 年第 1 期。

55. 欧阳友权：《论网络文学的平民化叙事》，《中南大学学报（社会科学版）》2004 年第 2 期。

56. 欧阳友权：《网络文学进行中的四大动势》，《贵州社会科学》2008 年第 10 期。

57. 欧阳友权、吴英文：《网络文学批评的价值和局限》，《探索与争鸣》2011 年第 11 期。

58. 欧阳友权，喻蕾：《网络文学批评史的问题论域》，《中南大学学报》(社会科学版)2017 年第 5 期。

59. 欧阳友权：《网络文学批评的述史之辨》，《文学评论》2018 年第 3 期。

60. 欧阳文风：《"博客文学"的兴起及其对文学发展的影响》，《湖南人文科学技术学院学报》2008 年第 2 期。

61. 欧阳文风，王静：《传媒对文学批评的介入及其问题》，《理论与创作》2009 年第 2 期。

62. 欧阳婷：《网络文学批评的学术梳理》，《求是学刊》2016 年第 3 期。

63. 钱乃荣：《语言规范和社会发展》，《语文建设》1998 年第 12 期。

64. 邱红霞：《近年来"网络热词"的价值观分析》，《牡丹江师范学院学报》2017 年第 5 期。

65. 宋炳辉：《网络时代的文学批评与人文学术》，《上海文学》2003 年第 1 期。

66. 孙长军：《巴赫金的狂欢化理论与新时期中国大众文化研究》，《江汉论坛》2001 年第 10 期。

67. 孙文峥：《基于"用户—媒体—学术"视角的网络热词传播特征分析》，《出版科学》2017 年第 5 期。

68. 邵滢：《"第七天的批评"：试论作家批评》，《华中师范大学学报(人文社会科学版)》2003 年第 2 期。

69. 司宁达：《迷惘与清醒——网络文学批评初探》，《南阳师范学院学报(社会科学版)》2005 年第 11 期。

70. 谭德晶：《"冒犯"与"躲避"——网络文学批评主体的精神向度分析》，《文艺争鸣》2005 年第 4 期。

71. 谭德晶：《"在线性"对网络批评形式的影响》，《中南大学学报(社会科学版)》2003 年第 10 期。

72. 唐小娟：《浅析在线式网络文学批评》，《中国文学研究》2017 年第 1 期。

73. 吴炫：《中国大众文化及其批评》，《上海文学》1998 年第 1 期。

74. 王一川：《批评的理论化——当前学理批评的一种新趋势》，《文艺争鸣》2001 年第 2 期。

75. 王一川：《当代大众文化与中国大众文化学》，《艺术广角》2001 年第 2 期。

76. 王明友：《网络媒介下的文学批评主题研究》，《文教资料》2008 年第 28 期。

77. 王颖：《从主动"缺席"到被动"失语"——传统批评如何应对网络时代的文学》，《南方文坛》2010 年第 4 期。

78. 吴凡、彭莲萍：《评论界崛起的一股新力量——解读博客批评》，《新闻与写作》2005 年第 3 期。

79. 吴慧：《"萌"生新义为哪般?》，《语文建设》2012 年第 19 期。

80. 许燕燕：《当代文学批评新论》，《梧州学院学报》2011 年第 4 期。

81. 徐炜炜：《网络热词的发展特点及其对大学生思想政治教育的启示——基于对互动百科 2009—2015 年年度热词的考察》，《思想理论教育》2016 年第 8 期。

82. 杨新敏：《网络文学刍议》，《文学批评》2000 年第 5 期。

83. 杨晓璇：《从语言经济学角度解读网络热词及其对社会的影响》，《校园英语》2012 年第 9 期。

84. 杨娟：《汉日语言中"萌"字的词义词性流变考释》，《现代语文》(语言研究版)2014 年第 1 期。

85. 杨现勇：《人与自然关系的辩证发展与德育价值观的转向》，《理论月刊》2014 年第 1 期。

86. 郑远汉：《关于"网络语言"》，《华中科技大学学报》(人文社会科学版)2002 年第 3 期。

87. 张荣翼：《中国传统文论的当代价值》，《忻州师范学院学报》2002 年第 3 期。

88. 张荣翼：《中国文论重建的必要性和可行性》，《中南民族大学学报》(人文社会科学版)2003 年第 3 期。

89. 张荣翼：《现代性、对话性、异质性——中国当代文论的内在关键词》，《湘潭大学学报》(哲学社会科学版)2006 年第 5 期。

90. 张荣翼：《他者化的文学理论与文学理论的去他者化》，《中州学刊》2015 年第 5 期。

91. 张荣翼：《文学研究中的断裂与连接》，《长江学术》2016 年第 2 期。

92. 张汝伦：《论大众文化》，《复旦学报》（社会科学版），1994 年第 3 期。

93. 张佳慧，朱蓓蓓，杨阳：《网络新词"萌"的语言学分析》，《晋城职业技术学院学报》2009 年第 2 期。

94. 张三元：《论文化自信与文化创新》，《思想理论教育》2019 年第 1 期。

95. 张抗抗：《网络文学杂感》，《中华读书报》2000 年第 3 期。

96. 周日安：《简论网络语言》，《语言科学》2003 年第 4 期。

97. 周志雄：《网络文学批评的现状与问题》，《山东师范大学学报》2010 年第 2 期。

98. 周林妹：《浅议网络批评》，《辽宁教育行政学院学报》2003 年第 1 期。

99. 朱崇才：《汉字美学谱系的建构及意义》，《江苏社会科学》2014 年第 6 期。

100. 朱崇才：《汉字图像还原与文学接受的一个缺环——以词学核心概念"雅"字为例》，《江海学刊》2016 年第 1 期。

101. 曾海清、周根飞：《网络语词"囧"的功能与认知考察》，《贵州教育学院学报》2009 年第 7 期。

102. 曾繁亭：《网络文学批评主体的衍变》，《小说评论》2016 年第 5 期。

103. 赵慧平：《网络时代的文学批评问题》，《人文杂志》2005 年第 2 期。

104. 赵云泽：《当下中国网络话语权的社会阶层结构分析》，《国际新闻界》2010 年第 5 期。

105. 詹珊：《在线与非在线网络文学批评之比较》，《福建论坛》

（人文社会科学版）2007 年第 10 期。

106. 骆郁廷，李恩：《网络空间西方价值渗透及其应对》，《思想教育研究》2021 年第 2 期。

107. 习近平：《培养德智体美劳全面发展的社会主义建设者和接班人》，《求是》2024 年第 17 期。

108. 习近平：《大力弘扬伟大爱国主义精神，把强国建设、民族复兴伟业不断推向前进》，《求是》2024 年第 19 期。

（四）学位论文

1. 胡红梅：《元气·体气·文气——跨学科视域下中国文化关键词"气"研究》，武汉大学 2014 年博士学位论文。

2. 胡立新：《中国文论及文化关键词"虚静"论纲》，武汉大学 2016 年博士学位论文。

3. 李铁锤：《网络热词传播现象研究》，华中科技大学 2010 年博士学位论文。

4. 李应：《"萌"系网络流行语的语用研究》，信阳师范学院 2015 年硕士学位论文。

5. 刘湘宁：《我国网络文学批评存在的问题与对策研究》，中南大学 2013 年硕士学位论文。

6. 潘链钰：《"经"正"文"成：唐代经学与文论》，武汉大学 2015 年博士学位论文。

7. 马平：《2006 年—2011 年度网络热词知晓度调查与分析》，广州大学 2012 年硕士学位论文。

8. 宋婷：《网络文学批评特征论》，广西师范大学 2011 年硕士学位论文。

9. 王奕：《论中国网络文学批评的特征与发展趋向》，内蒙古大学 2013 年硕士学位论文。

10. 王爽：《互联网与文化生产——推广和消费研究》，山东大学 2016 年硕士学位论文。

11. 徐国强：《网络语言与中学生用语词规范性探究》，内蒙古师范大学 2010 年硕士学位论文。

12. 杨家海：《象：中国文论元关键词研究——以〈周易〉〈文心雕龙〉为中心》，武汉大学 2016 年博士学位论文。

13. 于晓芳：《全媒体背景下建构网络文学批评机制的探讨》，湖北民族学院 2018 年硕士学位论文。

14. 周秋红：《网络文学批评：现状及走向》，江西师范大学 2007 年硕士学位论文。

15. 张雪：《大众传媒时代的文学批评研究》，西北师范大学 2013 年硕士学位论文。

16. 张稼雨：《"萌"化词语研究》，沈阳师范大学 2017 年硕士学位论文。

17. 马丽华：《高校网络文化育人研究》，武汉大学 2019 年博士学位论文。

18. 卢成观：《习近平关于网络文化建设重要论述研究》，贵州师范大学 2022 年博士论文。

（五）报纸文章

1. 黄平：《批评如何回应当下生活》，《人民日报》2011 年 3 月 25 日。

2. 王山：《"网络批评、媒体批评与主流批评"研讨会述评》，《文艺报》2001 年 8 月 7 日。

3. 王国平：《网络文学亟待确立批评"指标体系"》，《光明日报》2012 年 7 月 3 日。

4. 习近平：《习近平在欧美同学会成立一百周年庆祝大会上的讲话》，《人民日报》2013 年 10 月 21 日。

5. 张健：《网络文学渐成阵势重组当代文学新格局》，《人民日报》2009 年 7 月 23 日。

6. 祝华新：《党报关注"屌丝心态"》，《中国青年报》2012 年 11 月

5 日。

7. 路艳霞：《古文字网络流行不必大惊小怪》，《北京日报》2008 年 5 月 12 日。

8. 习近平：《全国高校思想政治工作会议上的讲话》，《人民日报》2016 年 12 月 9 日。

9. 习近平：《全国宣传思想工作会议上的讲话》，《人民日报》2018 年 8 月 23 日。

10. 习近平：《紧紧围绕立德树人根本任务朝着建成教育强国战略目标扎实迈进》，《人民日报》2024 年 9 月 11 日。

11. 习近平：《铸牢中华民族共同体意识推进新时代党的民族工作高质量发展》，《人民日报》2024 年 2 月 1 日。

(六) 网络文献

1. 安如意：《世间安得双全法，不负如来不负卿》[OL]．（2010-6-30）．http：//blog. sina. com. cn/s/blog_580074810100kdhk. html。

2. 百度百科：《网络语言》[OL]．（2018-3-8）．https：//baike. baidu. com/item/网络语言/867740？fr＝aladdin。

3. 百度百科：《囧》[OL]．（2018-6-12）．https：//baike. baidu. com/item/%E5%9B%A7。

4. 创业邦：《2018 年网络文学行业报告》[OL]．（2018-2-8）．https：//www. cyzone. cn/article/173762. html。

5. 晋江文学城 [OL]．（2010-5-13）．http：//www. jjwxc. net/comment. php？novelid＝370832&commentid＝225289。

6. 蒋丰：《"萌文化"为何在日本大行其道》[OL]．（2011-9-01），http：//www. jnocnews. jp/news/show. aspx？id＝48429。

7. 起点中文网 [OL]．（2011-6-2）．https：//www. qidian. com/。

8. 搜狐新闻：《史玉柱再发雷人报告：中国"屌丝人数"5. 26 亿》[OL]．（2013-4-1）．http：//news. sohu. com/20130401/n371235815. shtml。

9. 搜狐教育：《生活就像游戏，生存模式早已不复存在，因为我选择地狱模式》[OL]. (2017-7-7). http：//www. sohu. com/a/155279697_656537。

10. 搜狐文化：《5 本数字总和破亿的网络小说，有人全部看了算我输》[OL]. (2018-5-2). http：//www. sohu. com/a/230196647_620113。

11. 天涯论坛[OL]. (2011-4-8). http：//www. tianya. cn/publicforum/content/water/1/1156581. shtml。

12. 言情小说网[OL]. (2015-3-16). https：//www. xs8. cn/

13. 中国互联网络信息中心：《第 42 次中国互联网络发展状况统计报告》[OL]. (2018-8-20). http//www. cnnic. net. cn/hlwfzyj/hlwxzbg/hl-wtjbg/201808/P020180820630889299840. pdf。

14. 搜狐新闻：《多名少年因沉迷游戏被责备后选择轻生，家长一定要重视!》[OL]. (2024-06-29) https：//www. sohu. com/a/789419521_120708859。

15. 民族复兴网：《当前意识形态领域的网络舆情对当代青年理想信念的影响——以"侯聚森被围殴"案件为例》[OL]. (2015-08-05) https：//www. mzfxw. com/e/action/ShowInfo. php? classid＝15&id＝44989。

后　记

　　一个时代有一个时代的文学，一代人也有一代人的文化生产和消费方式。随着中国经济文化、网络科技的全方位发展，老百姓的生活越来越富裕，社会需求必然会变得更加多元和复杂，整个网络文化产业都将处于并长期处在一个欣欣向荣的高速发展期，朝气蓬勃，吐故纳新，让人充满了期待。基于此现状，加上本人对网络文化的热爱，我以关键词"网"总领全书，通过对一系列网络热词、文学和批评的分析研究，进而对网络文化和思政的生态现状和未来趋势做了些许浅薄的思考。

　　全书加上绪论共分为七个章节，其中"第六章：展网：文化与思政的双向奔赴"由武汉大学马克思主义学院吴棒博士执笔撰写，在此表示感谢。因工作忙碌，加上本人能力有限，整个行文时间跨度较大，所以部分热词、数据、案例不免有滞后性，还请专家读者海涵。

　　东坡居士说："人生如逆旅，我亦是行人。"不知不觉间，从求学到工作，我在武汉大学已经度过了近二十个春秋。曾经那个懵懵懂懂的青春少年，如今已近不惑之年。

　　求学这些年，岁月就像从指尖流过的细沙，在每天的忙碌和茫然中悄然滑落，让人毫无察觉。人近中年，偶尔伤春悲秋，自不能免；事业上乏善可陈，也心虚得很。

　　求学这些年，庆幸遇到导师李建中教授，对我无微不至地帮助和指导。十多年来李老师如师如父，对我关怀备至，也很包容。我人生的每一个关键点，都有李老师的身影。但凡遇到麻烦，李老师都会想方设法帮助我。这份舐犊之情，无法简单用言语表达。

　　求学这些年，去了好多地方，新疆、甘肃、青海、陕西、内蒙古、山西、北京、黑龙江、吉林、山东、江苏、上海、浙江、江西、安徽、福建、湖南、广东、广西、重庆、四川、西藏、云南、贵州等，中国30多个省级行政区，屈指一算，没跑到的似乎就差澳门了。古人说读万卷书，行万里路。现在想想，书没读那么多，路应该是走到了。在旅行的路途上，总能让人暂时忘却生活中的烦恼。庄子在《达生》篇写道："达生之情者，不务生之所无以为；达命之情者，不务知之所无奈何。"希望在未来的人生旅途中，我可以做更多自己喜欢做的事情。

　　办公室的窗台上栽了两盆花，秋天一到就又快凋谢了，我已记不清这是它第几次枯萎了，但在春意盎然的季节，它总会苏醒，给人惊喜。只是每一年我看它的心情都不一样了，正如蒋捷写到的："少年听雨歌楼上，红烛昏罗帐。壮年听雨客舟中，江阔云低、断雁叫西风。而今听雨僧庐下。鬓已星星也。悲欢离合总无情，一任阶前，点滴到天明。"花有重开日，人无再少年，或许，这就是成长的代价吧？篇末，再次祝福那些在我人生旅途中帮助过我、鼓励过我的人，吉祥安康，事事如意，岁岁今朝！

殷昊翔

2024 年 10 月于珞珈山